JN066105

The 1st step to brand management

1からの
ブランド経営

石井淳蔵
廣田章光 編著

発行所：碩学舎
発売元：中央経済社

◈ ブランドがなくなった世界

　皆さんの身の周りには、どのような「ブランド」があるか確認してみましょう。皆さんの周りにはさまざまな商品・サービスが溢れています。そしてそれぞれの商品・サービスには「ブランド」が存在しています。皆さんが、お気に入りのスマートフォン、乗用車、飲料、アパレル、雑貨店、航空会社、ホテル、アーティストは、単に、機能、価格、デザインだけで「お気に入り」になっているわけではなさそうです。それでは、「何故、お気に入りなのか」を説明しようとするとどうでしょうか。商品、サービスの良いところをあげることはできても、理由をうまく説明できる人は少ないのではないでしょうか。

　もう1つ考えてみてください。もし「ブランド」がこの世からなくなってしまったら、皆さんの生活はどのように変わるでしょうか。皆さんの商品、サービスの検索、選択、他者への伝達方法、伝達したときの他者の反応は、今とは全く異なるものになるはずです。さらに商品、サービスを使用した時の体験も異なるものになるはずです。何より殺風景な日常になってしまうことが予想されます。ブランドは使い手である皆さんがブランドと共に実現する体験が皆さんの記憶に残っているはずです。この体験の記憶が皆さんのあるブランドに対する評価や次の選択に影響を与えているはずです。ブランドの所有権は企業にありますが、ブランドと皆さん一人ひとりの体験とその記憶は皆さんの中に存在します。

◈ ブランド経営

　本書では、ブランドに2つのタイプがあると考えています。
　1. 1つは、特定市場での競争優位を目指す商品ブランドです。
　2. もう1つは、多市場にわたって活躍するコーポレートブランドです。

　商品ブランドはふつう、はっきりしたアイデンティティを持っています。伝統あるブランドとして、P&G社の「アイボリー」が有名ですが、誕生以来、石鹸であることは変わりません。それよりさらに古いブランドに日本酒の「剣菱」がありますが、これも清酒であることが変わりません。典型的な商品ブランドは、活動する

産業がはっきりしていて、そのライバルブランドもはっきりしています。彼らライバルブランドとしのぎを削りながら、産業でのトップの座を狙ってマーケティングします。

　後者のブランドは、それとはかなり様子が違います。本書で取り上げているいくつかのブランド、無印良品やナイキや阪急といった各ブランドは、多様な商品市場やサービス市場に進出しています。商品ブランドのように1つの市場に絞ることはできません。

　その結果、そのアイデンティティも、アイボリーや剣菱のように、これといって明確に定義できません。活躍する市場もターゲットも、時間と共に変化します。

　「わけあって安い」を旗印に登場した無印良品ですが、いまではその旗印をあまり目にすることはありません。「ナイキ」も当初は、オニツカの販売代理店でしたが、今はスポーツシューズ製造から、それ以外の分野にも進出しています。現在のナイキは、商社でもなければ、シューズメーカーでもありません。

　コーポレートブランドには、不変のアイデンティティを想定して議論するわけにはいきません。しかし、だからといって野放図に経営しているわけではありません。彼らは、「ブランド・スタイル（「無印良品らしさ」や「ナイキらしさ」）」や、「ブランド・ビジョン」を最大限生かした経営をしています。

✦ ブランド経営を学ぶ

　本書は、読者がブランドと経営、ブランドとマーケティングの関係を理解できることを目標にしています。その実現のため、本書には次のような特徴があります。

　第1に、ブランド・ヒストリーによって理解するブランド経営
　第2に、視覚ツールによって理解するブランド経営
　第3に、コラムによって理解するブランド理論
　第4に、設問によって深めるブランド経営の理解
　第5に、関連図書によってさらに深めるブランド経営の理解

　以下、5つの特徴について確認していきます。

✦ ブランド・ヒストリーによって理解するブランド経営

　ブランドは、ブランドがかかわる顧客の体験の積み重ねによる関係形成です（アーカー 2014）。ブランドの構築は単発的なマーケティングだけではなく、連

続的なマーケティングの蓄積が求められます。ブランドはこのような特性を持つことから、その理解には、一定の時間幅の中で、マーケティング活動とブランド形成との関係を確認することが必要となってきます。そのため、各章の事例では、ブランドの誕生からブランド構築に至るさまざまなマーケティングの変化を、「ブランド・ヒストリー」として記述しています。ブランド・ヒストリーの観点から記述することにより、ブランド・マネジメントおよび、マーケティングとの関係が理解し易くなります。

✥ 視覚ツールによって理解するブランド経営

　ブランドは多様な要素が関係する複雑な側面を持っています（アーカー 2014 p. 3）。そのような複雑な関係を理解するため、本書ではブランド・マネジメントを視覚化し、視覚的に捉えることで理解を促進します。そのため、各章に1点以上のチャート図を掲載しています。チャート図には、ブランド・ヒストリーの全体像、各章のブランド・マネジメントの構造的などを掲載しています。

✥ コラムによって理解するブランド理論

　各章には2つのコラムを設定しています。コラムの役割は2つあります。第1に、その章で採りあげるブランド・マネジメント関する理論を紹介することです。第2に、その章で採りあげるブランド・ヒストリーを読み解くためのトピックを紹介することです。第1の役割では、基本理論の紹介と共に、各章のブランド・ヒストリーと基本理論を関連付けることによって理解を深めます。さらに、実務においてどのようにその理論を適用すべきなのかを理解できます。第2の役割では、その章で採りあげるブランド・ヒストリーを理解するためのマーケティングトピック、あるいはマーケティング理論を紹介します。このことによって、マーケティングとの関連を理解することができます。

✥ 設問によって深めるブランド経営の理解

　各章には、3つの設問（「考えてみよう」）を用意しています。そしてそれぞれの設問は、調べる、考える、具体案を提示する3段階の思考を意識し設定しています。その章で学んだブランド・マネジメント、ブランド理論を実際に調べ、考えてみることによって、知る段階からわかる段階に進めることができます。またブランド・ヒストリー、コラムの理論、トピックなどを参考にしながら具体案を考えることを、

個人、グループで繰り返すことによって、ブランド経営の手がかりをつかむことができます。

✥ 関連図書によってさらに深めるブランド経営の理解

　ブランド・ヒストリー、ブランド理論を学ぶ過程において、関心を持った箇所、理論について、より深く学ぶための参考図書（「次に読んで欲しい本」）を紹介しています。紹介している全ての図書は、何をどのように理解すれば有効であるかといった情報を記載しています。

　本書のこれらの特徴を有効に活用し、ブランド経営への関心と、実践する人々が増えることが我々の想いです。

神戸大学名誉教授・流通科学大学名誉教授

石井　淳蔵

近畿大学　経営学部　教授

廣田　章光

CONTENTS

序　文　i

第Ⅰ部　ブランドとマーケティング

第1章　なぜいま、ブランドなのか ――――――― 3

1　はじめに……………………………………………… 4

2　ブランド事情の変化…………………………………… 4
　経営者のブランド認識の転換・6

3　長期の会社資産としてのブランド…………………… 7
　ニューコーク騒動・7
　ブランドについての新しい考えの登場・11

4　まとめと本書の構成…………………………………… 12
　考えてみよう／次に読んで欲しい本・16
　Column 1 - 1　ブランド・エクイティ・10
　Column 1 - 2　ブランド拡張・14

第2章　マーケティング発想からブランド発想へ ――― 19

1　はじめに……………………………………………… 20

2　マーケティング発想で経営しよう…………………… 21
　成熟市場で真価を発揮するマーケティング・21
　顧客関係の構築を目指す・22
　マーケティングのミッションは顧客創造・27

3　ブランド発想を身につけよう………………………… 28
　ブランドへの途・28

ブランドはマーケティングの戦略空間を広げ深める・31

4　おわりに……………………………………………………… 32

考えてみよう／次に読んで欲しい本・33

Column 2 - 1　事業の定義：誰に（Who）、何を（What）、どのように（How）・24

Column 2 - 2　市場のリフレーミング・29

第Ⅱ部　ブランド・ポジショニング戦略

第3章　プロダクトがブランドに変わる：──────── 37
　　　　カルビー〈かっぱえびせん〉

1　はじめに…………………………………………………… 38

2　プロダクトがブランドに変わった「かっぱえびせん」……… 38

生のエビを練り込んだ小麦あられの誕生・38

飽きの来ない食感を伝えて会社を成長させたかっぱえびせん・39

味のバリエーション展開・40

味の違いのバリエーションから用途の違いのバリエーションへの深化・42

3　プロダクトからブランドへの転換………………………… 45

プロダクトから複数のプロダクトを抱えるブランドへの転換・45

バリエーションの広がりによる生活者の多様なニーズへの対応・46

「味の違い」のバリエーションから「用途の違い」の
バリエーションへの深化・47

4　おわりに…………………………………………………… 49

考えてみよう／次に読んで欲しい本・50

Column 3 - 1　ブランドマネジメント組織とプロダクトマネジメント組織・44

Column 3 - 2　ブランド・パーソナリティ・48

第4章　ブランドづくりに不可欠な目標の明確さと
　　　　マネジメントの確実さ：──────────── 51
　　　　エスエス製薬〈ハイチオールC〉

1　はじめに…………………………………………………… 52

2 「ハイチオールＣ」のブランド・リニューアル……………… 52

ブランド・リニューアルの背景・52

マーケティングの革新・54

3 ブランドづくりのマネジメント（PDCA）………………… 57

4 おわりに…………………………………………………… 62

ブランド設計・62

ブランドづくりのための確実なマネジメント・63

評価尺度としてのブランド・エクイティ尺度・63

消費者のアタマのなかに独特のポジションを得ること
（ポジショニング）・63

考えてみよう／次に読んで欲しい本・64

Column 4 - 1　ゴールデン・トライアングル・59

Column 4 - 2　ライズ＆トラウトのポジショニング戦略・61

第5章　用途開発によるブランド育成：────── 65
　　　　大塚製薬〈ポカリスエット〉

1 はじめに………………………………………………… 66

2 大塚製薬「ポカリスエット」：用途を広げながら育つブランド… 68

開発ストーリー・68

第 1 期（1980年〜1982年）市場への導入・69

第 2 期（1983年〜1987年）定着期・72

第 3 期（1988年〜1996年）転換・拡大期・72

第 4 期（1997年〜2009年）再構築期・73

第 5 期（2010年〜）再拡大期・75

3 ポカリスエットのブランド育成………………………… 77

4 おわりに………………………………………………… 79

考えてみよう／次に読んで欲しい本・79

Column 5 - 1　パッケージデザイン・70

Column 5 - 2　消費者にとってのブランド効果・76

第6章　ブランドを成長させるマネジメント： ──── 81
アサヒ飲料〈三ツ矢サイダー〉

1　はじめに……………………………………………………… 82

2　「三ツ矢サイダー」のリニューアルとV字回復…………… 82
夏目漱石や宮沢賢治も飲んでいたサイダー・82
飲用シーンとさわやかさの訴求・83
生誕120周年リニューアル、2種類のCM・キャンペーン・84
三ツ矢サイダーならではの価値訴求・85

3　ブランドを成長させるマネジメント……………………… 87
ブランドの関心に沿ったセグメンテーション・87
各ユーザー層ごとに異なるコミュニケーションをとる・87
各セグメントをレベルアップする・90

4　おわりに…………………………………………………… 90
考えてみよう／次に読んで欲しい本・92
Column 6 - 1　セグメンテーション・88
Column 6 - 2　ロイヤル顧客とのコミュニケーション・91

第7章　ポジショニング先行型のブランド： ──── 93
伊藤園〈お～いお茶〉

1　はじめに…………………………………………………… 94

2　伊藤園「お～いお茶」……………………………………… 94
世界で初めての緑茶飲料市場の発売・94
「飲料化比率」によるポジショニングの明確化・97
緑茶飲料の成長性の可視化・98
長期的なビジョンに基づく一貫した事業展開・99

3　ポジショニング先行型のブランド………………………… 100
ブランド・ポジショニング・100
ポジショニングの明確化による市場の見通し・103

4　おわりに…………………………………………………… 103
考えてみよう／次に読んで欲しい本・105

Column 7 - 1　ブランドの名前・101
Column 7 - 2　差別化されたブランド間の競争による市場拡大・104

第8章　市場のカテゴリを創造するブランド：────── 107
サントリー食品インターナショナル〈GREEN DA・KA・RA〉

1　はじめに…………………………………………………… 108

2　サントリー食品インターナショナル
「GREEN DA・KA・RA」………………………………… 108
DAKARAの大ヒットによる機能性飲料市場の形成と市場成熟・108
“やさしい”機能性飲料、新ブランドGREEN DA・KA・RAの発売・109
GREEN DA・KA・RAのカテゴリ横断的なブランド展開・111
ブランド・ビジョンを実現する手段としての製品開発・112

3　市場のカテゴリとしてのブランド………………………… 113
製品カテゴリに代替する市場カテゴリとしてのブランド・113
カテゴリ横断的なブランド展開が実現する競争優位・115
製品カテゴリ横断的なブランド拡張のリスク・117

4　おわりに…………………………………………………… 119
考えてみよう／次に読んで欲しい本・120
Column 8 - 1　目的志向カテゴリ・114
Column 8 - 2　価値次元の可視性・116

第9章　ブランド拡張を通じてのブランド進化：────── 121
P&G〈ファブリーズ〉

1　はじめに…………………………………………………… 122

2　P&G「ファブリーズ」プロダクトと習慣……………… 122
悩みを解決するための機能（消臭）から生まれたファブリーズ・123
習慣をつくるブランド連想・124
市場をつくる一日本での発売・125
連想によるブランド拡張へ：消費者を連想でつなぐ・127

3　ブランド拡張とブランドの進化………………………… 128
1機能1ブランドからブランド拡張のマーケティングへ・128

機能ではなくブランドで売る・129

ブランドの成長とブランド理念の深化・131

4　おわりに……………………………………………………………… 134

考えてみよう／次に読んで欲しい本・134

Column 9 - 1　いつも同じブランドを選択するのか、違うブランドを
　　　　　　　選択するのか：アサエルの購買行動類型・130

Column 9 - 2　商品が欲しくてたまらなくなる時：
　　　　　　　ブランドの発する強いメッセージと連想・132

第Ⅲ部　ブランド・スタイル(らしさ)の追求

第Ⅲ部　はじめに…………………………………………………………… 138

第10章　サービスブランドの育成： ──────── 141
　　　　アートコーポレーション 〈アート引越センター〉

1　はじめに…………………………………………………………… 142

ブランド誕生のきっかけ・143

ブランド名の由来・143

2　女性目線によるブランドづくり…………………………………… 144

電話受付はすべて女性に変える・146

女性に分かりやすい透明度が高い料金体系を創出・146

ネクタイにスーツ、清潔なユニフォームで、業界の新しい風・148

3　生活者目線のブランド育成………………………………………… 148

生活者とコミュニケーションするブランド・148

サービスブランドのイノベーション・149

4　インターナルブランディング……………………………………… 151

5　おわりに：暮らし方を提案するサービスブランドへ…………… 153

考えてみよう／次に読んで欲しい本・153

Column10 - 1　ブランド・レレバンス【Brand　Relevance】・145

Column10 - 2　サービスブランドにおけるSTP概念の拡張・147

第11章　ブランド・ビジョンが事業を育てる：——— 155
阪急

1　はじめに……………………………………………… 156

2　阪急電車の歴史………………………………………… 158

鉄道事業・158

不動産事業・158

沿線の観光事業・160

百貨店事業・163

ホテル事業・165

3　阪急スタイルと事業…………………………………… 165

独創的な事業群・167

**4　おわりに：ブランド・ビジョンを実現することで
常識を打ち破る**………………………………………… 167

考えてみよう／次に読んで欲しい本・170

Column11 - 1　小林一三の人となり・159

Column11 - 2　小林一三のブランド・ビジョン・168

第12章　技術、市場分野の拡大によるブランド進化：— 171
良品計画〈無印良品〉

1　はじめに……………………………………………… 172

**2　良品計画「無印良品」：技術、市場分野の拡大による
ブランド進化**…………………………………………… 174

無印良品誕生の背景・174

無印良品のコンセプトの確立・176

無印良品の急成長の転機・177

良品計画の設立・178

ブランドの進化・179

「感じ良いくらし」の実現・180

3　無印良品のブランド進化……………………………… 182

4　おわりに……………………………………………… 184

考えてみよう／次に読んで欲しい本・184

Column12 - 1　堤清二と無印良品・175

Column12 - 2　経験価値・183

第13章　シグネチャー・ストーリーの共創：─────── 187
　　　　　ナイキ

1　はじめに……………………………………………………………… 188
人類のチャレンジとシグネチャー・ストーリー・188

2　ナ　イ　キ…………………………………………………………… 189
ナイキの概要・189

フィル・ナイトの事業アイデア・191

ビル・バウワーマンの製品イノベーション・191

ナイキの製品イノベーション・193

3　ナイキとアスリートのブランド共創………………………… 193
アスリートが製品を使用する効果・193

ナイキ・ガイ・194

ナイキ・ガイと契約する意図・195

マイケル・ジョーダンをプロデュースする・196

4　ナイキのメディア創造とユーザー体験の実現………………… 200
スクリーンタイムとの接点をつくる・200

ナイキタウン（店舗）によるコミュニケーション・200

スポーツの新たな体験を創造する・201

スクリーンタイムから体験へ・202

5　ブランドとシグネチャー・ストーリー………………………… 202
ナイキのマーケティング行動とシグネチャー・ストーリー・202

6　おわりに……………………………………………………………… 205
考えてみよう／次に読んで欲しい本・205

Column13 - 1　ナイキブランドの誕生・197

Column13 - 2　シグネチャー・ストーリー・203

第14章　ビジョンとブランド・レゾナンス：──── 207
　　　　マザーハウス

1　はじめに「Social Vintage」………………………… 208

2　マザーハウス………………………………………… 209
　「途上国から世界に通用するブランドをつくる」・209
　自身のミッションに気づく・210
　途上国の可能性を確信する・210
　「途上国発のブランドをつくる」・211
　信じ続けられる目標を言葉に・212
　開発、生産拠点を立ち上げる・212
　ネパールでのものづくり・213

3　生産と市場の透明性を高める仕組み………………… 214
　サンクスイベント・214
　直営店舗を立ち上げる・215
　限られた市場に取り組み、ビジョンを育てる・216

4　マザーハウスの顧客共鳴（レゾナンス）の仕組み………… 216
　ビジョンに基づく行動と行動の透明化・216
　ビジョンのブランドへの効果・220

5　おわりに……………………………………………… 221
　考えてみよう／次に読んで欲しい本・222
　Column14 - 1　ブランド・レゾナンス（Brand Resonance）・217
　Column14 - 2　サードウェイ・イノベーション・222

第15章　複数ブランドのマネジメント：──── 225
　　　　P&G〈マイレピ〉

1　はじめに……………………………………………… 226

2　P&G「マイレピ」インターネットコミュニティを
　利用したリレーションシップ・マーケティング…………… 226
　会員制コミュニティサイト「マイレピ」・226
　マイレピの特徴・229

3　ブランドとリレーションシップ……………………………… 230

リレーションシップ・マーケティング・230

ブランドを通じたリレーションシップの構築・231

デジタル技術の活用・232

新たなブランドファン「拡張」への試み・236

4　おわりに………………………………………………………… 237

考えてみよう／次に読んで欲しい本・237

Column15 - 1　ブランド・コミットメントの構成要素・233

Column15 - 2　ブランド・コミュニティとは・235

〔あとがき〕……………………………………………………………… 239

〔参考文献〕……………………………………………………………… 242

〔索　　引〕……………………………………………………………… 249

第 I 部

ブランドとマーケティング

第 **1** 章

なぜいま、ブランドなのか

1 はじめに
2 ブランド事情の変化
3 長期の会社資産としてのブランド
4 まとめと本書の構成

第1章
第2章
第3章
第4章
第5章
第6章
第7章
第8章
第9章
第10章
第11章
第12章
第13章
第14章
第15章

1 はじめに

　ブランドにはいくつかの効能がある。その第1は、消費者の購入リスクを小さくする（それにより取引のコストを下げる）ことである。マーケティングや流通研究の理論で古くから言われてきた効能である。

　祭りのときに開かれた屋台で買った商品が欠陥品であっても、祭りが終われば文句も言えず泣き寝入りするしかない。そもそも商品購入にはリスクがあって、それは消費者が負担するしかなかった。しかし、その商品がきちんとした「店舗」で売られている、あるいは「ブランド」として世に知られているなら、消費者は安心して購入することができる。これが、ブランドの一番の効能だ。ブランドは消費者にとって購入におけるリスクを下げる効果をもつ。

　第2に、ブランドは販売チャンスを拡大できる。商品の知名度向上を通じてチャンスは拡大する。日頃から目にし、耳にしている商品は、一般に購入されやすい。あるいは、ブランドがあれば、それが商品選択のさいの識別材料になるので、反復購買に導きやすい。ブランドがない豆腐やこんにゃくは、もう一度買おうと思ってもどれがその美味しい豆腐やこんにゃくなのかわからない。

　第3に、よく知られたブランドは、価格にプレミアムを上乗せできる。〈コシヒカリ〉というブランドに対して高い信頼や愛着をもつ消費者は、それに対する対価として他のコメよりも高い価格「価格プレミアム」を認める。

　そうした効能をもつブランドとして、会社はそれなりに評価し、マーケティングの重要なツールとして用いてきた。だが、1990年頃から、そのブランド事情が変化する。本書は、ここからスタートすることにしよう。

2 ブランド事情の変化

　さて、ブランドと言えば、多くの人はバッグや化粧品などの欧米の高級ブランド、グッチやシャネルなどを思い浮かべるだろう。女性の憧れのブランドだ。他方、男性にも憧れのブランドがあって、車ではベンツやBMW、日本車では古くは「いつかはクラウン」のクラウン、時計ではローレックスというところが定番だ。昔は、

マルボロやジョニ黒などたばこや洋酒にも憧れのブランドがあった。

　これらの商品は、いずれも日用必需品ではなく、いわば高級品、ぜいたく品もしくは嗜好品と呼ばれる分野に属している。ブランドとは、もっぱら、そうしたラグジュアリー・グッズと呼ばれる範疇の話だと思われていた。

　しかし比較的最近になって、そうしたラグジュアリー・グッズではない商品、すなわち私たちが日々手に取り、購入する日用必需品分野でも、ブランドという言葉が巷に溢れている。加工食品、菓子、清涼飲料水、洗剤や消臭剤分野といった、日々買い物する商品、あるいはふつうに家の中にある商品分野においても、いくつものブランド名を挙げることができるだろう。

　さらには、コモディティと呼ばれる差別化が難しい分野、たとえば農産品・畜産品分野でもブランドが育っている。「コメ」では、産地名の付いた商品はそれまでにもあったが、他のコメとの差別性ははっきりせず価格差もあまりなかった。〈コシヒカリ〉のようなブランド米がそれとしてアピールされ、誰もがその違いをはっきり認め始めたのは、コメの海外輸入が始まった1990年代の中葉である。

　今では、コメはブランドで選ばれるようになっていて、ブランド米にはプレミア価格がつく。それにならうように、野菜や牛肉などでも産地ブランドのかたちをとって有名になり、同種の他商品とは大きい価格差を実現している。

　どうして、こうした日用品の分野でも、このようにブランドという言葉が花盛りとなり、実際に消費者の購入選択時にアピールするようになったのだろうか。

　振り返ってみると、ブランドという言葉が普及する上で、わが国には少なくとも2つの波があった。

　ブランド化の第1の波は、1960年頃に起きている。1953年にNHKと民放がテレビ放送を開始し、その後1960年頃には地方局も生まれ、TV放映の全国化が進んだ。それと共に、いろいろな商品のCMが私たちの目や耳に飛び込み始めた。その浸透力はたいしたもので、筆者などは、当時TVから流れた「ハリスのチューインガム」やミツワ石鹸や花王石鹸や仁丹などのCMソングなどは、今でも口ずさむことができるほどだ。

　テレビは今では旧メディアの代表選手のような感じになっているが、1960年当時はピカピカの新メディアだった。マスメディアといえば、新聞とラジオしかなかった時代に登場したテレビ。映像と音を通じて、かつてない大量宣伝が可能になったのである。

　それに合わせて、花王やサントリーやグリコのようなわが国の先進的マーケティ

ング・カンパニーは商品のブランド化に取り組んだ。当時発売されたグリコの「プリッツ」（1963年）、花王の「マイペット」（1960年）、日清食品の「チキンラーメン」（1958年）、あるいは大塚製薬の「オロナミンC」（1965年）などは、50年経った今も各社の屋台骨を支えている。

❖ 経営者のブランド認識の転換

　先進的消費財メーカーは、それからも少しずつブランド商品を増やしていった。しかし、そうこうしているうちに、もう1つの大波がやってきた。1990年頃のことだ。この波がブランドについての経営者の認識を大きく変えることになった。

　会社経営におけるブランドの位置づけが大きく変化したのだ。先進的なマーケティング・カンパニーにおいて、「ブランドは、市場で蓄積された貴重な資産だ」という認識が進んだのだ。そして、その新しい認識に基づいて、各社はマーケティングのやり方を大きく変化させていった。

　会社のブランドに対する経営者の認識の変化といっても、会社内部の動きであるため、社外にいる私たちには見えにくい。その中で、目に見える現象として言えば、先に挙げたラグジュアリー分野以外の分野にもブランド化の波が押し寄せたことが挙げられると思う。

　そしてもう1つの現象としては、有力ブランドを持っていた会社においてはそのブランドの拡張への取組みが目立ってきたことが挙げられる。ブランド拡張とは、ある商品分野で確立されたブランドを、他の商品分野にも広げる試みを意味している。

　たとえば、コカ・コーラ社が、「ダイエットコーク」や「ビタミン入りコーク」や「特保のコーク」を発売しているのは好例だ。ブランドは資産と見なされたがために、その資産を他の製品にも利用して、資産の有効利用を図るわけだ。これらのブランド拡張のケースについては、第3部で詳しく検討する。

　コカ・コーラ社以外の多くの有力な消費財メーカーも、あるいは農協や地方の自治体も、「ブランドは資産だ」という時代のこの潮流を見逃さなかった。その結果、1980年代から90年代にかけてわが国において多くのブランドが登場した。先に述べたように、それまでブランドという概念にもう1つそぐわなかった日用必需品においてもブランド化が進んだ。

　経営者によるブランド認識の変化が生み出した現象の変化を覚えやすくするために、**図1-1**にまとめておこう。

【図 1 - 1　ブランド認識の変化が生み出した現象】

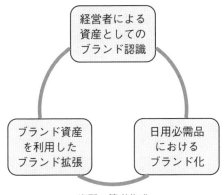

出所：筆者作成

　こうして、先に述べたように、ブランドはぜいたく品や高級品の専売特許ではなくなってきた。資産としてのブランドを有効活用しようという各社の認識が広がった。日用品や農産品の分野でもブランドが花盛りとなっていった理由の背景にはこうした理由がある。

3　長期の会社資産としてのブランド

　さて、1990年頃から、「ブランドは会社の重要な資産」という経営者の認識が生まれてきたのだが、そうした認識がまだ浸透していない時代に、新しい時代の到来を予兆するような1つの事件が1985年に起こっている。ブランドを考える上で印象的な事件なので紹介しておこう。「ニューコーク」事件と呼ばれる事件がそれだ。
　その事件は、ここで言うところの経営者におけるブランド概念ないしはマーケティング思想の転換の大きなきっかけとなるものであった。以下では、その騒動を手短に紹介しながら、「ブランドは資産だ」、という新たな概念が登場した背景を見ておこう。

✛ ニューコーク騒動

　その当時のコカ・コーラ社のマーケティングへの取組みはある意味、徹底したも

のだった。1962年に、同社は「タブ」というコーラ飲料を発売した。それは、「砂糖ではなく甘味料の入ったコカ・コーラ」に他ならないのだが、しかし、その飲料に対して、コカ・コーラ社は「ダイエット・コカ・コーラ」とは名づけなかった。彼らはその当時、こう言っていた。

　　「もし、甘味料入りのコカ・コーラが選ばれるのであれば、神は、最初にその
　　種のコカ・コーラを作っていたはずだ」と。　　　　　　（ペンダグラスト 1993）

　この言葉は、彼らの「コカ・コーラ」（以下では、「コーク」）に対する自信と誇りを表している。彼らは、自身のコークの味が最高で、この世の中で唯一無二の存在だと信じて疑わなかった。その当時、社内ではコークの調合は「聖なる牛（The Sacred Cow）」と呼ばれ、絶対的なものだった。そんなコークの世界で、甘味料が添加されたダイエットコークなどはあってはならないものだったのだ。

【写真1‐1　「ニューコーク」を紹介する当時のコカ・コーラCEOロベルト・ゴイズエタ氏】

出所：AP/アフロ

　こう言うと、コカ・コーラ社は創業以来、コークの1つの姿にこだわり続けた会社のように思えるかもしれないが、そうでもない。コークはその姿をいろいろと変えてきた。

　薬効を強調した飲料から清涼飲料への転換、「食事と共にコカ・コーラ」キャンペーンを通じて食中飲料化の促進、サンタクロース・キャラクターの創作による消費の通年化等々の試みはその格好の例になるだろう（石井 1999）。

　そうしたコークの性格の変遷の歴史の中から、「いつでも・どこでも・だれにでも」寄り添うというコーク独特の魅力あるいは価値が生まれてきた。それがどれほどの価値だったかは、1985年のニューコーク騒動からうかがい知ることができる。

　1985年、コカ・コーラ社はニューコークを発売した。その開発にあたっては、大規模な消費者味覚テストが行われた。19万人にも及ぶ調査だった、とマーク・ペンダグラストは、彼の著書『コカ・コーラ帝国の興亡』で語っている。

　ニューコークはその市場調査を通じて、オールドコークより味覚の点で優れていることが立証されたというのだ。調査において新旧2つのコークを飲み比べた人のうち、61％の人が改良コークのほうが美味しいと答えた。この結果を背景に、同社は、自信満々ニューコークを導入した。

　しかし、この自信はたちまちのうちに崩れ去った。発売後1週間もたたないうちに、毎日1,000本を超える電話が同社の無料消費者ホットラインに殺到した。味を変更したことへの抗議の電話だった。その電話は、5月の半ばになると1日に5,000本、6月初めになると8,000本もの電話が社に届いたと言う。

　また、「アメリカン・オールドコーラの愛飲者協会」という団体が設立され、コークの味を元に戻すよう求める集団訴訟が起こった。アメリカのコークファンは、オールドコークに強い愛着があって、味の変更を認めなかったのだ。

　では、オールドコークにたいするこの愛着は、なににたいする愛着なのだろうか。ペンダグラストは同書の中で、オールドコークのファンは、オールドコークへの深い思いがあったと、つぎのように述べている。

　　「人々は人生のあらゆる場面～初めてのデートとか、勝利や敗北の瞬間とか、楽しいグループのお祝いとか、物思いに沈む孤独とか～に結び付いた、このアメリカを象徴する飲料を敬っていた」。　　　　　　　　　　　　　　　（石井 1999）

　コークは、その人たちの人生のかたわらにいつも寄り添っていた。そして、その人たちの人生に刻まれたさまざまの思い出の記憶に溶け込んでいたのである。経営陣には思いも及ばなかった強い愛着の感情が、消費者の心のなかに育っていたのである。

```
Column 1 - 1
```

ブランド・エクイティ

　デービッド・アーカーは、ブランド名やそのブランドが掲げるシンボルなどと結びついた価値の集合体をブランド・エクイティと呼んだ。消費者から見れば、商品購入における信頼感や商品への満足度を高める効果や、人と違うものを持つという優越感や自信につながる場合がある（アーカー 1994）。他方、会社にとっては、既存顧客のブランドへの信頼度や満足度や愛着が深まると、リピート購入につながり、そこから評判が広がって新規顧客の獲得も容易になる。

　ブランド・エクイティ（資産）は、消費者から見て、一般に4つの次元で構成されると言われる。ブランドの認知度、ブランドの知覚される品質、ブランド連想、そしてブランド・ロイヤルティがそれである。

【表1-1　ブランド・エクイティの要素】

項目	内　　容
認知	そのブランドが認知される度合い
品質	ブランドの品質認識（性能や信頼性）
ロイヤルティ	ブランドへの愛着の度合い
連想	そのブランドから想起される連想

出所：アーカー（1994）から引用して筆者作成

　「ブランド認知」とは、そのブランドが市場や社会に認知されている程度である。ブランドの存在自体を知っていることや、そのブランドの中身について知っていることが含まれる。

　「ブランドの知覚される品質」とは、そのブランドのもつ品質イメージである。性能だけでなく信頼性も含まれる。

　「ブランド・ロイヤルティ」は、ブランドへの愛着の度合いである。ブランドの存在を認知し知覚される品質が上がるにつれてブランドへの愛着が進むだろう。

　最後に、ブランド連想は、そのブランドの名を聞いて何を連想するか（「スーパードライと言えば本格ビール」）、あるいは逆にどのような対象からそのブランドを連想するか「ビールと言えばスーパードライ」）である。連想が特定の市場（あるいは「日常の生活シーン」）に結びつく場合もある。それらのあいだの結びつきが強くなると、ブランドは消費者のアタマのなかで強いポジションを得たことになる。

◈ ブランドについての新しい考えの登場

　このニューコーク騒動では、整理すると3つの点が印象的だ。

　第1に、経済活動におけるブランドの重要性が認識されたことだ。コークブランドに対する強い愛着が、アメリカのコークファンの消費者にあって、それがこの事件を引き起こした。「これなしでは私の人生は成り立たない」というその強く深い愛着こそが、コークというブランドを成り立たせる根源にあたるものだった。消費者のそうした愛着を成り立たせる存在、それがブランドにほかならないという理解が生まれたのである。

　第2に、ブランドは、会社にとって重要な資産となるということである。ブランドに感応するファンたちは、その商品を購入し、同社のイベントやキャンペーンにも快く応じる。時には、自ら進んでブランドの伝道師の役割も果たすことがある。

　現代の市場においては、次々に途切れることなく新商品が誕生する。しかし、そして誕生した新商品もさらに新しい商品に追い立てられるようにして消えていく。いっとき、消費者が熱烈に支援をし、それがなければ夜も日も明けないと思った商品でも、次により魅力のある商品が出てくると、消費者の気持ちはそちらに移る。営業の世界でもそうだ。何度も通って誠意を認めてもらったはずの取引先でも、より有利な条件を提案する相手が出てくれば、いとも簡単にそちらに移る。

　義理も人情も通用しない世界、それが市場という世界なのだ。しかし、そんな無機質な市場の中で、消費者の愛着を確保できたブランドは、この市場原理に抵抗する。たとえ新しい類似商品が出てきても、好きなブランドの商品にこだわり購入し続ける。その意味で、消費者のブランドへの愛着は、そのブランドを保有する会社にとって長期にわたる利益を生む資産となりうるものなのだ。

　第3に印象的なことは、ブランドは、会社の資産だが、資金や設備や土地のような普通のモノ的な資産とは違っていることが重要だ。その資産は、あくまで消費者の心のなかにあるものだからだ。

　したがって、経営陣の意のままにはならない。経営陣が「消費者によかれ」と思って提案する新改良でも、「それは、私が大事にしてきたブランドではない」と言って、消費者に拒否されることもあるのだ。ブランド資産は会社にとって大変値打ちのある資産だが、お金や土地のように会社の意のままに操れる資産ではない。

　以上の3つの印象を、資産としてのブランドの特徴ということで一図にして示し

ておこう。

【図1‐2　市場資産としてのブランド】

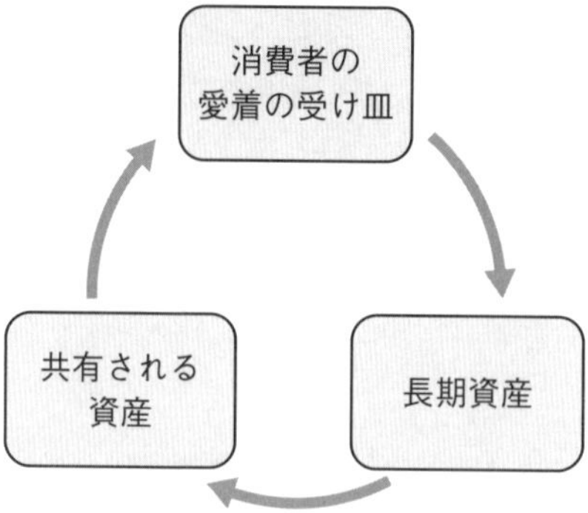

出所：筆者作成

4 まとめと本書の構成

　貨幣とブランドとは資本主義経済において不可欠な経済メディア（媒体）である。どちらも、効率的な経済運営に不可欠のメディアだ。そして、どちらも無から有を生む力をもっている。不思議なことだが、「紙」が価値を持ち、「名」が価値を持つ。貨幣の価値については周知されているが、名すなわちブランドの価値について理解が進んだのは、最初に述べたようにほんの30年ほど前のことにすぎない。

　そうしたブランドについての理解が、その頃から急に変化した。それに関連して、本書を通して基本的に仮定しているブランド機能の3つのレベルについてまとめて述べておこう。それは以下の**図1‐3**のように示される。

　本書の構成にも触れながら、3つのタイプのブランドを説明しておこう。

①　販促手段としてのブランド

　ブランドが資産と見なされるようになるまでは、ブランドは商品のネーミングの問題であって、簡易な販促ツールの一種と見なされてきた。

　ブランド担当者の仕事の大半は、会社のイメージを操作し、広告キャンペーンを企画し、流通戦略を取り仕切り、販売促進策を考案し、販売部隊を支援し、適切な

【図1-3 ブランドの戦略的地位】

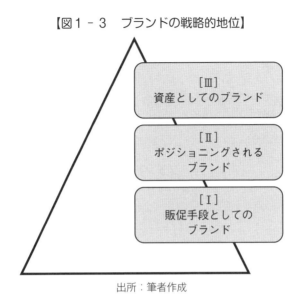

```
[Ⅲ]
資産としてのブランド

[Ⅱ]
ポジショニングされる
ブランド

[Ⅰ]
販促手段としての
ブランド
```

出所：筆者作成

包装を選ぶといった類の業務だった。それらは戦術に他ならず、場合によれば広告代理店に委ねることができる類の業務だ。

　商品の名前は、「他の類似商品と区別することができれば十分」という意識で付けられた。BMWやIBMや八十二銀行といった名前は、今でこそ誰もが知るブランド名だが、最初は他と区別するためだけの記号でしかなかったはずだ。名前を付ける目的の1つは「他と区別すること」なのである。

　もう少し市場寄りの意識があっても、せいぜいのところ「名前を覚えてもらうためにできれば覚えやすい名前を付けておこう」とか、「消費者から馴染みや親しみを得るために名前の工夫が必要だ」とかというレベルであった。商品名はそれなりに重視されたものの、最初に名前が決まればそれで話のほとんどは終わっていた。

　たとえば、電話帳の最初に出てくる名前ということで名づけられた〈アート引越センター〉とか、会社名に原料名を付けただけの「フジッコのおまめさん」や、会社名に商品名を付けた「ライオン歯磨き」や「カルビーのポテトチップス」という商品名は、消費者にその存在を知ってもらいたい、名前を覚えてもらいたい、親しみを感じてもらいたいということが期待された役割だったろう。

　こうして付けられた商品名というのは、多くの場合、関心は「今あるこの商品の売れ行き」に直結している。その意味で、商品の名前は、その商品かぎりの短期的な販促手段でしかなかった。その名前をもった商品が、市場導入後長期にわたって

Column 1 - 2

ブランド拡張

　ブランド拡張とは、ある市場領域で築き上げたブランド・エクイティを、別の市場領域でも利用することを指す。ここでは、次の分類枠に沿ってタイプを整理しよう（石井 1999）。

【図 1 - 4　ブランド拡張の枠組み】

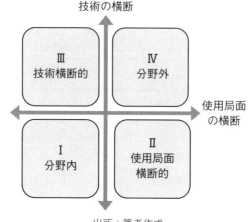

出所：筆者作成

　この図は、①技術を横断するか、②使用局面を横断するかで、ブランド拡張タイプを分ける。事例と共に列挙する。

　Ⅰ．同一市場分野内でのブランド拡張

　同一市場分野内でのブランド拡張には、いろんなやり方がある。「フレーバー」（カルビーポテトチップス）、「サイズ」（特撰丸大豆しょうゆの多様化したサイズ）、「タイプ」（ハーゲンダッツのカップとバー）、「成分・機能」（コカ・コーラで、ダイエットコークやビタミン入りコーク）、「価格×機能」（松・竹・梅）などがそれだ。

　Ⅱ．異質の使用局面を横断するブランド拡張

　「ファブリーズ」は、衣類に直接噴霧するスプレータイプから、玄関や車中に置く置き型タイプへと拡張を進めた。「ペンタックス」には、カメラ、双眼鏡、天体望遠鏡、眼鏡があった。

　Ⅲ．異質の技術を横断するブランド拡張

　「サンスターGUM」には、ペースト以外に歯ブラシ、のど殺菌スプレー、ド

ロップなどが含まれる。トヨタの「クラウン」には、ガソリン車とハイブリッド車が含まれる。

Ⅳ．使用局面・技術の両方を横断するブランド拡張

「無印良品」には多様な商品がある。それらは技術面でも使用局面でも共通性は乏しい。バストイレ用品を使いながら加工食品を食べるという生活シーンはない。「レクサス」は、そのなかにセダン、クーペ、SUV、スポーツタイプからヨットまで含んでいるが、使用局面に加え技術も横断するブランドになる。いずれのブランド拡張も、ブランド・エクイティを市場内外で生かそうとする試みである点で共通する。

どのように成長していくのか、どのようなライバルと競争することになるのか、どのような資源あるいは技術を確保していくことになるのかについての展望は乏しい。

このレベルのブランドは、それなりの役割をもっていたわけだが、本書ではこうした機能レベルのブランドは扱わない。

②　ポジショニングされるブランド

さて、販促用具でしかなかったブランドが一足飛びに資産としてのブランドのレベルに移行したわけではない。花王やグリコのようなマーケティング・カンパニーは、ブランドを軸にマーケティングを展開してきた。P&Gやコカ・コーラ社もそうだが、これらの会社はブランドの強化が将来に向けた競争優位と長期的収益性の基盤になることをいち早く認識していたのだ。

彼らにとって、成功のカギは、「ブランドを適切にポジショニングする」ことにある。

①　顧客のアタマのなかに確実にブランドの名を刻み込むこと。

②　そして、その名を市場や生活シーンに結びつけ、それらとブランドとの連想関係を構築すること、である。

彼らは、そのことにマーケティング努力を傾注する。そのブランドに系列品をつくったり他分野に当該ブランドを拡張したりすることはあまりない。そうした試みは、たとえうまくいっても、せっかく築き上げた「ブランドと市場や生活シーンとの強力な連想関係」をダメにしてしまう可能性があるからだ。P&Gが同じ衣料用洗剤市場において、複数ブランドを展開しているのはその証拠でもある。「（衣料用洗剤市場という全体市場のなかの）1つの市場セグメントに、1つのブランドを配

置していくと、衣料用洗剤市場に複数ブランドをもつことになる。

　この機能レベルにあるブランドについては、第2部で扱う。かっぱえびせん、ハイチオールC、ポカリスエット、三ツ矢サイダー、お～い！お茶、GREEN DA・KA・RA、ファブリーズといった皆さん周知の有名ブランドが紹介される。それらのブランドは、ブランド・ポジショニング戦略を軸としながら、各社において個性的に展開されている。そうした知恵や工夫を探っていく。

③　資産としてのブランド

　ブランドは現在では、「販促用具としてのブランド」そして「ポジショニングされるブランド」のレベルを超えて、会社業績に長期的な影響を与える資産と見なされるに至っている。そうした新しい認識は、会社経営やマーケティングの取組みに大きい変化をもたらす。以下のような変化を挙げることができる。

①　ブランドがベースとなって他の市場分野に参入する（ブランド拡張）。

②　ブランドは、事業分野を超えた会社全体の戦略の中心になる。

③　ブランド・スタイルは、事業戦略の過去・現在・未来をつなぐ役割を担う。

④　ブランド・スタイルは、戦略的な市場インサイトを育て、大きい革新を促す。

⑤　サービス業においては、ブランドが会社全体を体現しており、経営トップがブランドの責任者になることが多い。また、ブランドが事業戦略のみならず組織の文化や価値観とも密接にかかわる。

⑥　社内のブランド群をファミリーとして扱い、1つのポートフォリオで管理する必要がある。その戦略の真髄は、複数のブランドが一致協力してシナジ―効果を生み出ところにある。

　第3部では、こうした変化を念頭に置きながら、アート引越センター、阪急、無印良品、ナイキ、マザーハウス、マイレピといったコーポレート・ブランドあるいは組織ブランドの発展を追っていく。

❓ 考えてみよう

①　日用必需品でブランド化して成功している事例を挙げてみよう。それが、いつ頃からブランド化したのかも調べてみよう。

②　ブランド拡張して成長している身近なブランドを挙げてみよう。それらがいつ頃からブランド拡張を始めたのかを調べてみよう。

③　ニューコーク事件は、ブランドは会社の専有物ではなく、消費者（ファン）との

共有物だということを明らかにした。身近なブランドで、そう実感した事例を考え
てみよう。

次に読んで欲しい本

- 石井淳蔵（2010）『マーケティングを学ぶ』ちくま新書。

  ☆マーケティング戦略においてブランドが重要な軸となっていることが理解できる。
- デービッド・アーカー（2014）（阿久津聡訳）『ブランド論：無形の差別化を作る
  20の基本原則』ダイヤモンド社。

  ☆アーカー教授のブランドの著書は多いが、本書はブランディング実践に役立つ。
- 石井淳蔵（1999）『ブランド：価値の創造』岩波新書。

  ☆ブランドとはなにか、ブランドは現代社会でどのような役割を果たすのかを理解
   できる。

第 2 章

マーケティング発想から
ブランド発想へ

第1章
第2章
第3章
第4章
第5章
第6章
第7章
第8章
第9章
第10章
第11章
第12章
第13章
第14章
第15章

1　はじめに
2　マーケティング発想で経営しよう
3　ブランド発想を身につけよう
4　おわりに

1 はじめに

　第1章では、20世紀が終わる頃、資産としてのブランド概念が登場したその背景と、それが会社経営に与える影響について見てきた。続いて本章では、そうしたブランド概念が、どのような形で私たちの会社経営に入ってくることになるのか、もう少し具体的に明らかにしたい。

　さて、私たちのあいだでは、マーケティングという言葉が自然に行き交い、読者の皆さんにとってその現実はもう見慣れたものになっている。だが、そんな現実がこの世に現れたのはわりと最近で、1960年前後頃のことである。その頃、日本の大学の商業論の授業では、「資本主義経済において供給過剰に直面した市場において必然的に現れるのがマーケティングだ」と、そう教えていた。

　大仰な言い方だが間違いではない。マーケティングは、供給が需要を超える成熟した市場でその真価を発揮する。世界に名だたるマーケティング・カンパニーであるコカ・コーラ社、P&G社、ネスレ社、さらにはわが国の花王やサントリーやグリコなどの各社の主要商品は、少なくとも日本国内ではもはや高成長が期待できない成熟状態にある。しかし、これらの会社は、それなりの成長性を確保し、収益性も高い。彼らを支えているのはマーケティングのスキルなのだ。

　ところが、マーケティング発想が社内に浸透していない会社ではそうはならない。市場が成熟し始めると、「国外など新市場開拓が急がれる」とか、「今こそ技術革新が必要だ」といった経営判断に向かう。新技術開発や新市場開拓は目につきやすい策なのだ。それも大事だが、この段階で実行すべき第1の課題は社内のマーケティングの力を駆動させることだ。ブランド発想の議論に先立って、本章の前半ではマーケティングの力について解説する。

2 マーケティング発想で経営しよう

✧ 成熟市場で真価を発揮するマーケティング

マーケティングの真価を理解するために、その出発点としてクリステンセン／レイナー（2003）の過剰品質という概念を取り上げよう。

① 過剰品質のメカニズム

クリステンセンによると、過剰品質とは、顧客がその製品を扱う能力（リテラシー）以上に製品能力が高くなっている状況を言う。

皆さんの手元にあるスマホの発展を見るとそのことがよくわかる。ケータイと呼ばれていた頃は、画面は小さく処理スピードも限られていた。われわれが日常使用する際の期待するレベルには全然達していなかった。ところが、今ではメールやメッセージのやり取りもお手の物。電子図書を読んだり、写真やビデオを撮ったり、

【図2‐1　過剰品質のメカニズム】

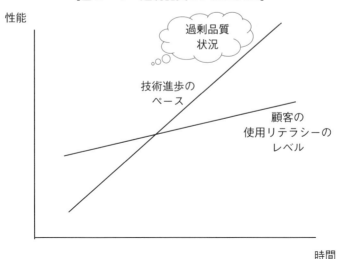

出所：筆者作成

ニュースを見たり、音楽を聴いたり、ゲームをしたり、SNSでやり取りをしたり、ECで商品購入や決済もできる。

　しかし、筆者のようなスマホリテラシーが低い者には、とてもそれら機能を使いこなすことはできない。筆者のリテラシー（ないしは期待レベル）を超えるところまでスマホの機能や品質は進んだということなのだ。スマホは私にとって、まさに過剰品質の状態にある。前頁の**図2－1**は、こうした過剰品質のメカニズムを示している。

　図には、2本の直線が描かれている。1本は、技術進歩のペースを表す直線。製品の性能・品質は時間と共に改善する。図で技術進歩のペースの右上がりの直線はそのことを示している。もう1本は、顧客の使用リテラシーのレベル。時間と共に改良するので右上がりの直線で描かれている。しかし、技術ほどには右上がりにはならない。

　そうすると、どこかで2つの直線が交差する。図2－1において2つの直線が交差した交点の左側の時間区間は、技術のレベルより顧客のリテラシー（期待）が上回っている状況だ。この局面では、（新機能の追加を含めて）製品の性能・品質改善は、消費者の期待に沿うものだ。技術研究所や工場で行われる性能・品質改善がそのまま顧客の期待に直結し市場需要を引き寄せる。

　他方、交点の右側、技術進歩が使用リテラシーを上回る状況は、それとは逆になる。顧客のリテラシーを超えて性能・品質が高くなっている状態、つまり過剰品質の状態だ。顧客は、メーカーが品質改善をアピールしてもおいそれとは反応しなくなる。スマホの機能がさらに向上したとメーカーから伝えられても、リテラシーが低い私にはそのメッセージは意味がないし関心のない話になる。

　顧客の関心は技術や品質を離れ、価格に集中する。メーカーが性能・品質改善に投資しても、需要がそれについてこない。投資回収スピードは鈍くなり、収益性が落ちていく。

　今までのように性能・品質改善をいくら行っても需要に結びつかない。会社としては、やり方を根本的に変えないといけない。製造力や技術力が市場に対して力をなくしたその時こそ、マーケティングの出番だ。

⟐ 顧客関係の構築を目指す

　性能や品質に対する顧客の反応は鈍くなったとき、先にも述べたが会社が採用す

る方法は他市場への進出だ。たとえば、地元市場が成熟したので他府県の市場へ、国内市場が成熟したので海外市場へというやり方だ。

　新市場進出は確かに1つの成長策だが、しかし、ここは経営者にとって実は考えどころだ。成長策はそれだけではない。一般に、会社には3つの方向がある（エーベル 2012）。

① 新市場に進出する（顧客層を拡張する）。

② 技術を拡張する。

③ 顧客との関係（価値・機能）を拡張する。

　2つめの技術を拡張するとは、写真フィルムで成長してきた会社がデジタルに進出するとか、スーパーで成長してきた会社がコンビニに進出するといった事態を意味している。

　しかしここでは、3番目の顧客関係（ないしは価値・機能）への進出策を考えよう。社内にマーケティング部門があれば、出番はここだ。

　とはいえ、そこでマーケティング部門として何をすればいいのか。少なくとも3つの課題がある。第1に顧客の生活者インサイトを把握すること、第2に価値・機能を切り替えて新しい顧客関係を構築すること、そして第3にブランドを構築することである。そのステップを図に示しておこう。

【図2‐2　マーケティングの3つの課題】

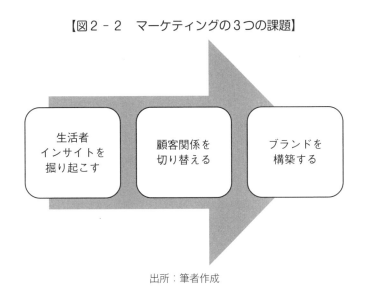

出所：筆者作成

23

┌ Column 2 - 1 ┐

事業の定義：誰に（Who）、何を（What）、
　　　　　　どのように（How）

　マーケティング発想のなかで、事例としてミルクシェイクの新事業開発を取り上げ、その解説で「事業の定義」の概念を用いた。そこで示したように、事業は「だれに」「なにを」「どのように」の3次元で記述できる。「子どもたち」（誰に）に、「おやつ」として「ミルクシェイク」を提供する。あるいは、「若い男性」に「朝食用」として「ミルクシェイク」を提供する。

　「事業の定義」の意義を最初に指摘したのはピーター・ドラッカーである（『現代の経営』）。彼は、消費者や市場の視点に立った事業定義が必要だと言う。たとえば、アメリカの鉄道業が滅んだのは自身の事業定義を間違えたからだ。アメリカの鉄道会社が消費者視点に立って「輸送業」と定義しておれば、飛行機や自動車という新しい技術革命に対応する道はあったのではないかというのだ（石井・廣田・清水『1からのマーケティング』第4版）。

　この考えを継承し理論的に発展させたのが、デレク・エーベルである（『事業の定義』）。彼は、事業ポートフォリオの概念（『戦略計画』）を提起する一方で、事業をポートフォリオにかける前に事業を定義することが肝要だと指摘し、事業定義の理論を発展させた。そして、「市場（顧客層）」「機能・価値」「技術」の3

【図2 - 3　3次元の事業の定義】

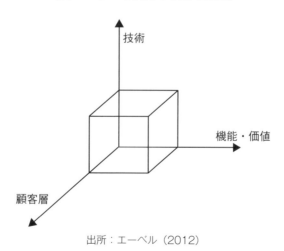

出所：エーベル（2012）

次元で事業をとらえことを提唱した。図にするとわかりやすい。

この図から、事業には３つの成長方向があることがわかる。

①　異なる顧客層に沿っての成長、

②　技術に沿っての成長、

③　機能・価値に沿っての成長

がそれだ。

本文でのレストランのケースは、「機能・価値」と「顧客層」に沿っての成長だったが、技術に沿っての成長も考えうる。

①　マーケティングの課題Ⅰ～生活者インサイトを掘り起こす

まずやるべきことは、生活者インサイトの掘り起こしだ。過剰品質を提唱したクリステンセン＆レイナーが紹介するケースを、少し脚色を加えながら紹介しよう。

〔ミルクシェイクの開発〕

あるレストランが、ミルクシェイクの新商品開発のために２つの開発チームＡとＢを組織した。そのうち、開発チームＡのやり方はこうだ。

まず、ミルクシェイク市場の顧客の中から有力顧客を選び出す。それら顧客たちとのグループインタビューを繰り返し、商品を設計する。試作品をつくって味覚テストを繰り返して、試作品の完成度を上げていく。そして、顧客の好みにぴったり合ったミルクシェイクが完成し市場に導入される。有力顧客のニーズに合った商品でヒット間違いなしのように思える。現代の定番の開発スタイルだ。

有望に見えるが、クリステンセン＆レイナーはこのやり方を推奨しない。このやり方では、現在の主要顧客の好みを反映した商品にすぎず、これまでのミルクシェイク商品の延長線上の商品しか生まれないというのが理由だ。過剰品質の状況にあってメーカー同士の技術力の差が小さいときには、たとえそれがヒットしてもすぐに追随される。

彼らが推奨するのはもう１つの開発チームＢが採用した手法だ。開発チームＢは、レストランにやってくるお客さんを観察することから始めた（この手法は「行動観察」と呼ばれる。西川英彦・廣田章光（2012））。そして、来店したお客さんの中に、不思議なお客さんを見つけた。そのお客さんは早朝にやってきて、テイクアウトする。それまでミルクシェイクのお客さんは、おやつの時間にやってくる若い女性たちやお母さん連れの子供たちと考えられていたので、意外なお客さんだ。

そこで、彼らを追跡調査した。そのお客さんたちは、それを買ってクルマに乗り

【写真2－1　ミルクシェイク】

出所：iStock.com/Aleksangel

込み、会社へ出勤していた。つまり、彼らは、「クルマ通勤時の朝食用」として購入していたことがわかってきた。

　「朝、食事の時間がとれない。通勤のクルマの中で食事をとろう。サンドイッチやドーナツも悪くはないが、もっと簡単で便利なものはないか。探すと、ミルクシェイクがあった。小腹を満たし、30分の通勤時間のあいだ運転席横のスタンドに置いてゆっくり飲むことができる……。」といった購入ストーリーが考えられる。

　お客さんの力を借りて、ミルクシェイクの生活上の新しい意味、役割を見つけるのだ。

②　マーケティングの課題Ⅱ～新しい顧客関係を構築する

　クリエイティブな生活者は、商品と生活との新たなユニークな関係を創り出す。この力を、「生活者インサイト」と呼ぼう（石井 2009）。

　この開発チームBは、この生活者インサイト、つまり「ミルクシェイクをクルマ通勤時の朝食とする」というインサイトを商品開発のベースに置いて開発を進めた。

　朝食用だから腹持ちの良いヘビーなものが必要だろう。平均30分の通勤時間だとすれば楽しむ要素も必要で、そのためにいろいろの果実を入れたらどうか。カップも、運転席の横のスタンドに置きやすいパッケージにし、通勤途中での立ち寄りなので支払いの手間を省く工夫も必要だ。開発のベースが決まれば、いろんな知恵が湧いてくる。こうして新商品、クルマ通勤者のための朝食としてのミルクシェイ

【図2-4　ミルクシェイクの顧客関係を拡張する】

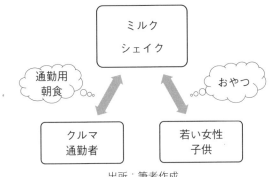

出所：筆者作成

クが誕生する。次図のように、同じミルクシェイクでも、従来の若い女性や子供用のおやつとしてのそれとは異なる。

　さて、こうして出来上がった同店のミルクシェイクのライバルは、もはや隣の店のミルクシェイクではない。家で食べるトーストや、コンビニで買うおにぎりや、会社で飲む朝食代わりのコーヒーへとライバルは変わる。

　この新商品は、それまでの顧客とは異なる顧客との結びつきを生み出し、ミルクシェイクの生活における役割（機能）を変えることで、ミルクシェイクの1つの事業の立ち上げたことになる。

✿ マーケティングのミッションは顧客創造

　技術研究所や工場の力が競争優位の確立において無力になる状況で、マーケティングが活躍する。商品と顧客との関係を再定義することで、新たに顧客を創造することがマーケティングの課題だ（ドラッカー 2006）。

　ここでの結論は次の2つだ。

　第1に、マーケティングの第1の課題は、生活者インサイトを探り発見すること。これがマーケティングのスタートだ。マーケティングの仕事は、お客さんが言葉に出せない心の襞に隠れたニーズを探し出し、お客さんに「そうそう、それが欲しかったの」と言ってもらえる商品・サービスを提供することにある。

　第2に、生活者インサイトをベースにして、新しい価値・機能をベースに顧客関係（市場）を構築すること。新しい顧客の関係の構築はすなわち、新事業の誕生だ。

車通勤者のためのミルクシェイクというのはコロンブスの卵のような話だが、これこそが、会社にマーケティング部門を設置し、マーケティング発想を導入する効能に他ならない。

3 ブランド発想を身につけよう

　さて、顧客関係の再構築に続いて、新しい事業をブランドに結びつける課題がある。本章の肝はここだ。事業をブランディングすることで、マーケティング戦略上の空間が大きく広がり深まり、マーケティング活動は多彩なものとなる。

✧ ブランドへの途

　生活者インサイトを掘り起こすことで、ミルクシェイクの新事業がスタートする。品質の改善に努め、生産力をアップさせてコスト面・価格面の優位を確保する。新ターゲットにその新しい効能を宣伝し認知度を高める。

　これらの仕事は大事だが、それだけで終わるとまたこれまでと同様の競争に陥りかねない。製品の性能や特徴や便利さといった製品機能を訴求するだけでは先が見えている。似た手を打つライバルは出てくる。そこで、もう1つ大事な方策が必要になる。その方策とは本商品を軸に長期収益の源泉となるブランドを創ることだ。

　さて、せっかくの新商品だが、無頓着に進めると、たとえば「レストラン石井の朝食用ミルクシェイク」という名前になってしまいそうだ。このやり方は、「シンプルにその製品の名前や特性をアピールする」ものだ。そのやり方の対極に、商品独自の名前を付けるやり方がある。この後者のやり方では、工夫されたコミュニケーションが必要になる。

　これら2つの方式の効果の違いを理解するために、たとえば製品名をそのまま商品名として用いている商品と、そうではない商品とを比べてみよう。製品名をそのまま使っている商品は製品機能志向、製品とは関係しない名前を使った商品はブランド志向と見なせる。

　① **製品名でネーミング**
　製品名をそのままブランド名にしている商品は、フジッコ「フジッコ塩こんぶ」

Column 2 - 2

市場のリフレーミング

　製品ベースでのマーケティングでは、製品の性能や品質や価格くらいしか差別化できる材料はない。ブランドベースのマーケティングになると、そうした機能的便益に加え、情緒、自己実現、社会的便益を差別化の材料として利用する。こうした力を背景に、消費者の「市場の見方」を変える（リフレームする）ことができる。

　菓子市場において、「キットカット」は受験者に向けて縁起物グッズのサブ・カテゴリー市場を創造した。「きっと勝つ」との語呂合わせで、「受験時のお守りグッズ」として展開したマーケティングが成功した。それを見て、「きっぽー」や「ウカール」など、同種の菓子が登場し、「縁起物」というサブ・カテゴリー市場が菓子市場のなかに生まれた。消費者の菓子市場を見る目が変わり今までなかったサブ市場が登場した（石井『マーケティングを学ぶ』）。

　このように消費者の市場を見る視点が変わることを、「市場リフレーミング」と呼ぶ（栗木・水越・吉田『マーケティング・リフレーミング』、アーカー『ブランド論』）。

　上記の事例は、市場にそれまで消費者が思いもしなかったサブ・カテゴリー市場を誕生させた事例だ。それとは逆に、消費者からそれまで独立で別々と見られていた市場をくっつけて1つの市場に見えるようにするというリフレーミングもある。

　衣類消臭をアピールしていた「ファブリーズ」が、「部屋のニオイは衣類のニオイ」というコピーを打ち出して、空間消臭剤に姿を変えていった事例がそれだ。衣類消臭と空間消臭は別物だと考えていた消費者が、今ではそれらの市場は1つの市場と認識する。

　いずれの事例も、自身が競合する他のブランドより優れていることをアピールして成功したわけではない。消費者の市場の見方を変えることで、ライバルがいない「サブ市場」をつくったり、ライバルが手を出しにくい「サブ市場の統合」を図っていることが重要だ。

とか「フジッコおまめさん」だ。「カルビーポテトチップス」、「森永ミルクキャラメル」、「森永チョコボール」も同じだ。日清食品の「チキンラーメン」や、ライオンの「ライオン歯磨」や「ライオン練り歯磨き」「子供ライオン歯磨き」も同類だ。これらの商品はいずれも、第1章で述べたように、わが国において資産としてのブ

ランド認識が浸透していない1970年頃かそれ以前の時代に生まれている。

　そのメリットは、わかりやすさにある。名前を聞いただけで、その商品のなんたるかがわかる、そんな名前だ。しかし、デメリットもある。その商品が成長発展して、他分野に出ようと思っても、名前が製品名なので他分野には出にくいことだ。ポテトチップの名前で、よく似た分野だがコーンチップス市場に参入するのは難しそうだ。

　それだけではない。そもそもこの製品名方式の商品名には、「なにはともあれ、業界での競争に打ち勝ちたい」という気持ちが透けて見える。いわば、目前の競争に打ち勝つ短期志向の製品販促重視の命名だ。少なくとも発売時点でこの製品を、長期的にどう育てて、誰とどう競争することになるかのかについての展望は乏しい。

②　ブランド展開を見越したネーミングを！

　それらの商品とは対照的に、同種の商品群でも、最初から製品名や製品特徴から切り離したネーミングで、ブランドとしての確立を狙って付けたと思われる会社の商品がある。グリコの「ポッキー」や「プリッツ」はそうだ。

　P&Gはそのあたりの取組みは徹底している。決して、「P&Gの紙おむつ」とか、「P&Gの衣料用洗剤」とか、「P&Gの消臭剤」といった名前は付けない。「パンパース」「アリエール」「ファブリーズ」「レノア」など、初めてその名前を聞いた人にはなんの商品かわからない名前が付けられている。

　これらの商品名は、他社の同種・類似商品と名前の点で最初から区別されている。発売当初はその名を浸透させる苦労はあるが、それを上回るメリットがあると踏んでその種の名前を付ける。つまり、発売当初から長期を睨んだ展開、言い換えるとブランドとしての展開を狙っている。

　製品名にこだわっていたカルビーも、後にシリアル市場に参入する時は〈フルグラ〉という独自の名前で参入した。ライオンも製品名の商品の多くは姿を消して、同じ歯磨ブランドとして「クリニカ」や「システマ」という直接に歯磨きを明示しない名前を用いている。

　製品特性に縛られないブランドは、いつか当該業界を飛び出る可能性を見ている。即時の効果よりそうした長期の効果を重視するのがブランドマーケティングだ。その時、将来に向けて、ブランドをどのような事業に仕立て上げていくのかの見通しが必要だ。その見通しのことを、ここではブランド・ミッションと呼ぼう。

　ブランド・ミッションの焦点には、ミルクシェイクの開発について述べた時に指

摘した事業の定義、つまり「だれに」「なにを」「どのように」に沿った記述が定番
となる。

　わざわざ製品や技術とは関係のない名前を付けて事業を展開するブランドマーケ
ティングを行うにあたって少なくとも、はじめに「誰に、なにを、どのように」進
めるのかというブランドのミッションを定義しておくべきだろう。

✦ ブランドはマーケティングの戦略空間を広げ深める

　ニューコーク騒動を前後して、マーケティング世界は製品ベースのマーケティン
グからブランドベースのマーケティングへと変わった。それにより、「マーケティ
ング戦略展開の広がりや深まり、つまり戦略空間」が大きく広がった。そこを見て
みよう。

　ブランドは、プロローグで述べたように消費者との共有物だ。したがって、ブラ
ンドを特徴づける属性には、「製品や技術の属性」だけでなく、「消費者がその製品
を使用・消費する経験属性」も入る。次図に示される。

　具体的な消費使用経験属性については、デービッド・アーカーが、ブランドが提
供できる便益として3つの便益（情緒的便益、自己表現便益、社会的便益）を明ら

【図2-5　マーケティングの2つのスタイル】

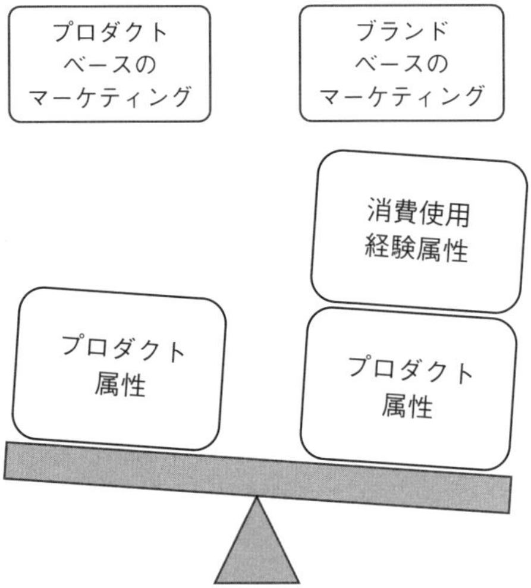

出所：筆者作成

かにしているので、それを参考にしよう（アーカー 2014）。

① 　ブランドは情緒的便益を提供する。「このブランドを買うときまたは使うとき、私は○○○を感じる」という便益がそれだ。たとえば、「ポルシェを運転するときには気持ちの高まりを感じる」とか、「リーバイスを身につけたときにはタフになった気分になる」とか、「ホールマークのカードを受け取って温かさを感じる」とかといった便益を提供していると述べる。

② 　ブランドは自己表現便益を提供する。特定のブランドを愛好し、憧れ、話題にし、購入し、使うことで、実際の自分や理想化された自己イメージを表現するための手段となる。「このブランドを買うときまたは使うとき、私は○○○である」という感覚が提供される。たとえば、「「レクサス」に乗ることで成功者になれる」し、「アップルを使えばクリエイティブになれる」し、「クエーカーオーツのホットシリアルを買い置きしておけば、栄養を考える母親になれる」、「イェール大学に通えば賢い人になる」というわけだ。

③ 　社会的便益。ブランドは社会的便益を提供する。「このブランドを買うとき、または使うとき、私は○○○タイプの人たちの仲間である」という感覚を提供する。「クラフト・キッチンズは、おいしくて健康的で簡単な料理法と食事を中心とするコミュニティを生み出した。このコミュニティは、同じ興味を持つ人々の集団に属しているという一体感をもたらし、そう感じる人をメンバーとして受け入れている。コミュニティへの関与が深まるほど、その人が感じる帰属意識も強まることになる。

　読者の皆さんも、こうしたブランドのそれぞれの便益について身近な事例を挙げることができるだろう。

　ブランドマーケティングでは、機能的便益に加えて、これら3つの便益を使って、ライバルから差別化したり、新しい細分市場をつくったりする。製品ベースではそれは難しい。この時、マーケティングの戦略空間が広がり深まったことが理解できるだろう。

4　おわりに

　本章では、マーケティング発想とブランド発想について検討した。生活者インサ

イトを掘り起こし、新しい顧客関係を構築し、そしてそれをブランディングするというのがここで提唱されている基本的筋道である。マーケティング発想を身につけることで新たな成長の途を知ることができる。また、ブランディングを進めることで、市場開発のさまざまな手法を手にすることができる。それにより、市場開拓の途が大きく開け、収益機会が激増する。

　そうした成果を得るために、経営者としては常に商品のブランド化を意識しておく必要がある。新商品を導入する最初の段階で、その商品が市場で人気を得る方策も大事だが、それ以上に、商品が市場に定着した後の長期にわたる育成計画が重要だ。その長期にわたる育成計画は、その商品に与えられたブランド・ミッションにも、ブランド成長シナリオにもなる。

　第2部以下の章では、こうしたブランド発想を手の内に入れた会社のブランディングの実際を見ていくことにする。

❓ 考えてみよう

① 　自分たちの周りの商品を見て、「過剰品質」になっていると思う商品を挙げて、その打開策を考えてみよう。

② 　本文に紹介したレストランは、ミルクシェイクの新しい顧客関係を創り出すことで新市場を創造した事例である。自分たちの身の周りで新しい顧客関係を創り出すことで、事業を成功させた事例はないか考えてみよう。

③ 　プロダクトにはないブランドの便益として、アーカー教授は、㋑情緒、㋺自己表現、㋩社会性を挙げている。アーカー教授はアメリカの事例を用いてその3つの便益を説明しているが、自分たちの身近のブランドでもって説明してみよう。

次に読んで欲しい本

• 栗木契・水越康介・吉田満梨（2012）『マーケティング・リフレーミング：視点が変わると価値が生まれる』有斐閣。

　☆マーケティング発想には「見方を変える力」が必要である。そのことを「リフレーミング」の概念を用いて説明する。

• 石井淳蔵（2020）『経営者のためのブランド経営実践』碩学ｄ新書Kindle版。

　☆ブランドが経営にとって重要かつ必要であることをわかりやすく解説する。

第 II 部

ブランド・ポジショニング戦略

第1章
第2章
第3章
第4章
第5章
第6章
第7章
第8章
第9章
第10章
第11章
第12章
第13章
第14章
第15章

第 3 章

プロダクトがブランドに変わる：

カルビー〈かっぱえびせん〉

1　はじめに
2　プロダクトがブランドに変わった「かっぱえびせん」
3　プロダクトからブランドへの転換
4　おわりに

1　はじめに

　皆さんにはお気に入りのブランドがあるだろうか。これといってないという人でも、考えてみるといつもこれを選んでいるというブランドがあるのではないだろうか。例えば、炭酸飲料を飲むときはいつも「三ツ矢サイダー」、スナック菓子を食べるなら「かっぱえびせん」、というようにだ。

　では、ブランドはどのようにして生まれるのだろうか。商品に名前をつけたら、それがそのままブランドになる、という単純な話ではないようだ。本章では、商品の名前が名前でしかなかった状態から、それ以上の意味を持つブランドへと変わる局面について、かっぱえびせんの事例から学んで考えたい。

2　プロダクトがブランドに変わった「かっぱえびせん」

⟐ 生のエビを練り込んだ小麦あられの誕生

　かっぱえびせんと聞けば「やめられない、とまらない」というフレーズが思い出され、続けて「カルビーかっぱえびせん」と歌いたくなるのは筆者だけではないだろう。かっぱえびせんは私たちにとって馴染みの深い存在だが、いったい、どのようにして馴染み深い存在になったのだろうか。

　かっぱえびせんを製造するのはカルビー株式会社（以下、カルビー）だ。カルビーの前身となる会社は1949年、広島で創業され、現在では「ポテトチップス」や「じゃがりこ」などのスナック菓子の他に、「フルグラ」なども製造する食品メーカーである。

　創業当初は飴やキャラメルを製造していたが、好調な時期は長く続かず、新商品を模索した。創業者である松尾孝は、お米は配給制で入手しにくい一方で、アメリカから大量輸入されていた小麦粉は価格も比較的低く、両者の成分がほとんど同じであることに着目した。従来、あられはお米から作るが、小麦でも作れるのではないか。そう考えて試作を重ね、小麦あられの製法を見出した。

　1955年、日本初の小麦あられ「かっぱあられ」を発売した。何か特徴ある名前をと当時人気だった漫画キャラクターにちなんで名付けたが、最初から売れたわけではなかったようだ。かっぱあられに昆布や魚介類を練り込んだ商品を次々に開発し、「鯛あられ」、「磯かっぱ」、「横綱あられ」などの名前で販売していった。

　試行錯誤を続けていた松尾はある時、生のエビを小麦あられに練り込むことを思いついた。子供の頃に川で小エビを採っては母親にかき揚げを作ってもらい、それが何よりの御馳走だったことを思い出したのだ。研究の末、生のエビを練り込む技法を見出し、生のエビを練り込んだ小麦あられ、「かっぱあられ味王将」を発売した。その翌年の1964年1月、かっぱあられ味王将の幅広の形状を、「かっぱの一番槍」という別の商品のスティック形状に変えて誕生したのがかっぱえびせんであった。27番目のかっぱあられであった。

　このようにして、かっぱえびせんは他の商品にはない、生のエビ入りという特徴を持った商品として誕生した。

◈ 飽きの来ない食感を伝えて会社を成長させたかっぱえびせん

　かっぱえびせんは発売の翌年から、カルビーが製造する製品の中で年間売上高1位になった。カルビーはかっぱえびせんの販売地域を西日本から関東へと広げることを目論み、1968年には全国放送のテレビでCMを放映し始めた。

　そして、翌年のテレビCMのキャッチフレーズ、「やめられない、とまらない」が大人気となって、かっぱえびせんの人気に火がついた。生のエビを丸ごと練り込んだかっぱえびせんにはカルシウムが豊富に含まれ、他のお菓子との違いを際立たせる性能があった。だが、CMではつまみやすく、食べても飽きがこない食感であることが「やめられない、とまらない」というフレーズで上手く表現され、その独特の食感が多くの人の共感を呼んで人気商品となった。

　テレビCMの放映後、かっぱえびせんの販売数量は関東や東北で急増し、生産が追いつかないほどになっていった。それに伴って、カルビーの年間売上高も急激に伸びていった。カルビーの年間売上高は、かっぱえびせんの発売当初は6〜7億円、CMを始める前年は約20億円と徐々に伸びていた。それがCMを始めた1968年には約39億円とほぼ倍になり、1970年には100億円を超え、急激な成長を遂げていった。そして、その売上高の約7割はかっぱえびせんのそれだったという。かっぱえびせんは、カルビーを中小企業から大企業へと一気に成長させたのであった

（『品質管理』第51巻第11号、31頁、『読売新聞』2011年2月15日）。

　その後も、かっぱえびせんの年間売上高は発売から12年間、新商品を投入した2回を除いてカルビー製品の中で1位であり、1977年にポテトチップスに1位を譲った後も1998年まで3位以内をキープしていた（『品質管理』第51巻第11号、31頁）。かっぱえびせんは長期にわたってカルビーを支える柱となる商品であり続けてきたことが窺える。

【写真3‒1　かっぱえびせん（2020年）】

写真提供：カルビー株式会社

✧ 味のバリエーション展開

　1986年1月、かっぱえびせんの新しい歴史が始まった。かっぱえびせんの名前の下に、初めての味のバリエーション、「かっぱえびせん　フレンチサラダ味」を発売したのである。フレンチサラダ味はお酢のさわやかさが加わった新しい味で、若い女性の支持を得た。彼女らはかっぱえびせんを食べて育った世代であり、彼女らにとって、かっぱえびせんはかつて子供の頃に食べた楽しいおやつだった。だが、フレンチサラダ味は、大人になった自分の嗜好に合うもので、手にとる対象に入ってきたのだ。

　1990年代に入って、いくつかの味のバリエーションを発売していく中で、1995年3月に発売した「かっぱえびせん　ほんのり梅味」は、発売の翌月に小麦系スナック市場シェア22.1%をとり、定番のかっぱえびせんの14.1%を上回るほどの人気商品となった（『日経産業新聞』1995年5月30日、27頁）。

　その後、春には「ほんのり梅味」や「桜えび味」、夏には「フレンチサラダ味」といったように、季節や旬によって異なるニーズに応えた味のバリエーションを季節限定で発売するようになった。発売する味のバリエーション数は徐々に増え、1995年以降は年に数種類、2000年代以降は年に5種類以上と増え、10種類以上という年も出てきた（かっぱえびせんウェブサイト）。

　さらに、消費者の声をもとにした商品化も進めた。1996年にはかっぱえびせんにマヨネーズをつけて食べるとおいしいとの消費者の声をもとに「マヨネーズ味」を発売し、2004年には「かっぱえびせんで食べたい味」のインターネットアンケートでトップに選ばれたアイデア、「お好み焼き味」を商品化した（『日本経済新聞』1996年12月18日、2004年12月1日）。

　また、味のバリエーション展開は地域の味へも広がった。地域によって食べられる食材は異なり、料理の味付けも少しずつ異なる。そうした地域毎の食文化・習慣の違いに配慮し、地域毎のニーズに応えた商品を地域限定で発売した。例えば、北海道では「山わさび味」、九州では「九州しょうゆ味」、中・四国では「瀬戸内レモン味」といったようにである。

　このように、かっぱえびせんは1986年のフレンチサラダ味の発売以降、多様なニーズに応えてさまざまな味のバリエーションを展開してきた。その結果、かっぱえびせんは圧倒的な人気を誇る存在となってきた。そのことを示す調査結果の1つが、1999年に行われた消費者調査、「スナック菓子の人気度ランキング」である。この人気度ランキングにおいてかっぱえびせんは1位となり、2位を大きく引き離していた。しかも、カルビーによれば1999年の時点で売上高はポテトチップスの方が多かったという。それにもかかわらず、人気ランキングではかっぱえびせんが1位だったというから、その人気は圧倒的だということができるだろう（『日経流通新聞』1999年4月10日）。

　このように、かっぱえびせんは、名前でしかなかった状態から、名前の下に複数のプロダクトを抱えて多様なニーズに応えるようになり、プロダクトからブランドらしい存在へと転換してきた。

【写真３‐２　かっぱえびせん 彩りフレンチサラダ味（2020年）】

写真提供：カルビー株式会社

◈ 味の違いのバリエーションから用途の違いのバリエーションへの深化

　「やめられない、とまらない」をきっかけに人気商品となったかっぱえびせんはその後、多様なニーズに応えて複数プロダクトを抱える存在となり、子供だけでなく大人にも馴染みの深い存在となっていった。このことは次の展開をもたらした。

　2000年頃の顧客の声を聞く調査で、購買頻度の高い顧客層である30代に「かっぱえびせんを子供にも食べさせたいのだが、１才や２才の子供に与えるには塩分が気になる」という声が上がっていたのである。こうしたお母さんは塩をティッシュで拭いたり、舐めたりして落としてから子供に与えていることがわかった。かっぱえびせんの購買頻度の高い顧客はかっぱえびせんに愛着を持つ「ロイヤル顧客」だ。その中にこうした声が多かったのだ（『PACKPIA』JUNE 2004）。

　調べてみると、１才までの子供向けのベビーフードはたくさんあるが、１才以上になるとほとんどなかった。そこで、幼児も安心して食べられるスナック菓子を開発することになった。

　通常のかっぱえびせんは油で揚げないノンフライ製法で、煎った後に油と塩を上掛けして味付けしていたが、幼児向けに塩は少なくし、油の上掛けをしない工程にした。天然エビを殻ごと丸ごと練り込むことは変えず、エビの配合量を２倍にして

カルシウムがたっぷり入るようにした。
えびせん自体の長さは、食べやすいよう
に半分にし、口溶けのいい食感にするた
めに、生地の配合もかなり変更し、製法
も変更した。

　内容量は１才の子供の食べきりサイズ、
10gとした。パッケージの形態は最も小
さいサイズの４連カレンダータイプを採
用し、１才の子供でも片手で持つことが
でき、もう一方の手でつまんで１人で食
べることができるようにした。パッケー
ジの赤色、エビのマーク、墨文字のロゴ
は簡単には変えられないが、顧客の声を
もとに変更を加えた。墨文字のロゴは顧
客の評価の高かった丸い文字を採用した。
エビのマークは「アイキャッチになって
いる」、「信頼感を持てる」といった声を
もとに残した。色については、定番品の
色がやや強かったので、少し薄い優しい
色に変えた。このように、顧客の評価を
参考にしつつも、かっぱえびせんのイ
メージから外れないよう配慮して変更を
行った。

　販売ルートには、従来のスーパーに加
えて新しくドラッグストアを選んだ。従
来のかっぱえびせんでは接点がなかった
販売ルートだったが、紙おむつや粉ミル
クを買いにドラッグストアに行く母親と
の重要な接点であると考えられた。
2003年３月、中国・四国地方のドラッ
グストアでのテスト販売の売れ行きも良
く、2004年３月には全国販売が始まっ

【写真３－３　１才からのかっぱえび
　　　　　　せん（2020年）】

写真提供：カルビー株式会社

第3章

| Column 3 - 1 |

ブランドマネジメント組織とプロダクトマネジメント組織

　１才からのかっぱえびせんは、カルビーの中の「えびせんカンパニー」というブランド別に編成された組織から誕生した。えびせんカンパニーのようなブランド別の組織をブランドマネジメント組織と呼ぶ。ブランドマネジメント組織では、ブランド別の部門において、ブランドを企画し、開発し、実験し、生産し、販売促進するというブランドにかかわる活動を統一的に把握し、それらの諸活動を調整する。

　一方、プロダクトマネジメント組織では、製品別に、企画から販売促進までの活動を統一的に把握し、それらの諸活動を調整する。さて、両者の違いは何だろうか。

　ブランドマネジメント組織ではかっぱえびせん部門、ポテトチップス部門というようにブランド別に組織が編成され、ブランドのバリエーション展開をスナック菓子であれ、ベビースナック菓子であれ、企画する体制にある。一方で、プロダクトマネジメント組織の下ではスナック菓子部門、ベビースナック部門といった製品別の組織が編成され、製品部門を横断してのバリエーション展開はあまり行われない。

　１才からのかっぱえびせんの発売までを想像してみよう。プロダクトマネジメント組織の下、スナック菓子部門の一人が１才からのかっぱえびせんの企画を提案したとしたら、どうだっただろうか。そもそも、スナック菓子部門ではベビースナックを企画しないという判断もあり得るだろう。検討を進めたとしても、ベビースナックは予測される販売数量が低く、採算も合いそうにない。それよりもその部門が抱える他の製品で販売数量が伸びそうな「おさつスナック」と「チーズビット」を増産しようと判断するかもしれない。

　一方、ブランドマネジメント組織の下では、１才からのかっぱえびせんは販売数量が少なくてもロイヤル顧客向けサービス向上のためには欠かせず、かっぱえびせんブランドの維持・拡大につながるので、優先的に生産しようと判断するかもしれない。

　組織体制の違いによって判断基準が違ってくる。ブランドがどのように成長するかも変わってくる。

た。

　このように、かっぱえびせんは、ロイヤル顧客である30代の母親の声に応えて

「１才からのかっぱえびせん」を誕生させ、それまで無縁だった１才からの子供と接点を持つにいたった。これによって、かっぱえびせんは、その名前の下に味の違う複数のプロダクトを抱えるだけでなく、１才向けのベビースナックという新しい用途のプロダクトを抱え込むという深化を遂げたのである。

3 プロダクトからブランドへの転換

　ここでは、かっぱえびせんの事例を振り返りつつ、プロダクトからブランドへの転換と、それがもたらすマーケティング戦略空間について確認しよう。

✥ プロダクトから複数のプロダクトを抱えるブランドへの転換

　前節で見てきたように、かっぱえびせんは発売当初、１つのプロダクトの名前であったが、1986年以降、その名前の下に、かっぱえびせん フレンチサラダ味、かっぱえびせん ほんのり梅味のように、複数のプロダクトを抱えるようになった。これはどのような転換なのだろうか。

　複数のプロダクトを抱えるかっぱえびせんは、１つのプロダクトの名前であった時とは異なって、複数プロダクトの総称として用いられるようになる。そうなった時、そこにはかっぱえびせんの新しいイメージや世界観が生まれるのである。例えば、かっぱえびせんにかっぱえびせん フレンチサラダ味が加わった時、エビのカルシウム入りで飽きの来ない食感という基本コンセプトに、大人も食べられるというイメージが加わり、かっぱえびせんは「子供も大人も安心して食べられるおやつ」というイメージへと変化した。さらにほんのり梅味が加わった時、「季節や旬も楽しめる」というイメージが加わった。このように、１つの名前の下に新しいプロダクトが加わるにつれて、新しいイメージや世界観が加わり、より豊かなイメージや世界観が形成されていくのである。

　このように、１つの名前の下に複数のプロダクトを抱えるようになると、名前に対するイメージや世界観が新しくされ、プロダクトが加わる毎に新しくされる。同時に、プロダクト名のイメージや世界観が次に加わるプロダクトの判断基準となっていく。このようにして、プロダクトの名前は単なる名前でしかない状態から、単なる名前以上の価値を持つ存在、ブランドらしい存在へと転換していく。

✥ バリエーションの広がりによる生活者の多様なニーズへの対応

　プロダクトからブランドへと転換することによって、何が可能になっていくのか。かっぱえびせんから学んで、ブランドがもたらすマーケティングの戦略空間を2つ確認しよう（図3-1参照）。

　1つ目は、ブランドは、1つの名前の下で複数プロダクトを抱え、多様なニーズに応えていくことができるということだ。ブランドとしてのかっぱえびせんの下では、味のバリエーションが広がり、生活者の多様なニーズに応えることができている。

　ブランドを意識しない場合、多様なニーズに応えていくために、1つの名前の下のバリエーションではなく、複数の新しい名前の新商品を出し続けることになるだろう。だがその時、顧客の側には異なったことが起きるかもしれない。新しい名前

【図3-1　プロダクトがブランドへと変わる局面】

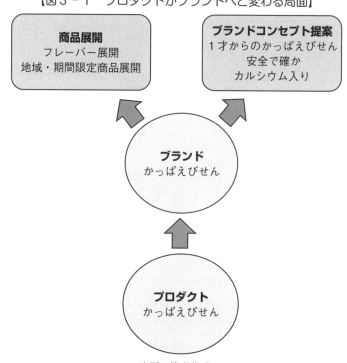

出所：筆者作成

の商品が数多く並び、気に入っている商品のバリエーションがどれなのかを判別できない、気に入っている商品が時間の経過とともに合わなくなり購入しなくなる、ということが起きるかもしれないのだ。

　1つの名前の下にバリエーションが出されていると、気に入っているブランドの下で自分に合ったバリエーションのプロダクトを選び、楽しみ、選び変えることもできる。一度、愛着を持ったブランドを使い続けながら、季節や時間の経過と共に変化する多様なニーズに応えてもらえるのだ。このように、プロダクトからブランドへと転換することによって、1つの名前のもとに複数の商品を抱え、多様なニーズに応えていくことができる。

❖ 「味の違い」のバリエーションから「用途の違い」のバリエーションへの深化

　2つ目は、「味の違い」のバリエーションから「用途の違い」へと深化し始めるということだ。名前の下に複数のプロダクトを抱えたかっぱえびせんには、子供も大人も安心して食べられるおやつというイメージが形成されてきた。このようなイメージが形成される中で、カルビーは1才の子供に食べさせづらいというロイヤル顧客である母親の声に注目するにいたったのだ。かっぱえびせんは「子供も大人も安心して食べられるおやつ」として定着してきたが、その「子供」に含まれていない対象、1才からの子供がいることに気づかされたのだった。その声に応えたことによって、かっぱえびせんブランドの「子供も大人も安心して食べられるおやつ」というイメージは、「1才からの子供も大人も安心して食べられるおやつ」へとより強化され、ブランドへの信頼もより深まった。

　ブランドを意識しない場合、ブランドのイメージに応えることがそもそも視野に入ってはこないだろう。1才の子供には食べさせづらいという顧客の声を知っても、幼児向け市場はあまりにも小さく商品開発や生産設備への投資に対して見合うだけの利益を見込めないと考えたかもしれない。

　このように、ブランドは味の違いのバリエーションだけでなく、用途の違いのバリエーションも展開しながら深化していく可能性に開かれている。これがブランドがもたらすマーケティングの戦略空間の2つ目である。

　最後に、ブランドが複数プロダクトを抱え、それらが味の違いから用途の違いへと深化を遂げる道に開かれている一方で、新しいブランドを生み出す道も戦略としてあり得ることを指摘しておこう。スナック菓子とは異なる、ベビースナックとい

ブランド・パーソナリティ

　かっぱえびせんのキャラクターを知っているだろうか。パッケージやブランドサイトを見てみよう。頭がエビ、首から下の身体はかっぱの「かっぱエビくん」、お父さんはネクタイを締めたかっパパ、お母さんはエプロンをつけたえびママ、妹はかっぱエビーちゃんで、4人家族だ。ちなみに、かっぱエビくんはかっぱなのに泳げないのだとか。

　このキャラクターのように、ブランドに人格（パーソナリティ）を与えることは、親近感や共感をもたらし、これまで無縁だった顧客との関係を創り出す。これは、1つのブランディング手法である。

　定番のかっぱえびせんのパッケージには、エビの赤色、筆文字のかっぱえびせん、エビのマークがデザインされ、これらがトレードカラー、トレードマークになっている。かっぱえびせんのファンたちは、これらのカラーやマークに親しみを持っている。だが、それらは、今はまだファンではない人たちにとっては親しみやすいとは限らない。

　次のような例を考えてみよう。1才からのかっぱえびせんを食べて育った子供が、2才になって1才からのかっぱえびせんを卒業し、定番商品のかっぱえびせんを目にしたとき、すぐに親しみを持つことができるだろうか。パッケージの雰囲気は似てはいるが違いがあり、距離を感じてしまうかもしれない。だが、かっぱえびくんと妹、ママとパパのキャラクターに惹かれて親しみを持ちやすくなるのではないだろうか。キャラクターが2才の子供とかっぱえびせんとの仲介役となり、かっぱえびせんが以前と同じように安心して食べられるおやつになるだろう。

【写真3-4　かっぱえび家（2020年）】

写真提供：カルビー株式会社

> このように、ブランド・パーソナリティは、これまで無縁だった顧客との関係を創り出す役割を果たすのだ。ヤマト運輸のクロネコ、保険会社のアフラックのアヒル、熊本県のくまモンなども、親近感や共感をベースに新しい顧客関係を構築している例である。

う新しいカテゴリーの市場に参入するにあたって、カルビーはかっぱえびせんの名前の下に1才からのかっぱえびせんを生み出した。それによって、かっぱえびせんブランドを強化し、より信頼を高めるにいたった。だが、かっぱえびせんの名前を使わずに、「えびあられ」といった新しい名前の商品を投入し、ベビースナックの用途に徹するブランドを育てるという戦略もあり得るだろう。未開拓のベビースナック市場において、1才児のニーズに徹底して応える圧倒的人気のブランドになり得たかもしれない。名前の下に複数の用途のプロダクトを抱えるか否かによって、ブランドに形成されるイメージや世界観は異なるからだ。

4 おわりに

　本章では、カルビー・かっぱえびせんの事例から学んで、プロダクトからブランドへと転換する局面と、それによって広がるマーケティングの戦略空間を考えてきた。ここでは要点を整理しておこう。

　まず、商品に名前をつけたらそれがそのままブランドになる訳ではなく、1つの名前の下に複数プロダクトを抱えるようになるにつれ、名前に対するイメージや世界観が生まれ、プロダクト名でしかない状態からブランドらしい存在へと転換するということだ。

　次に、それによって可能となるマーケティングの戦略空間を2つ確認した。1つは、1つの名前の下に複数プロダクトを抱えることにより、生活者の多様なニーズに応えることができるということだ。もう1つは、味の違いのバリエーションから用途の違いのバリエーションへと深化するということだ。

　商品の名前は、このようにして、その製品カテゴリー市場において圧倒的な人気を誇るブランドへと転換していく。

❓ 考えてみよう

① 　かっぱえびせんのように、味の違いのバリエーションから用途の違いへと深化したブランドの事例を考えてみよう。

② 　1才向けベビースナックに1才からのかっぱえびせんと名付けた場合と、かっぱえびせんではなく別の名前をつけた場合では、マーケティング戦略がどのように異なるかを考えてみよう。

③ 　かっぱえびせんの公式サイトを見て近年のバリエーション展開を調べ、かっぱえびせんに対するイメージや世界観がどのように変化してきたかを考えてみよう。

次に読んで欲しい本

• 石井淳蔵（1999）『ブランド：価値の創造』岩波新書。
☆ブランドの性格を理解できる。

• 音部大輔（2019）『マーケティング・プロフェッショナルの視点』日経BP。
☆マーケターがブランドを育てる視点を理解できる。

第 **4** 章

ブランドづくりに不可欠な目標の明確さとマネジメントの確実さ：

エスエス製薬〈ハイチオールC〉

1　はじめに
2　「ハイチオールC」のブランド・リニューアル
3　ブランドづくりのマネジメント（PDCA）
4　おわりに

第1章
第2章
第3章
第4章
第5章
第6章
第7章
第8章
第9章
第10章
第11章
第12章
第13章
第14章
第15章

1 はじめに

　本章では、私たちが日常よく利用する日用必需品のブランドづくりがテーマになる。日用必需品とは、贅沢品や高額品ではなく、私たちが日々購入する商品で、購入するときにあまり時間をかけずに選んでいるような商品群である。スーパーマーケットやドラッグストアに並んでいる花王やライオンの日用雑貨品や、味の素や日清食品の加工食品、あるいは大正製薬や大塚製薬の栄養ドリンク剤を思い浮かべればよい。

　それらブランドに共通するブランドづくりの特徴は、ブランドのコンセプトとターゲットがあらかじめ明確に定められていて、それに従ってブランドづくりを進める手法だということである。

　本章では、エスエス製薬の「ハイチオールＣ」という医薬品を取り上げてブランドづくりの手法を学ぶ。それも、このブランド・リニューアルを行った局面を取り上げる。20年以上も前の出来事だが、製品や技術の中身は変わらず、ブランドだけが変わるというブランド・リニューアルなので、ブランドづくりにかかわる工夫がわかりやすい。清水（2005）を参照しつつ紹介しよう。

2 「ハイチオールＣ」のブランド・リニューアル

◈ ブランド・リニューアルの背景

　ハイチオールＣは、成分のＬ-システインが肝臓に対する解毒効果があるということで、肝臓機能を強化する強肝解毒の薬として企画・開発され、1972年に発売された。全身倦怠、二日酔い、湿疹やじんましん等のアレルギー症状などの効能を訴えながら着実に成長し、1990年代には年間20億円の売上高を確保するに至った。だが、そこで成長の踊り場を迎えた。同じような薬効の医薬品が増えたせいもあって、これ以上売上高を伸ばすことは難しいと考え、リニューアルを図ることにした。

　その当時、エスエス製薬ではマーケティング政策の改革機運が高まっていたこともその判断のきっかけになった。生活者ニーズをより深く知るため消費者調査を重視するようになったこと、それまであまり行っていなかったマス媒体を用いた広告活動を積極的に行ったことなど、消費者との直接コミュニケーションを重視するようになっていた。また、製品開発面でも、研究開発部門と販売部門とを一体化させ、市場に目が向いた製品企画ができるような組織体制に変わろうとしていた。同社は、いわばマーケティング志向の会社への転換をその当時、ちょうど図っていたのだ。

　流通政策面でも、消費者により近づくことを考えた。単独経営の薬局・薬店を対象にした営業活動から多店舗チェーン向けに軸足を置いた営業組織や取引制度に変更し始めていた。医薬品業界の流通が大きく変わり始めていたのだ。

　消費者はそれまで、医薬品を買うには、薬局に行って薬剤師に相談しながら薬を購入するしかなかった。だがそれに対して、その頃、化粧品を含めて規制緩和の動きがあった。その流れを受けて、1991年、東京・渋谷に「マツモトキヨシ渋谷センター街店」がオープンした。2階の化粧品売り場にファンデーションや口紅などの「テイスティングコーナー」を設置したことで、同店は女性で溢れかえったと言われる。

　女子高生の間では、マツキヨで化粧品を試すことが「マツキヨする」と言われるようになったほどだった。いわゆる「マツキヨ現象」である。ドラッグストアが消費者の身近なものに変わってきていた。エスエス製薬がチェーン相手の取引を強化しようとした背景には、こうした流通変化があった。

　マーケティング志向を強める同社において、その新体制下で初めての取組みがこのハイチオールCのブランド・リニューアルであった。

　当時、ハイチオールCの売上げ規模は全社売上高の5％ほどだったが、リニューアルに携わったマネジャーには発売以来20年以上を経たこのロングセラーをなんとか大衆薬市場の変化に対応させたい、という思いがあった。それは、その頃生まれていた「美白ブーム」に適応することであった。

　その頃、マスメディアには、お肌の美白を売り物にする有名人が頻繁に登場するようになり、セルフメディケーション意識、とりわけビューティーケア意識の高まりと共に美白ブームの様相を呈しつつあった。それまでこんがり焼けた健康肌を売り物にしていた安室奈美恵が突然、美白を売り物にし始めたというのは象徴的な出来事であった。こんな時代風潮のなか、エスエス製薬でも、化粧品を含む美白関連製品の市場規模が2,000億円弱あると見込み、1998年に同医薬品のリニューアル

に踏み切ったのである。

✧ マーケティングの革新

　同社は、リニューアルを進めていくうえで、これまでのマーケティングとは抜本的に異なるやり方を採用した。製品、プロモーション、価格、流通の全面にわたって新しい体制を敷いた。順に見ていこう。

①　製品便益の再定義

　まず、ハイチオールCの顧客に提供する便益を切り替えた。先にも触れたように、ハイチオールCはとても幅広い効能が認められる医薬品である。リニューアル前のこの製品のコンセプトは、「現代人に多い様々な症状を改善する保健治療薬」というものだった。このような医薬品は、実は薬局・薬店にとっては便利な商品なのである。というのも、この商品ひとつで、さまざまな症状を訴えてやってくるさまざまな患者に対応することができたからである。

　とはいうものの、実際には購入者としては中年男女が多かった。したがって、幅広い効能のなかで、そうした人たちが悩まされることの多い全身倦怠や二日酔いの改善という効能が薬剤師向けの説明用パンフレットや消費者向けの新聞広告などで主に訴求されていた。

　それに対して、リニューアル後はコンセプトを「しみ・そばかすに効くクスリ」と定めた。L-システインは、メラニンの生成を抑え、メラニンを無色化するとともに肌の新陳代謝を助ける効果もあった。リニューアル前はこの効能は副次的な位置づけでしかなかったのを前面に打ち出したわけである。

　それと共に、製品が狙うべきコア・ターゲットも、美白ブームと、当時日の出の勢いであった「マツキヨ現象」の主役となる20歳代を中心とした若い女性層に転換させた。彼女たちの悩みであるお肌の諸症状を改善する便益をコンセプトに中軸に据えたのである。

②　プロモーションの変更

　これに伴い、製品のプロモーションのやり方も従来とは大きく変えた。それまでのように、薬局・薬店を訪れる消費者に対して薬剤師が推奨するというケースだけでなく、ドラッグストアの棚に自ら手を伸ばして製品を選ぶ女性の購買行動を想定

した。そこで、ターゲットとなる女性たちに直接、メッセージを伝えることを考えた。

　リニューアル前の幅広い効能定義の製品コンセプトは、薬局・薬店側には便利なものだったが、自分で製品を選ぶ消費者の立場からすればわかりにくい製品コンセプトである。その意味で「しみ・そばかす」に絞ったリニューアル後のコンセプトはそれだけ明確なものになった。そのことを消費者に認知・理解してもらうべく、積極的なプロモーションを試みた。

　そのために、まずマス広告を強化した。4,000GRPを超えるテレビCMを初めて大量に出稿した。それに合わせて、女性誌や新聞など活字媒体を用いての補足も行った。例えば、新聞広告に関してもリニューアル前にはあまり行なっていなかったが、リニューアル後は毎年5,000段弱の広告を出稿している。広告には有名タレントは出さず、無名の若い女性タレントを起用した。これも、タレントではなく製品自体に消費者の目を向けさせ、製品本来の機能を訴求することを狙ってのことである。

　店頭でのプロモーションを強化した。年間200万個のサンプルを付けた。併せて、成分の説明や効能について記したリーフレットも配布した。ポスターや什器など店頭での各種陳列ツールも主要販売店に提供した。PRビデオも作成し、店頭での消費者向け放映用と専門家でない店員の勉強用とを兼ねて配布した。

【写真4‐1　エスエス製薬の「ハイチオールＣホワイティア」】

出所：共同通信社

③　価格の引き下げ

　思い切った価格の引き下げも行った。リニューアル前におけるメイン規格品の希望小売価格は、25日分の容量で5,400円（1日あたり換算で216円）という設定だったが、リニューアル後はメイン規格品の設定を30日分4,200円（同140円）と約35％も引き下げた。

　これも、コア・ターゲットを若い女性として、「しみ・そばかすに効く」クスリに転換したことと関連している。そのような症状を改善するには、数週間から数ヶ月といった長期間の服用を続けることが必要である。当然、何度かこの製品を買わないといけない。しかし、若い女性の多くは一般的には中高年の人々よりも経済的な余裕がないだろう。そうなると、従来の価格設定では彼女たちの値ごろ感に合わず買ってもらえないかもしれない。これが、定価引き下げの理由である。値下げも、競争上での対抗というより、ターゲットと便益を転換したことによるものであった。

④　製品面での物理的な変更

　リニューアル前後で、ハイチオールCの主成分は同じL‐システインというアミノ酸の一種である。成分量も変化がない。L‐システイン以外のビタミンCなどの成分に関しても同様である。

　コア・ターゲットである若い女性の立場になって、服用の方法には手を加えた。従来は、1回あたりの服用量を4錠（1日3回）と設定していたが、これを1回あたり2錠（1日3回）に半減させた。たくさんの錠剤を日に何度も飲むという行為は、若い女性にはあまり良いイメージをもってもらえないだろうという配慮からだった。

　ただし、服用する錠数は半分でも体内にとりこむ成分量は減らさないようにするため、1錠あたりに含まれる成分量を倍にするという、あまり例のない剤形変更を行った。

　最後に、パッケージも変更した。従来から、薬瓶を入れた外箱の表面の片面に「全身倦怠　二日酔い」、反対面に「しみ　そばかす」という表記が上部に印刷されてあったのだが、この「しみ・そばかす」の部分をもう少し目立つよう大きめの字に改めた。そして、店舗では「しみ　そばかす」の面を前に向けて棚に並べてもらうように協力を要請した。もちろん、店頭の棚で最後に消費者の目に触れるに至るまで、その効能を訴求するためである。ただし、そのために医薬品としての信頼性を落とすようなデザインにならないようには配慮した。

　こうしたマーケティング努力の結果、売上高は一気にブレークした。それまで20億円前後だった売上げが、100億円にまで伸びたのだ。ブランド・リニューアルは成功した。この戦略転換と共に、「若い女性に向けたしみ・そばかすを消す」という新たな市場カテゴリーが活性化した。

3　ブランドづくりのマネジメント（PDCA）

　さて、ハイチオールＣのリニューアルにおいては、明確な目的を持ち、首尾一貫したマネジメントが行われたことがわかるだろう。マネジメントの手法であるPDCAプロセスに沿って整理しよう（石井 2019）。

　PDCAプロセスとは、〈Plan～Do～Check～Action〉の頭文字をとって、そう呼ばれている。「計画を立て、実行し、評価し、改善する」のプロセスを繰り返していくことで、自分の課題をマネジメントし当初の目的を果たす、そんなマネジメント技法である。ビジネス世界では不可欠の基本技法だ。マーケティング・マネジメントの分野でも同じだ。マーケティング・マネジメントとは、マーケティング諸手段のPDCAサイクルを回すことに他ならない。

　図に示すと次のようになる。

【図４−１　PDCAサイクル】

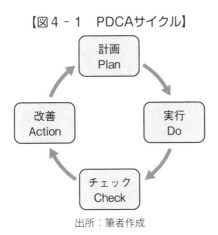

出所：筆者作成

　大仰な言い方だが、難しくはない。皆さんも、たとえば試験に備えて努力目標や予定表を作ったことはあると思うが、技法としてはそれと変わりない。

　数学の試験が１か月後にあるとしよう。その時までに、この問題集を仕上げてしまわないといけない。問題集の問題は全部で200題ある。最後の５日間の余裕を置いておくとすると、25日間で仕上げてしまいたい。そうすると、１日平均８題こなさないと終わらない。数学に割くことができる１日の時間は１時間しかないので、とても８題は無理だ。１題飛ばしで100題だけやろう。すると日に４題。

　とまあ、こんな努力目標と予定を立てる。25日間で100題、１日４題の目標だ。これが努力の評価基準にもなる。順調にいけばいいが、実際に勉強期間がスタートすると、いろいろアクシデントがあって進行が遅れることもある。だが、それに対しては、１日２時間を数学に振り向ける日をつくったりしながら、25日間での目標達成を図る。このように、受験勉強スケジュールにも、計画を立て実行し進捗状況を評価しながら改善するというPDCAのサイクルが用いられる。

　ビジネスの世界でも、四半期（３か月）ごとに目標を決め、その間の実行スケジュールを定め、評価基準を明らかにし、その基準に従って進捗をチェック・調整して、目標達成を図るのが常道だ。「今日は何をすべきか」、「１週間後までに何をしておくべきか」は、目標達成予定日から逆算される。

　あらためて、ハイチオールＣのマーケティング・マネジメントをこの考えに沿って解説していこう。

　①　計画を立て、実行する

　まず計画を立てることからスタートする。日用必需品でのブランドづくりの計画づくりで一番肝心なことは、ハイチオールＣのリニューアルで試みられたように、ブランドのターゲットとコンセプトを絞って明確にすることだ。旧のハイチオールＣは、肝臓疾病にかかわる広い効能をもった医薬品として売られていた。消費者にハイチオールＣを推奨するとき、薬局の薬剤師は消費者の状態を聞きながらいわば自在に効能を選びながら売ることができた。ハイチオールＣにはいろんな効能があっていろんな消費者のニーズに応えることができるというのは、薬剤師・薬局にとってメリットは大きかった。しかし、リニューアルにおいてはそれを抜本的に改めてアピールする効能を絞った。

　まず、ターゲットは「若い女性向け」とした。コンセプト（便益）も、彼女たち向けに、「身体の内側からシミやそばかすを解消する」こととした。

　それに合わせて、マーケティング活動全般が変更された。若い女性にターゲットを絞って、製品を再定義する（product）。彼女たちに美白用医薬品に関するメッ

Column 4 - 1

ゴールデン・トライアングル

　日用必需品ブランドで、いつまでも活躍するブランドに、「リポビタンD」と「オロナミンC」がある。両ブランドとも1960年代初頭に誕生したのだが。その後の半世紀にわたり、「ファイト一発！　リポビタンD」「元気ハツラツ、オロナミンC」というキャッチフレーズは変わらない。

　2人の男性が山や川に冒険に出て、困難に遭遇しながらそれを克服するリポビタンDのCMは皆さんもご存じだろう。あるいは、眼鏡をずり下げた大村崑が右手にオロナミンCを持っているポスターは田舎の小さなお店に飾られていたので、皆さんもどこかで見たことはあるだろう。両ブランドとも、消費者に飽きられることもなく今でも安定した売上を誇っている。

　消費者のアタマのなかには、「疲れたなあと思ったら「リポビタンD」」とか、「元気をつけたいならオロナミンC」がすぐに頭に浮かぶようになっている（メンタル・アベイラビリティ）。そして、消費者がそう思ったときにすぐに手に取ることができるように（フィジカル・アベイラビリティ）、販路を徹底拡大し、自販機やコンビニなど消費者がすぐ近くですぐ手に取れるようにしている（シャープ＆ロマニウク（2020））。

　両ブランドの戦略は単純明快だ。①不変のアイデンティティ（コンセプト＆

【図4-2　ブランドのゴールデン・トライアングル】

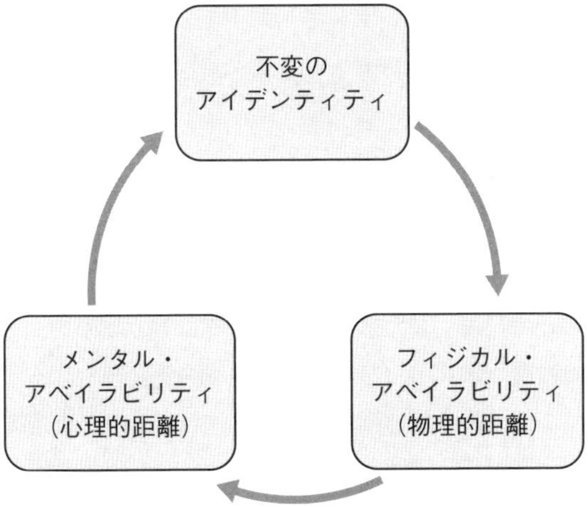

出所：筆者作成

ターゲット）、②メンタル・アベイラビリティ（心理的距離）、そして③フィジカル・アベイラビリティ（物理的距離）の３要素で構成される。まさに、ゴールデン・トライアングルと呼べる。

　日用必需品の場合、購入頻度が高く、購入の際にはだいたい購入すべきブランドを決めているのが普通だ。そのため、この「ブランディングのゴールデン・トライアングル」を強化することはシンプルだが強力な戦略だ。

セージがよく伝わるようにする（promotion）。彼女たちが、欲しいと思えばすぐに手に取りやすくする（place）。無理のないお手頃価格で買いやすくする（price）。それらがうまく統合されたかたちでマーケティング諸活動が編成された。

②　評価し、改善する

　計画を立てて実際に実行する前に、「計画・実行を評価する仕組み」を作っておく必要がある。そのために、ブランド成果を評価するリストを準備しておかないといけない。ブランドについての対消費者コミュニケーションの成果を評価するために、ブランド・エクイティ（資産）を測定する４つの尺度がよく使われる。

　第１章のColumn 1 - 1 で触れたが、ブランド認知、知覚品質、ブランド・ロイヤルティ、そしてブランド連想がそれだ。あらためてそれらの概念を紹介すると次の通りだ。

①　「ブランド認知」。リニューアルされたハイチオールＣがその存在がどの程度、認知されているかの尺度。

②　「ブランド品質」。続いて、その品質（性能や信頼性）について、どの程度理解されているかの尺度。

③　「ブランド・ロイヤルティ」。ブランドの存在を認知し、品質の理解が進んで、ブランドへの愛着が湧く。どの程度、当ブランドに愛着をもっているかの尺度。

④　「ブランド連想」。最後に、ハイチオールＣという名前を聞いて、どのような連想を持つのかの尺度。これらの尺度は、先ほど立てたマーケティング計画・実行が、どの程度うまくいっているかを測る評価基準となる。

　たとえば、ハイチオールＣの「認知度」が低ければ、まだまだ広告露出度を上げる必要がある。「品質理解」が低ければ、ハイチオールＣが提案する美白についての内容が伝わっていない。広告メッセージを改良する余地があるのかもしれない。「ロイヤルティ」は徐々に上がってくるはずだが、上がってこない場合、どうして

Column 4 - 2

ライズ＆トラウトのポジショニング戦略

ポジショニングとは、自身の立ち位置を定めることだ。ブランド・ポジショニングとは、ブランドの立ち位置を定めることである。と言っても、２つの意味があるので混乱するかもしれない。

１つの意味は、他のブランドに比べて競争優位の立ち位置を確保することである。マイケル・ポーターの「競争戦略論」を学んだ人なら、これをポジショニング戦略と呼ぶだろう。他のブランドに比べて、低価格で商品を提供できるとか、他のブランドに比べて品質面で優れているとかという競争優位を確保することが戦略の要諦だという考えがこれだ。ただ、これは他のライバルとの相対価値を追求するもので、ブランドの差別化戦略として理解した方がいいだろう。

ブランドのポジショニング戦略のもう１つの意味は、ライズ＆トラウト(2008) が提唱する戦略だ。それは、ライバル・ブランドに対する優位性ではなく、消費者のアタマのなかに「独自の際立った、それしかないという位置」を確保するという意味でのポジショニングである。

いわば、消費者から見たそのブランドの絶対的価値を意味する。「アイスクリームは子どものお菓子」という状況において、「ハーゲンダッツ」が「大人のアイスクリーム」としてポジショニングに成功したのはわかりやすい例だ。同様に、「美白化粧品と言えばハイチオールＣ」「受験の縁起物なら「キットカット」」の各ブランドも消費者のアタマのなかにポジショニングができている例だ。

ライズ＆トラウトの理論から、いくつものユニークな提言が生まれる。

① その分野への一番乗りブランドが強い、
② 大量にブランド広告でブランド・イメージを高めても、「＊＊なら、このブランド」という独特のポジションを獲得できていなければ成果は乏しい、
③ 強力な一番手ブランドが存在している分野への参入は避ける、
④ ブランド拡張策はブランドのポジションを曖昧にしやすいので避ける、
といった具合である。

そうなるのか検討の必要がある。そのままにしておくとリピート購入が少なくなる。広告メッセージ、品質、価格、あるいはチャネル等、ブランド全体をいろいろな角度から調べる必要がある。

最後に、ブランドにつながる連想にはそれこそいろいろなものがある。ポジティ

ブな連想もネガティブな連想もある。それらを知ることは次のマーケティングを考える上で大事だが、まずは「ハイチオールCが女性用の美白医薬品だ」という連想がどの程度広がっているのかを知りたい。この連想は、ブランドと市場との結びつきを知るうえで、たいへん重要な連想である。

　もし、なお「ハイチオールCは二日酔いの薬」という連想が多くの消費者のアタマのなかに残っているなら、まだまだリニューアルのマーケティングが足りていないことがわかる。

　いずれにしろ、ブランドづくりにおいては、計画実行の進捗に応じて、こうした尺度をそのつど、消費者調査を行って客観的な数字での確認をとることが大事だ。そうした調査・確認は、いわばマーケティング計画や実行の「成績通知表」になるからだ。この通知表がなければ、どこがうまくいっていて、どこがまずいのかもわからず、いわば真っ暗闇の中を方向もわからずむやみに歩いているだけになる。通知表があって初めて、次に何をすべきかわかってくる。

4　おわりに

　本章では、ハイチオールCのケースを用いて、日用必需品におけるブランドづくりのための典型的なマーケティング・マネジメントの手法を学んできた。その議論を最後に整理しておこう。ここで学びたいことは4点ある。

✧ ブランド設計

　日用必需品のブランドづくりにおいては、明確な設計図が不可欠だ。その設計図には、最小限以下の項目は含まれる。

　ブランドのターゲットとコンセプト（便益）（ハイチオールCでは、「女性」に向けた「美白医薬品」）。ブランドづくりの目標（ブランドが対応する市場を明確にし、その市場とブランドとの強力な連想関係を構築すること。ここでは、「ハイチオールCと美白医薬品市場の連想関係」を確保すること。）その目標を実現するためのマーケティング諸手段（主として、製品／価格／販売促進／流通の4P）の取組方針。掲げられた目標の達成度を評価するための尺度リスト。

　これら4つの要素を含む設計図が描いて、それに従ってマーケティングがスター

【表4-1　ブランド設計図】

	項　目	内　容
1	ターゲットとコンセプト	女性に向けた美白医薬品
2	ブランディングの目標	ブランド連想の構築
3	目標実現の手段	4Pの取組方針
4	目標達成度の評価	ブランド・エクイティ尺度

出所：筆者作成

第4章

トする。

✧ ブランドづくりのための確実なマネジメント

この設計図を実現するために、きちんとしたマネジメントが必要だ。PDCAサイクルはその手法としてわかりやすい。計画、実行、データ収集・分析をし、定まった評価尺度で成果評価するプロセスが繰り返される。

✧ 評価尺度としてのブランド・エクイティ尺度

ブランドの価値を評価するブランド・エクイティ尺度は重要だ。ブランドの価値を損ねず保全することは会社の大事な課題であり、ブランド・エクイティの変動にはつねに注意する必要がある。

✧ 消費者のアタマのなかに独特のポジションを得ること（ポジショニング）

日用必需品のブランディングにおいてもっとも大事な評価尺度は、最後の「連想」尺度だ。というのも、ブランドのマーケティング上の最大の目標は、消費者のアタマのなかに独特のポジションを確保することだからだ。「ハイチオールCと言えば、肌をきれいにする美白医薬品」という連想、さらには「肌をきれいにする美白医薬品と言えば、ハイチオールC」という逆の側からの連想を、ターゲットとする若い女性たちのアタマの中に刻み込むことだからである。消費者のアタマのなかに確固としたポジションを築けば、高い競争地位を確保することができる。

❓ 考えてみよう

①　ハイチオールCのリニューアルのマーケティングを、それ以前のマーケティング
と、4P（製品、価格、プロモーション、流通）に沿って整理し比較しなさい。

②　本章に紹介したハイチオールCのようなブランディングの手法を採用しているブ
ランドには、どんなブランドがあるだろうか。そのブランドを挙げて、その手法を
どのように展開しているか述べなさい。

③　ブランド・エクイティ指標を使ってブランドマーケティングの効果を測ることが
できる。身近なブランドを選んで、効果を測るための調査の質問をつくってみよう。

次に読んで欲しい本

• アル・ライズ＆ジャック・トラウト（2008）（川上純子訳）『ポジショニング戦略
［新版］』海と月社。

☆ブランディングにおいてポジショニングがいかに重要であるかを説明する。ブラ
ンドの代表的な著書。

第1章
第2章
第3章
第4章
第5章
第6章
第7章
第8章
第9章
第10章
第11章
第12章
第13章
第14章
第15章

第 5 章

用途開発によるブランド育成：
大塚製薬〈ポカリスエット〉

1　はじめに
2　大塚製薬「ポカリスエット」：用途を広げながら育つブランド
3　ポカリスエットのブランド育成
4　おわりに

1　はじめに

「ポカリスエット」という商品は、1980年4月1日に大塚製薬から発売された機能性清涼飲料水である。2020年で40周年を迎え、同社を代表する商品ブランドの1つである。同商品発売以前から、同社は点滴や注射薬のトップメーカーであった。ポカリスエットは輸液（点滴液）事業で培ったノウハウを活かして、「飲む点滴」という新たな視点から開発された商品であった。2019年現在、年間5,000万ケースを超えるロングセラーブランドに成長した。

【図5‐1　ポカリスエットの出荷数量】

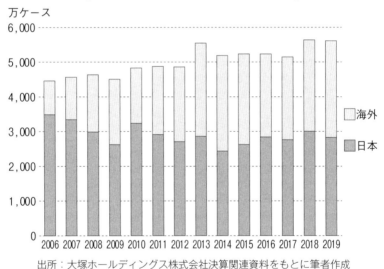

出所：大塚ホールディングス株式会社決算関連資料をもとに筆者作成

　意外なことに、着実に成長を遂げてきたポカリスエットは、その商品コンセプトと市場の定義を発売以来、変えていない。すなわち、商品コンセプトは「発汗により失われた水分とイオン（電解質）をスムーズに補給するための健康飲料」であり、市場の定義は「日常生活で汗をかくすべての場面」である。**写真5‐1**はこれまで拡充されてきた主な商品ラインナップを示している。写真5‐1から分かるように、ポカリスエットは容量や容器、味、形状などのバリエーションを多様化させている

ものの、イオン飲料としての中身は発売時とほぼ変わらず、一貫している。

【写真5‑1　これまで発売された主な商品ラインナップ】

提供：大塚製薬株式会社

第5章

　このように、清涼飲料市場で独自の進化を遂げてきたポカリスエットは、具体的にどのようなブランド戦略を展開してきたのであろうか。以下では、まず開発ストーリーを確認した後、新商品の投入やキャッチフレーズの変化といった時機を区切りとして、5つの時代区分に沿って詳しく考えていくことにする（乳井・青木、1999）。すなわち、第1期（導入期1980年～1982年）、第2期（定着期1983年～1987年）、第3期（転換・拡大期1988年～1996年）、第4期（再構築期1997年～2009年）、第5期（再拡大期2010年～）の5つである。

2 大塚製薬「ポカリスエット」： 用途を広げながら育つブランド

✣ 開発ストーリー

① 「飲む点滴」というアイデア

　ポカリスエット開発のきっかけには諸説ある。開発の軌跡をたどった社史『大塚製薬：Nutraceuticalsの夜明け』によれば、1973年当時、大塚製薬徳島工場長だった大塚明彦が、「汗の飲料」に着想したのが原点であったとされる。輸液メーカーであった同社は、創業以来の主要取引先である医療現場に、そのヒントを見出した。

　例えば、ポカリスエットの開発以前から点滴液製剤の一種であるリンゲル液が直接、飲用されていた。リンゲル液とは、生理食塩水にカリウムやカルシウム、ナトリウム、マグネシウムといった電解質を加えた点滴用の水溶液である。長時間の手術の際に医師たちから重宝されていた。

　後にポカリスエットの開発責任者となる播磨六郎が新商品開発の調査のためメキシコを訪れた。この時、現地の水事情の悪さからお腹をこわし、脱水症状に陥った。入院した病院の医師から指示されたのは、抗生物質と大量のジンジャーエールの摂取であった。この経験から、失った水分を補給することの重要性を、身をもって実感したといわれる。

② 「汗の飲料」というコンセプトの確立

　こうした経緯を経て、医療現場から生まれた「飲む点滴」をヒントに、汗で失われた水分とイオンをスムーズに補給できる飲料、つまり「汗の飲料」の商品開発が始まった。当時の日本では、経済が成長し豊かになるにつれて、人々の間に健康志向の高まりが少しずつみえてきた。たとえば、1976年にジョギングブームに火がつき、食品や飲料のキーワードとして健康が注目を集めていた。日頃から汗をかくシーンも増えてきた。この状況に着目して、より多くの人に飲んでもらえるよう、この「汗の飲料」は、あえてスポーツ飲料ではなく「日常生活の中で飲む健康飲料」を目指し、研究開発が続けられた。

　日常の汗の成分を再現するため、1,000種以上の試作を行ったとされる。しかし、風味の面で大きな壁にぶち当たっていた。電解質特有の「塩味」と「苦味」が消えなかったのである。試行錯誤が続く中、たまたま同時に開発していた柑橘系粉末ジュースを、試作品と混ぜたところ、苦味が消え、おいしく飲める味となった。偶然の結果ではあるが、両者の組み合わせにより、「汗の飲料」の開発は大きく前進した。

　最終段階の候補作として、糖質濃度（甘味）が濃いタイプ（6.7％）と薄いタイプ（6.2％）の２つの試作品に絞られた。従来の清涼飲料水の甘味は軒並み10％台であったが、試作品では飲み飽きないようにその半分ぐらいの甘さに抑えることにした。研究者たちは徳島市内の眉山に登り、実際に汗をかいて２つの試作品を飲むことにした。すると、研究所で試した時は6.7％のほうがおいしいと感じていたのに対し、登山して汗をかいた後だと6.2％のほうがおいしいと感じた。この実験から、発汗の前後では、体が求める糖質濃度が違うことが分かった。

　ところが、試作品の商品化を決定する役員会議では、役員の評価は芳しくなかった。同様に、モニターした流通関係者の多くも難色を示したという。それでも、当時の大塚社長は反対を押し切り、発売を正式に決定した。着想から7年、研究開発が始まってから4年の歳月が経っていた。

❖ 第１期（1980年～1982年）市場への導入

　ポカリスエットを発売した1980年代は健康への関心が高まっていたとはいえ、水分とイオンを補給する飲料というそれまでにないコンセプトの飲料であったことと、「運動中は水を飲むな」といわれた時代背景も相まって、発売当初は消費者にまったく受け入れられなかった。この導入期の大きなテーマは、水分補給飲料としての地位を確立することであった。だが、２つの課題に直面した。すなわち、既存のスポーツドリンクとの差別化と、新しいコンセプトの理解・浸透である。

　最初の課題である既存のスポーツドリンクとの差別化を図るために、「スポーツドリンク」「スポーツ飲料」といった言い方をあえて避け、商品コンセプトを正確に表現できる「健康飲料」という言葉を用いることにした。ポカリスエットをスポーツ分野にとどまらず、日常生活のさまざまな場面で飲んでもらうのが狙いであった。当初から「日常生活で汗をかく場面すべて」を対象とし、スポーツ場面はもちろん、入浴後、熱中症対策などさまざまな用途を提案した。

Column 5 - 1

パッケージデザイン

　ブランド要素とは、ブランド・ネーム、ロゴ、キャラクター、スローガン、ジングル、パッケージといったものをいう。これらは製品の識別や差別化に役立つ情報であり、企業にとっては競合ブランドとの違いを訴える有効な手段となる（久保田進彦「ブランド要素戦略」青木幸弘・恩藏直人編『製品・ブランド戦略』有斐閣、2004年）。たとえば、ポカリスエットのネーミングにある「スエット」は、「汗の飲料」という開発コンセプトが伝わりやすいために付けられたものである。

　パッケージとは、製品の容器や包装のことである。そのデザインにあたって、パッケージの「シェルフ・インパクト」まで考慮することが多い。「シェルフ・インパクト」とは、購買時点で消費者が同一製品カテゴリーの他のパッケージと一緒に見たとき、当該パッケージが有するビジュアル効果のことである。パッケージにとって最も重要な視覚的デザイン要素の1つは色である（ケビン・ケラー著、恩藏直人監訳『戦略的ブランド・マネジメント第3版』東急エージェンシー、2010年）。

　パッケージは認知面だけでなく、イメージ面でもブランド・エクイティの構築に貢献する。新しいパッケージには製品の革新性を伝える力がある（恩藏直人「パッケージ」恩藏直人・亀井昭宏編『ブランド要素の戦略論理』早稲田大学出版部、2002年）。

【写真5‐2　1980年発売当初のパッケージデザイン】

提供：大塚製薬株式会社

　ポカリスエットは、それまでにない「イオン飲料」という新しいカテゴリーの製品を表現するために、パッケージデザインにこだわったという。パッケージには当時の食品業界でタブーとされた寒色を使用し、生命のルーツである海の青と波を表す白を採用した（**写真5-2**を参照されたい）。白い波型は、ポカリスエットと真水の吸収スピードを比較したグラフの曲線を表しているという。「オイル缶のようだ」と評されることもあったが、この鮮やかなブルーと白い波型のパッケージデザインは、約40年経った今もほとんど変更されることはなかったとされる。

　このように、大塚製薬は、パッケージデザインに青色を採用することによって、新しい市場カテゴリーの定着を図り、消費者にユニークさを印象付けることに成功した。パッケージにブランドの意味やイメージを創る力があることを利用した好事例と言えよう。

　次の課題は、水分補給飲料という新しい製品価値やコンセプトを消費者に認知・理解してもらうことである。ポカリスエットは、当時の平均的なジュースの半分しか糖度が含まれない「甘くない飲料」であった。消費者に馴染みのない味に慣れ親しんでもらうために、想定された「汗をかくシーン」（体育館、ゴルフ場、銭湯やサウナなど）で無料サンプリングを行い、ポカリスエットを実際に体感してもらった。無料配布したポカリスエットは初年度だけで3,000万本、40億円にも達した。そうした努力の結果、発売初年度（1980年度）の売上は90億円、次年度はその3倍近くに達する260億円の売上を記録した。

　広告・プロモーション活動では、高級感のイメージを定着させるため、同社としては初めて外国人タレントを起用し、イメージ訴求を行った。それと同時に、発売直後に、数回にわたって全国紙に全面広告を展開し、従来の清涼飲料やジュースといった分類では捉えられない新製品の特徴を解説した。また発売2年目の夏には、テレビで3回連続のセミナー番組を提供し、さらに「生命と水」というタイトルの科学映画を製作し、地域の婦人会や学校を回って「健康飲料」という概念を浸透させていった。

　このように、従来型の飲料水は、気分転換のために飲む、おいしいから飲む、といった価値を提供してきたのに対し、ポカリスエットは、発汗時に飲むという新たな価値を生み出した。導入期に行われてきたマーケティング活動を通じて、結果的にイオン飲料という新しい市場を構築することにつながった。

❖ 第2期（1983年～1987年）定着期

だが、いつまで市場を独占する期間は続かなかった。1983年になると、清涼飲料水大手であるコカ・コーラ社が「アクエリアス」という競合商品を市場に投入した。水分補給清涼飲料水という市場カテゴリーにおいて、激しい競争が繰り広げられた。競合他社と対抗すべく、自社ブランドを市場に定着させるため、ポカリスエットは商品が持つ機能性を徹底的に訴求することにした。

価格面では、後発組のアクエリアスが100円の価格で勝負したのを受けて、発売当初は高価格に設定していた価格を100円まで引き下げた。値下げした事実を消費者に訴えるために、1984年に「120円だったポカリスエットが100円になりました……」と人気コピーライターの糸井重里と女優の石原真理子のコンビの軽妙なコマーシャルを流し、話題を呼んだ。新規参入により市場が活性化されたことで、市場規模が急速に拡大していった。

1985年、若い男性を中心とした、のどの渇きを癒すため一気にごくごく飲みたいという大容量ニーズに応えるため、570mlの瓶ボトルを発売した。容量面でのバリエーションの展開を図ることで、さらなる市場拡大を後押しした。

また、アクエリアスとの差別化のために、「イオン飲料」の機能的価値をより徹底的に訴求していく必要があった。そのため、キャッチコピーを「イオン飲料アルカリ性」から「アイソトニックドリンク」に変更した。加えて、季節による需要の変動に合わせて、「2本立て広告展開」を行った。具体的には、夏場にはイメージ訴求を前面に押し出し、飲料量が減少する冬場には、飲用習慣と製品特徴の啓蒙を意図した機能訴求を行うという積極的なコミュニケーション活動を実施した。

こうしたブランド理解の徹底が図られたことによって、1987年に売上高は約1,000億円に到達した。

❖ 第3期（1988年～1996年）転換・拡大期

これまでポカリスエットは「イオン飲料」としての機能的価値や高級感のイメージを訴求してきたが、ブランドとしての鮮度が少しずつ薄れてきつつあった。その打開策として、機能性飲料としてだけではなく、リフレッシュのための清涼飲料としてのイメージを求めて若返りを図るようになる。

　ポカリスエットは、あらゆる年代層のあらゆる水分補給ニーズに対応するというのが、ブランドの基本的な考え方であった。そのため、これまではユーザーを特定の層に絞り込むことはあえてしてこなかった。しかし、競合ブランドの追い上げや、無糖茶飲料やミネラルウォーター等の台頭の中で、ターゲットを明確化していく必要性が生じた。そこで、発汗量が多く必然的に消費量も最も多い若年層に焦点を当てた広告へと戦略転換が図られた。

　若者に訴求すべく、宮沢りえ、一色紗英、中山エミリといった旬の若手タレントを約3年おきに立て続けに起用した。若者から共感が得られるように、若くてアクティブなイメージを打ち出し、ブランドの鮮度アップを図った。その結果、のどの渇きだけでなく、心の渇きも癒してくれる飲料としてのポジショニングを獲得することにつながった。若年層を中心にユーザーのすそ野が広がり、1993年に累計販売本数は100億本を達成した。

　1992年には、商品のキャッチフレーズをこれまでの「イオンサプライ」から「リフレッシュメント・ウォーター」へと変更した。それに合わせて、「私の命の水」「いつもウォーターチャージ」など、身近で親しみやすい商品イメージを伝える広告コピーを多用した。

　容器・容量での展開も積極的に行われた。1988年に、アメリカン・サイズが市場の主流となってきたことを受けて、340ml缶を発売した。続いて、1990年に、1.5Lのペットボトルを発売し、家庭用ニーズに応えた。

　また、特定のターゲット層にむけてライン拡張が図られた。カロリーが気になる若い女性向けに植物性甘味料を配分した「ポカリスエット　ステビア」（1990年発売）と乳幼児向けのイオン飲料「ビーンスターク・ポカリスエット」（1992年発売）がそれに当たる。ただし、ステビアの味は後にまったりと引く強い甘さが特徴の1つであったが、特にスッキリとした味を求める清涼飲料水とは異なる志向であった。「ステビア」は2007年に終売している。この2つの商品は、イオン飲料というコアな機能価値を変えずに、ユーザー層の拡大と飲用機会の増大を図るために行われたライン拡張だと捉えることができる。

✦ 第4期（1997年～2009年）再構築期

　1990年代後半以降、ポカリスエットを取り巻く環境は大きく変わった。飲料市場においてミネラルウォーターやお茶のカテゴリーが拡大した。こうした流れを受

けて、機能訴求を再び強化した。イオン飲料という商品の基本コンセプトを再確認してもらい、ミネラルウォーターやお茶よりも水分補給の機能が優れているという機能面のメリットを再び訴求する必要が出てきた。

　そこで、医薬品会社の強みを活かし、エコノミークラス症候群の予防や入浴後の脱水などに効果を発揮するといった独自の研究成果を発表し、これを販促に活用するなどといった「エビデンス重視」のコミュニケーション戦略を採用した。

　例えば、2000年頃に航空機で長時間同じ姿勢で座り続けたりすることで起きる旅行者血栓症（エコノミークラス症候群）が話題になった時に、飛行機を使った実験を行った。飛行機をチャーターして被験者を乗せ、水を飲んだ場合とポカリスエットを飲んだ場合とで体の状態を比較して、ポカリスエットが血液粘度の上昇抑制に有用であることを実証し、その優位性について科学的根拠を見出した。その実証データは、米国医師会雑誌で発表された。実証後、2002年に発売された200mlペットボトルは、ポカリスエットを機内に乗せたいという航空会社からの依頼で開発されたものであるという。

　また、鼻やのどといった上気道は感染予防に重要な役割を果たすが、冬の乾燥する時期にはその機能が低下するため、ポカリスエットのようなイオン飲料を飲むことでその機能低下を抑制できることを実証した。このほか、入浴時の脱水症状の回復に水よりも効果があるなど、確かなエビデンスに基づいた有用性の提案を次々と行った。これらを訴求するために、新人タレントの起用は継続しつつ、入浴後の飲用など具体的な飲用シーンを想定した広告表現を増やした。「風呂上がりに必要な水分と電解質」「からだが一番欲しいもの」「からだに水分とイオン」などといったキャッチコピーのもと、ポカリスエットは日常生活に不可欠な存在である、というイメージ訴求を展開した。

　ブランドの活性化のために、大掛かりなコミュニケーションも打ち出した。1997年にJAS（日本エアシステム、現：JAL）の機体にポカリスエットの商品名を塗装し、日本初の機体広告を実施した。2005年には、1989年に続き2回目のスカイメッセージを実施した。軽飛行機による飛行機雲で空に「POCARI SWEAT」の文字を描くイベントで、青空と白い雲を生かした演出で、製品イメージ向上を図る狙いであったとされる。常に他社がやっていない画期的なコミュニケーションを追求してきた。また、この時期に、テレビCMにも変化がみられた。若手女優を起用し青春を感じさせる中高生向けのフレッシュなイメージを打ち出し、共感を得る一方、「ポカリって何かすごい」と驚きを誘うことも取り入れている。

例えば、2007年３月からアイドルグループ・SMAPを起用し、絶えず前へ進み続けるというイメージを訴求した。

　消費者のニーズに合わせたサイズ展開や環境に配慮したボトルを提案し、消費者のライフスタイルの変化にも適応していった。たとえば、消費者の新しい飲用習慣を生み出すために、2002年４月に200mlペットボトルを発売した。女性のカバンに入れてもじゃまにならない大きさで、特にのどが渇いていなくても、こまめに水分補給をする飲用習慣を呼び込もうと開発されたものである。2008年には、ポカリスエットは、社会全体の環境に対する意識の高まりの中、リデュース（容器の軽量化）に取り組み、従来のボトル重量の30％減量化を実現した。このポカリスエットのエコボトルが評価され、洞爺湖サミットや第４回アフリカ開発会議で採用された。

◈ 第５期（2010年〜）再拡大期

　2008年に大塚ホールディングス株式会社設立により、大塚製薬は同社の子会社となり、ポカリスエットは「ニュートラシューティカルズ事業」の主要ブランドと位置付けられた。ニュートラシューティカルズとは、nutrition（栄養）＋pharmaceuticals（医薬品）を組み合わせた造語である。これを機に、ポカリスエットはこれまでのブランド育成から、次の段階であるブランド強化期に入ったものと考えられる。

　商品開発をより加速化させた。消費者の健康志向がますます高まる中で、特に女性を中心に、「機能性飲料は太る」というイメージを持つ人が増えていった。さらに、発売時には「甘くない」を売りにしていたポカリスエットでさえ、味覚やライフスタイルの変化により、人々が甘いと感じられるようになった。世の中のニーズをすくい取り、「太る」というネガティブなイメージを払拭するために登場させたのは、2013年に新発売したカロリーオフの「ポカリスエット　イオンウォーター」である。ポカリスエット　イオンウォーターは従来品と同じような水分補給の機能を保ちつつ、発汗時だけでなく、汗をかいていないシーンにも適したイオンバランスで、さらにスッキリした後味を実現した。「速やかな水分吸収」という中核価値を共有しながら、「味」という付加価値を新たに設定したターゲット層のニーズや新たな利用シーンにうまくマッチさせた。運動時やオフィス等室内で作業する場合など、飲用シーンや嗜好による選択肢がポカリスエット、ポカリスエット　イオン

Column 5 - 2

消費者にとってのブランド効果

　ブランドは、企業にとって大きな資産となることは言うまでもないが、消費者にとっても、大きな意味を持っている。消費者にとってのブランド効果としては、「購買意思決定に関わる時間の短縮」、「自己表現の媒体化」、および「有用性と購入判断基準の構築」という3つを指摘することができる（黒岩健一郎・水越康介『マーケティングをつかむ〔新版〕』有斐閣、2018年）。

　まずは、ブランドの存在で、消費者の購買意思決定に関わる時間が短縮される。消費者は、ブランドからの連想を利用することで、商品に関する情報を新たに収集したり、判断したりしなくても済むようになる。たとえば、ポカリスエットブランドが付与された製品であれば、消費者はその属性をいちいち確認しなくても、「水分とイオンを補給する健康飲料」と判断することができる。

　第2に、ブランドには、消費者の自己表現を媒介する機能がある。消費者は、所有するものやサービスによって自らの世界観やステータスを表現しようとする傾向にある。ラグジュアリー・ブランドを所有することで、たとえば、「セレブ」「高級」といったブランド連想を自らのステータスとして示すことができる。ポカリスエットの場合では、製薬会社のイメージから「本物志向」などの世界観を表現してくれると考えられる。

　第3に、ブランドの存在は、消費者に対して有用性と購入判断の基準を作り出す。ブランドは、商品が備えている属性を伝えるだけではなく、その属性を評価する観点を喚起することで、その有用性あるいは使用価値を構成する役割も果たすのである（栗木契「ブランド価値のデザイン」青木幸弘・恩藏直人編『製品・ブランド戦略』有斐閣、2004年）。たとえば、大塚製薬は、科学的根拠に基づいた新たな用途を次々と拡張し、それを消費者に継続的に提案してきた。その結果、スポーツだけでなく、日常生活における発汗シーンやエコノミークラス症候群、熱中症などへの有用性が消費者に認識されるようになった。それが購入判断の基準となるため、他のスポーツドリンクと単純に比較されなくなり、選ばれやすくなるといえる。

ウォーターの2種類に拡大した。

　2016年には"たべる水分補給"をコンセプトとした「ポカリスエット ゼリー」の開発を開始した。その結果、水分・電解質を補給しながら、小腹も満たせ、携帯性にも優れた製品として誕生した。

　また、大塚製薬は、1992年からスポーツ活動中の熱中症事故防止を目的に啓発活動を行ってきた。今ではスポーツシーンだけでなく、職場での労働安全衛生、子どもから高齢者の水分補給、建設現場など酷暑の環境を対象にテーマを拡大し、科学的根拠に基づく健康情報等の提供活動がユーザーの飲用喚起につながっている。このような長年の熱中症研究で蓄積したノウハウをもとに、2018年に深部体温に着目して「ポカリスエット　アイススラリー」が発売された。発汗によって表面の体温を下げる（そして発汗で失った水分・電解質を補給する）というこれまでのアプローチとは異なり、「深部体温を下げる」ということに着目した商品である。暑さに気づきにくい高齢者や防火服を着た消防士など、体の表面から体温を下げにくい場合の新たな熱中症対策シーンを想定し開発されたものとされる。

　時代や社会環境に合わせたコミュニケーションの展開もみられた。2015年から、水分補給が生活の一部であることを、今どきの友達母娘という設定を通して描く「ポカリ、のまなきゃ。」シリーズの広告を展開している。親子の関係性を通じて、ポカリスエットの世界観を消費者に訴求した。一方、常にブランドを新鮮に保つために、若年層へのアプローチも加速化した。近年は「自分はきっと想像以上だ。潜在能力をひき出せ。」というキャンペーンコピーのもと、インターハイや甲子園を始めとするリアルな部活動応援だけでなく、新聞広告やSNSなどといったマスメディアとデジタルメディアの併用により、ターゲットユーザーである中高生に寄り添うマーケティング活動を展開した。2018年夏には「ポカリガチダンスFES」を開催し、CMの撮影も兼ねたこの企画には、全国から4,000人以上の中高生が参加した。この結果、ポカリスエットが「自分たちに寄り添い応援してくれる」というブランドのイメージ形成に寄与したといえる。

3　ポカリスエットのブランド育成

　この章では、用途を広げながらブランドの進化を図るという考え方について、ポカリスエットの事例を通じて確認してきた。このケースを通じて、以下のようなことが明らかになった。

①　イオン飲料としての成分は発売当初から「何も変えていない」が、確かなエビデンスに基づいて水分補給飲料としての有用性を次々と見出し、1つひとつ丁寧に用途開発（有用性の構築）に活かし、飲用喚起を促してきたこと。

② 　ポカリスエットというブランドのなかに、複数技術（味、形状、カロリーオフ、アイススラリーなど）、複数機能用途（日常生活における発汗シーン、脱水時、冬の乾燥時や風呂上がり、エコノミークラス症候群、熱中症など）、複数プロダクト（フレーバー、ゼリー、粉末など）を包含したこと。

③ 　ブランドの鮮度を保つために、時代や社会環境（健康志向、高齢者層や若年層へのアプローチ、熱中症などの社会的なトピック）の変化に合わせたイメージ訴求とエビデンス重視の機能訴求の2本立てコミュニケーションを展開してきたこと。

④ 　多くの飲用機会・ニーズに応える中で、「水分補給を必要とするあなたの傍らに、いつも寄り添うブランド！」としてポジションを確立したこと。

上記のポイントを図で表すと、**図5‐2**になる。

【図5‐2　ポカリスエットのブランドマーケティング】

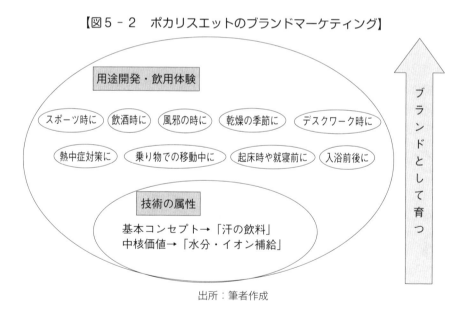

出所：筆者作成

4 おわりに

　このように、ポカリスエットは、「水分とイオンを補給する健康飲料」というコアな機能価値に一貫性を持たせつつ、社会のニーズに合わせて科学的根拠に依拠した新たな用途を次々と開発し、それを消費者に継続的に提案してきた。「イオン飲料」という性能に特化した差別化に加え、飲用習慣の定着や飲用体験、消費者との関係性といった消費経験属性の拡充を図ることによって、ポカリスエットは1つのプロダクトにとどまらず、ブランドとして育っていった。その結果、マーケティングの戦略空間が着実に広がり、中身を変えずに新たなイメージや価値を創造し、ブランドの進化を遂げることができたといえよう。

第5章

❓ 考えてみよう

① ポカリスエットのブランド育成では、どのようなことが行われてきたのかを考えてみよう。

② ポカリスエット以外で、用途開発によって成長を遂げてきたブランドの事例を考えてみよう。

③ 身近なブランドの例を取り上げ、ブランドの意味を訴求するために、パッケージデザインでどのような工夫が行われているかを考えてみよう。

次に読んで欲しい本

• 青木幸弘・恩藏直人編（2004）『製品・ブランド戦略』有斐閣。
　☆ブランドと製品の違いについて体系的に理解できる。
• 黒岩健一郎・水越康介（2018）『マーケティングをつかむ〔新版〕』有斐閣。
　☆マーケティングやブランドのコンセプトについて事例を通じて理解できる。
• ケビン・ケラー（2010）（恩藏直人監訳）『戦略的ブランド・マネジメント第3版』東急エージェンシー。
　☆顧客ベースのブランドエクイティモデルを体系的に学ぶことができる。

第 6 章

ブランドを成長させる
マネジメント：

アサヒ飲料〈三ツ矢サイダー〉

第1章
第2章
第3章
第4章
第5章
第6章
第7章
第8章
第9章
第10章
第11章
第12章
第13章
第14章
第15章

1　はじめに
2　「三ツ矢サイダー」のリニューアルとV字回復
3　ブランドを成長させるマネジメント
4　おわりに

1 はじめに

　私たちは日々の買い物の中で多くの商品を目にするが、それらのうち、何年も変わらず店頭に並んでおり、そこにあるのが当たり前になっている商品もある。本章で見ていく事例、「三ツ矢サイダー」もそのうちの1つで、1884年に誕生して以来、時代が変わり、人々の嗜好が変わってきた中で、現在も多くの人に親しまれてきている。

　このようなロングセラーブランドは自然にできあがる訳ではなく、その背後に、人々に求められるブランドに成長させる工夫がなされている。どのような工夫だろうか。

　本章ではその工夫、ブランドを成長させるマネジメントを、三ツ矢サイダーの事例から学ぶ。

2 「三ツ矢サイダー」のリニューアルとV字回復

✧ 夏目漱石や宮沢賢治も飲んでいたサイダー

　三ツ矢サイダーの歴史は古く、1884年、兵庫県多田村（ただむら）平野から湧き出た天然鉱泉の炭酸水をびんに詰め、「平野水」（ひらのすい）として販売されたのが最初だ。発売当初は大正天皇の御料品に採用されたほどの高級品であった。1907年に平野水に砂糖を加熱してつくるカラメルと香料を加えた「平野シャンペンサイダー」が発売され、1909年には「三ツ矢シャンペンサイダー」の商品名で発売された（**写真6－2**参照）。これが大衆に親しまれる飲料となっていった。夏目漱石や宮沢賢治も愛用していたという逸話も残っている。

　夏目漱石は平野水を胃病の薬代わりに飲んでいたことが知られており、当時は医者からも推奨されていたそうだ。1912-1913年連載の小説の中にもサイダーが登場している。また、宮沢賢治は給料日に「やぶ屋」というそば屋で天ぷらそばを食べながらサイダーを飲むのを楽しみにし、時には生徒たちに振る舞っていたそうだ。

【写真6‑1　三ツ矢サイダー】　　　【写真6‑2　1909年発売の三ツ矢
　　　　　　　　　　　　　　　　　　　　シャンペンサイダー】

出所：アサヒグループホールディングス
　　　株式会社

出所：アサヒグループホールディングス
　　　株式会社

第6章

後に、天ぷらそばと三ツ矢サイダーのセット「宮沢賢治セット」がやぶ屋のメニューになっている。

　第二次世界大戦後、砂糖が手に入らないという危機の際には、食品業界ではやむなく人工甘味料が使用され、三ツ矢サイダーにも使用された。だが、おいしさと天然由来の原料にこだわり、業務用砂糖の統制が撤廃された1952年からすぐに全糖サイダーの製造を一部開始し、1969年には全てを全糖サイダーへと切り替え、着色も止め、無着色の透明飲料として製造し始めた。この出来事をきっかけに、三ツ矢サイダーは子供にも安心して飲ませられる飲料として人々に受け入れられていった。

✧ 飲用シーンとさわやかさの訴求

　1960年代後半、原液輸入の完全自由化により急激に販売量を拡大させたコーラ飲料への対応として、三ツ矢サイダーのイメージアップと多様化に取り組み始めた。レモンとライムの味の「三ツ矢レモラ」を発売し、ホテルやレストランなど家庭外の需要に対応した。さらに、若者層や屋外市場、自動販売機の需要などに向けて、ライム味の「三ツ矢サイダーシルバー」を発売した。「三ツ矢フルーツソーダ グ

83

レープフルーツ」は旅行・レジャーなど多様化する需要への対応を図り、その後、プラム、グレープ、レモンなどのバリエーションを増やしていった。

　また、三ツ矢サイダーに対する「古くさい」というイメージを刷新するために、1972年にパッケージを現代的なデザインへと変えた。1974年にはテレビCMを始め、有名なタレントを起用し、その後もタレントを変えながら三ツ矢サイダーのさわやかさを伝えた。購入するとプレミアム・グッズが当たるプレゼント・キャンペーンも実施した。1969年の「三ツ矢ドレミファコップ」キャンペーンでは応募総数が165万通を超えた。1981年には、人気キャラクターのグッズがもらえるキャンペーンを4年連続で実施し、そのキャラクターを製品のパッケージ・デザインにも起用した。

　このように、三ツ矢サイダーが長年、人々に求められる飲料であり続けてきた背後には、いくつものCMやキャンペーンによる影響があった。これらを通じて、人々は三ツ矢サイダーにさわやかなイメージを持つようになり、手に取るきっかけを得るようになり、より多様なシーンで飲用するようになった。

　だが、これらの活動にもかかわらず、1990年代後半、清涼飲料市場に占める炭酸飲料の比率は大きく減少し、三ツ矢サイダーの販売数も減少していった。販売量は1997年以降の7年間で40%以上も減少した（社史『はじまりは、「三ツ矢」から』、130頁）。清涼飲料市場では「コカ・コーラ」や「キリンレモン」などの炭酸飲料だけでなく、コーヒーやスポーツ飲料、お茶など、次々に新しい飲料カテゴリーが成長しており、競争は厳しかった。

⟐ 生誕120周年リニューアル、2種類のCM・キャンペーン

　そのような中、三ツ矢サイダーは生誕120周年となる2004年、全面的なリニューアルを行った。商品自体について「安心・安全」のコンセプトに徹底的にこだわり、品質を改善した。それまでは工場によって水の硬度に違いがあったが、サイダーの爽快な味わいを最も際立たせる軟水を探求し、統一した。そして、フレーバーは全て果実など植物由来の原料に切り替えて独自に配合した。

　2004年3月28日、この日を「三ツ矢（328）の日」とし、生誕120周年を記念するイベントを大々的に開催した。三ツ矢サイダーのサンプリング、ラジオ番組のイベント、コア・ターゲットである中高生に向けたステージアトラクションを展開した。このイベントに先立って、2種類の消費者キャンペーン、中高生向けに向

けたキャンペーン、これまでサイダーを愛飲している幅広い層に向けたキャンペーンを実施し、テレビCMを放映した。

　これに加えて、4月以降、2種類のテレビCMを組み合わせて展開した。1つは「品質篇」で、主婦層を中心としたファミリーユース向けに、品質へのこだわり、安心感、信頼感を訴求したCMであり、継続して展開されている。そのうちの1つのフレーズは「飲まれ続けている理由があります。磨かれた水をつかうこと、果実由来の香りをいかすこと、熱を加えないこと、三ツ矢サイダー」というものだ。

　もう1つは、実際に飲用する層、中学・高校生に向けた「情緒訴求篇」だ。「シュワわせ」というキーワードを中心に、三ツ矢サイダーを開けたときの音感や「シュワわせダンス」というユーモアなどを表現し、三ツ矢サイダーならではの透明感・爽快感・開放感・リフレッシュ感を訴求した。これら2種類のテレビCMを組み合わせて展開することで、120年の時を超えて親しまれてきた三ツ矢サイダー独自の世界観を表現した。

　同年7月には、マンガ『サイダーのひみつ』を学習研究社と共同制作にて発刊し、全国の小学校と公立図書館に寄贈した。

　また、中高校生にアプローチするために、中学生が聴くラジオ番組のスポンサーにもなった。このラジオ番組には、リスナーたちがスポンサーから販促の依頼を引き受けるコーナーがあり、リスナーと一緒に三ツ矢サイダーのラジオ番組を作成した。

　リニューアルの成果は、すぐに現れ始めた。発売から10日後、日経流通新聞の商品ヒットチャートでは、三ツ矢サイダーの1.5Lが64位から5位に、500mlが117位から9位へと浮上した。2005年1月には1.5Lが1位に、500mlが2位となった（日経流通新聞2004年4月3日号、2005年1月28日）。三ツ矢サイダーのV字回復を印象付けた。

⊕ 三ツ矢サイダーならではの価値訴求

　翌年の2005年、三ツ矢サイダーが作家の宮沢賢治の好物だったというエピソードに注目し、宮沢賢治を起用したテレビCM「宮沢賢治の好物篇」を放映した。このCMでは「宮沢賢治の最高の贅沢は、天麩羅蕎麦と三ツ矢サイダー。誕生以来飲まれ続けてきたサイダーは星の数。おいしさへのこだわりは変わりません。この冬も三ツ矢サイダー」というフレーズを通じて、三ツ矢サイダーが多くの人に親しま

れてきた歴史ある飲料であることを伝えた。このCMと連動して、同年２月〜４月に「宮沢賢治の絵本プレゼント」キャンペーンも実施した。

　2007年12月13日に三ツ矢ブランドの販売数は年間販売目標の3,000万函を突破した。1997年に2,878万函だったものが2003年にはその40％以上減少していたが、1997年を上回る販売数に達したのだった。

　その後も続けて品質訴求のテレビCMを展開していった。2008年には品質訴求「約束編」のテレビCMに、三ツ矢サイダーの製造に携わっているアサヒ飲料の社員が出演し、品質とおいしさに対するこだわりと決意を宣言し、「安心」「安全」「自然」という三ツ矢サイダーの約束を訴求すると伝えた。

　2012年、日本経済新聞社がスーパー156社のバイヤーに対して行った小売業調査におけるブランド別総合評価で、三ツ矢サイダーは１位となった（日経流通新聞2012年５月28日）。

　2016年には、三ツ矢サイダーを国民的炭酸飲料と位置づけ、３つの約束として水、香り、製法の独自の魅力を訴求している。近年では、三ツ矢サイダーの品質やおいしさへのこだわりを整理し、３つの価値「日本生まれ（夏目漱石や宮沢賢治も愛飲した）」、「安心・安全」、「透明炭酸飲料ならではの爽快感」として、三ツ矢サイダーのブランドサイトや広告、自動販売機等のあらゆる顧客との接点で発信して

【図6‐1　三ツ矢サイダーの細分市場とリニューアル後のコミュニケーション】

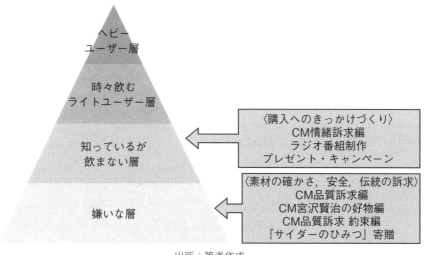

出所：筆者作成

いる。2020年現在も、三ツ矢サイダーは透明炭酸飲料市場において、キリンレモンや「スプライト」を寄せ付けない圧倒的No.1ブランドである。

3 ブランドを成長させるマネジメント

　ここでは、三ツ矢サイダーが130年以上もの間、親しまれ続けてきた背後に、さまざまなマーケティング活動があることを見てきたが、それらを振り返りながらブランドを成長させるマネジメント手法を学ぼう。

✣ ブランドの関心に沿ったセグメンテーション

　第1に、ブランドを成長させるには、そのブランドの生活者市場を無関心層、非利用者層、軽度利用者層、信頼層のように、ブランドの関心によって細分市場に分けること（セグメンテーション）が大事だ（Column 6 - 1参照）。

　ブランドXに関心があると言っても、名前を知っているだけなのか、1回利用したことがあるだけなのか、時々利用しているのか、大好きでよく利用しているのかなど、丁寧に見るとかなり違いがあるし、中には嫌いだという関心もあるだろう。そこで、まずはどのような関心の違いがあり、どの層が多いのかなどを知るためにも、ブランドの関心の度合いを基準にして細分市場に分ける。

　三ツ矢サイダーブランドの生活者市場も、嫌いな層、知っているが飲まない層、時々飲むライトユーザー層、ヘビーユーザー層といったような細分市場に分けられるだろう。分けるタイプの数は状況によって違ってくるだろう。大事なことは、タイプごとに、ブランドに対する生活者の関心がはっきり異なるように分けることである。

✣ 各ユーザー層ごとに異なるコミュニケーションをとる

　第2に、生活者市場をいくつかの細分市場に分けたら、次にそれぞれの細分市場に対して異なるコミュニケーションをとることが大事だ。関係の違いによって、メッセージの意味がまったく逆になってしまうことがある、というのがコミュニケーションの不思議な性格だからだ。例えば、親から「勉強しなさい」と言われる

Column 6 - 1

セグメンテーション

　「セグメンテーション」は、マーケティングの基本概念の1つである。マーケティングを勉強したことがある人ならすでにその役割を知っているだろうが、ここで確認しておこう。

　「セグメンテーション」（市場細分化）は、消費者（市場）をグループ分け（細分化）することである。消費者は一様ではなく、何を魅力的だと思うかは人によって異なる。だからと言って、消費者一人一人にそれぞれにふさわしい異なる製品を用意することは無理なことである。では、どのようにして対応していくのか。そこで重要なのが、消費者を何らかの特徴を基準にして（たとえば、年齢層、居住地域、所得レベル、流行への敏感度、当該製品の使用経験、など）、小グループに分けるという発想である。これがセグメンテーションである。セグメンテーションを通じて、市場の消費者全体がいくつかのセグメントで構成されているということが分かれば、企業側はそのうちのどのセグメントをターゲットとするのか（自社はどのような消費者群を顧客としたいのか）を設定できるようになるのだ（清水 2020）。

　本章で紹介しているように、セグメンテーションはブランドを成長させるマネジメントにおいても有効である。ブランドXに関心があるという顧客も一様ではない。ブランドXの関心度によるセグメンテーションを通じて、ブランドXに関心のある顧客全体がいくつかのセグメントから構成されているということがわかれば、ブランドマネジャーはそれぞれのセグメントにふさわしい広告メッセージやキャンペーンを用意することができる。そして、その打ち手は無数にあるわけでもないので、準備しておくことができるのだ。

と、中学生の息子は意欲が削がれてしまう。ところが、信頼を寄せる先生や先輩から「勉強しなさい」と言われると、がんばろうと思う。同じメッセージであっても、親と子、先生と生徒のように関係が異なると、メッセージの受け止められ方もその後の行動も変わってくる。

　同じように、ブランドとユーザーの関係を細分市場レベルで見ると、細分市場の数だけ、質の異なる関係のありようがあり、それぞれの関係にふさわしいコミュニケーションのスタイルがあるだろう。三ツ矢サイダーブランドの細分市場別のコミュニケーションを考えてみよう。

「ブランドＸが嫌いな層」にふさわしいコミュニケーション・テーマは「ブランドＸがこれまで高い評価を得てきたこと」を伝えるために、素材の確かさ、安全性、歴史や伝統を訴求ポイントにすると良いだろう。

三ツ矢サイダーの場合、テレビCMの「品質篇」では、磨かれた水、果実由来のフレーバーがテーマとなっていたり、宮沢賢治が愛飲していたエピソードを伝えたりすることで、日本生まれの商品であること、品質にこだわりがあること、100年以上の歴史があることなどを伝えている。

「ブランドＸを知っているが飲まない層」に対して、飲むためのきっかけとなる機会を提供することが重要だろう。キャンペーン、プレゼントクイズ、工場見学などがそれに当たる。ブランドＸを買うと、著名なイベントに参加できる、プレミアム・グッズが当たるといったキャンペーンは、ブランドＸの購入へと直接に誘導する手法である。三ツ矢サイダーのプレゼント・キャンペーンは、こうした層に向けた取り組みだと言えるだろう。

「ブランドＸを時々飲むライトユーザー層」に対しては、引用機会についての気づきを与えることが重要だ。例えば、飲みたいなあと思った時に飲む、というように個人的な気分に従って飲むだけでなく、仲間が集まるパーティーや、家族一緒の団欒や、食事の時、スポーツの後など、飲用にふさわしい機会が他にもありうることを認識してもらうことが効果的だろう。三ツ矢サイダーのテレビCMで、高校生の部活の後に三ツ矢サイダーを飲むシーンや夏祭りで三ツ矢サイダーを飲むシーン、温泉に入った後の設定で三ツ矢サイダーを飲むシーンなどが描かれているが、これらは多様な飲用シーンを伝えているだろう。

【図6-2　ブランドを成長させるマネジメント】

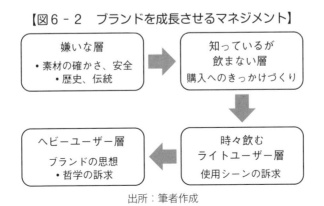

出所：筆者作成

「ヘビーユーザー層」に対しては、ブランドＸがこれまで提唱してきた哲学や思想、あるいは社会的な存在価値の話がそのまま通じるはずなので、それをメッセージとして訴求すれば良い。そうした深い哲学や思想の再確認・再強化を通じてブランドとしての鮮度が維持され、生活者にとって、歳をとってもいつまでも飲みたい商品として心の中に刻み込まれる。このように、それぞれの細分市場ごとにふさわしいメッセージを伝えることが重要である。

✦ 各セグメントをレベルアップする

　第3に、各層のレベルアップに挑み、全体としてブランドへの信頼を上げることが重要だ。顧客の絶対的規模が縮小している時期には、新しい生活者にむけたコミュニケーションが採用されるべきだろう。あるいは、ブランド自体のアイデンティティが弱っている場合には、ヘビーユーザー層に向けて、改めてロイヤルティを維持・高揚するようなコミュニケーションを図ることができるだろう（**Column 6 - 2**参照）。

　販売数量が減少していた三ツ矢サイダーブランドの2004年のリニューアル時に、情緒訴求のコミュニケーションに加えて品質訴求のコミュニケーションが展開されたが、これは新しい生活者に向けたコミュニケーションであったと言えるだろう。

　このように、生活者市場をいくつかの層に分け、その中でどの層にアプローチすべきかが決まれば、その層に向けたコミュニケーションを図ることによってレベルアップすることができ、全体の信頼向上につながる。三ツ矢サイダーがＶ字回復を遂げた要因はここにあったと評価される。

4 おわりに

　三ツ矢サイダーのＶ字回復の事例から、ブランドを成長させるマネジメントについて学んできた。ロングセラーブランドを成長させるには、生活者市場を1つとして想定して対応するのではなく、ブランドの関心によって細分市場に分けることが最初の一歩であった。どの層に向けて訴求すべきかが決まれば、やるべきコミュニケーションの目的と内容の指針は比較的簡単に決まるだろう。

　次に、それぞれの層に対してそれぞれにふさわしいコミュニケーションを図って

Column 6 - 2

ロイヤル顧客とのコミュニケーション

　ブランドXの購入頻度や購入額が高いユーザーは、ロイヤルユーザーあるいはロイヤル顧客と呼ばれ、そのブランドXの良さを理解している。そのような顧客層と、どのようなコミュニケーションを図ることができるだろうか。

　ロイヤル顧客は自らブランドXのウェブサイトを訪れ、チャットに参加したり書き込みをしたりもする。そうした行動に出る場合、ロイヤル顧客層はブランドXのエバンジェリスト（伝道師）、あるいはアンバサダー（大使）の役割を果たす。このような関係性が実現している事例を2つ紹介しよう。

　ネスレは2012年、「ネスカフェ アンバサダー」という新サービスを提供している。コーヒーの愛飲者がアンバサダーに応募し、審査をパスすると、コーヒーマシン「バリスタ」がオフィスに無料で提供される仕組みである。アンバサダーがバリスタを導入したオフィスでは、手軽に本格的なコーヒーを楽しむことができる。アンバサダーはネスカフェの詰め替え用カートリッジをマシンにセットし、コーヒー代金の回収やマシンの簡単な清掃を担う。ネスレはアンバサダーと直接会うミーティングを定期的に行い、要望を聞いて支援している。ネスレにとって、アンバサダーはパートナーとも言える顧客である（「ネスカフェ アンバサダー募集」公式サイト参照）。

　横浜F・マリノス（以下、マリノス）では2018年、「横浜F・マリノス沸騰プロジェクト」を始めた。マリノスでは顧客層を6つに分けているそうだが、中でも若い男性グループのような盛り上がり重視の層と新規に来場する層の来場促進が難しいため、熱量の高いファン「スーパーファン」を巻き込んでアンバサダーになってもらう取り組みを始めた。マーケティング本部メディア＆ブランディング部部長の大多和氏は、インタビューで次のように説明している。

　「特設サイトを立ち上げ、テーマを設けてスーパーファンの投稿を促しました。具体的には、観戦方法やスタジアムでの過ごし方を投稿する「スタジアム沸騰チーム」、おすすめのグッズ紹介などを行う「グッズ沸騰チーム」、その他のクラブの魅力を掘り下げる「クラブ沸騰チーム」の3つに分け、メルマガを通じてお題を投げています。（中略）スーパーファンを対象にしたリアルミーティングも2018年シーズンから計12回行ってきました。毎回20〜30名の方を募集して、我々と一緒にマーケティング施策や新グッズのアイデア出しなどを行っています。」（『MarkeZine』「ファン起点のアイデアで成功導く横浜F・マリノスのアンバサダープログラム事例」）

第6章

いくことが重要であり、それによって、各層別のレベルアップが可能になり、ブランド全体への信頼向上につながる。各層にふさわしいコミュニケーションはある程度絞られてくるはずなので、オプションとしてあらかじめ準備しておくことができる。これが、ブランドを成長させるマネジメント手法である。

❓ 考えてみよう

① 　ブランドを1つ取り上げて、周囲の家族や友人の数名に利用調査をし、図6‐2を参照しながら「ヘビーユーザー層」、「時々飲むライトユーザー層」、「知っているが飲まない層」、「嫌いな層」のどれに当てはまるかを考えてみよう。

② 　①の利用調査をもとに、「嫌いな層」から「知っているが飲まない層」や「ライトユーザー層」へ、「知っているが飲まない層」から「ライトユーザー層」へのように、より関心を持って利用してもらうにはどのようなアプローチがあるかを考えてみよう。

③ 　ブランドを1つ取り上げて、その熱烈なファン層とどのようなコミュニケーションを図ることができるかを考えてみよう。

次に読んで欲しい本

・石井淳蔵（2010）『マーケティングを学ぶ』ちくま新書。
　☆ブランドを成長させるマネジメントについて理解できる。
・アル・ライズ＆ジャック・トラウト（2018）『マーケティング22の法則』（新井喜美夫訳）東急エージェンシー。
　☆カテゴリー市場No.1ブランドの強さ、ポジショニングの重要性を理解できる。

第1章
第2章
第3章
第4章
第5章
第6章
第7章
第8章
第9章
第10章
第11章
第12章
第13章
第14章
第15章

第 **7** 章

ポジショニング先行型の
ブランド：
伊藤園〈お～いお茶〉

1　はじめに
2　伊藤園「お～いお茶」
3　ポジショニング先行型のブランド
4　おわりに

1　はじめに

　新たにブランドを構築するためには、その製品が市場の中でどのような位置を占めるか、すなわち「ポジショニング」を明確に定義することが不可欠だ（**Column 4 - 2**参照）。一般的なマーケティングのプロセスでは、はじめに市場細分化（マーケット・セグメンテーション）を行い、ターゲットを定めた上で、ターゲット顧客が想起するだろう代替製品に対してポジショニングが定義される。しかし、これまでになかったような製品の発売では、市場があらかじめ存在するわけではないため、こうしたプロセスで進めることはできないだろう。むしろ、新製品が明確なブランド・ポジショニングを確立することで、その製品がどのような価値を持つかが可視化されるため、実際に製品を購入する顧客や、類似製品を発売する競合他社が生まれ、結果として、新たな製品市場が形成されるという、逆のプロセスをたどる可能性がある。

　本章では、こうしたポジショニング先行型のブランド構築について、伊藤園の「お～いお茶」の事例を通じて確認していきたい。

2　伊藤園「お～いお茶」

✧ 世界で初めての緑茶飲料市場の発売

　2019年現在、清涼飲料市場における緑茶飲料の市場規模は4,450億円であり、9,665億円の茶系飲料市場で最も大きな割合を占めている。その緑茶飲料市場の中で、33％と最大のシェアを誇るブランドが、株式会社伊藤園の「お～いお茶」である。日本だけでなく海外でも販売され、販売実績が2年連続で世界No. 1であることがギネス認定もされている緑茶飲料のブランドである。

　今日の私たちの生活にとって、PETボトル入りの緑茶飲料は欠かせないものであり、食事と一緒に飲む、喉の渇きをいやす、休憩時間にリフレッシュする、といった多様な使用シーンで消費される。しかし、伊藤園が世界で初めて缶入りの緑

茶飲料「缶入り煎茶」を商品化し、発売した1985年当時の人々の反応は全く異なっていた。緑茶飲料に限らず、甘くない茶系飲料が売れることにすら懐疑的な意見が大半だったのだ。

　そもそも茶葉販売の大手であった伊藤園が飲料市場への参入を決断した背景には、戦後の生活の豊かさとともに伸び続けていた茶葉の国内消費量が、1975年に頭打ちしたことが影響していた。また毎年夏季には茶葉の売上が落ちる傾向があったため、夏でも需要が拡大できる商品として飲料の開発に着手したのだった。ただし、同じく茶葉を取り扱っていたウーロン茶、紅茶の飲料化には先行して成功したが、酸化しやすい緑茶の飲料化は困難を極めた。最終的には、缶の内部に窒素を噴射し酸素を取り除く「T-Nブロー製法」の開発と茶葉のブレンドを工夫することにより、実に約10年の開発期間を経て、1985年に「缶入り煎茶」は発売された。

【写真7-1　伊藤園　缶入り煎茶　　【写真7-2　伊藤園　お～いお茶
　　　　　190ml缶（左）】　　　　　　　　　525mlペットボトル(右)】

　　　出所：株式会社伊藤園　提供　　　　　　　出所：株式会社伊藤園　提供

　しかし、ようやく発売にこぎ着けた新製品に対して消費者や流通の反応は冷たく、「家でタダで飲めるものに100円も出す訳がない」と全く相手にされなかったという。ようやく好調な売れ行きを示し始めたのは、ブランドの名称を、当時伊藤園のテレビコマーシャルで使っていたセリフ「お～いお茶」へと変更し、リニューアルした1989年頃からだった。1980年代には、サントリーの「烏龍茶」が大ヒット

【図7-1　飲料化比率の推移】

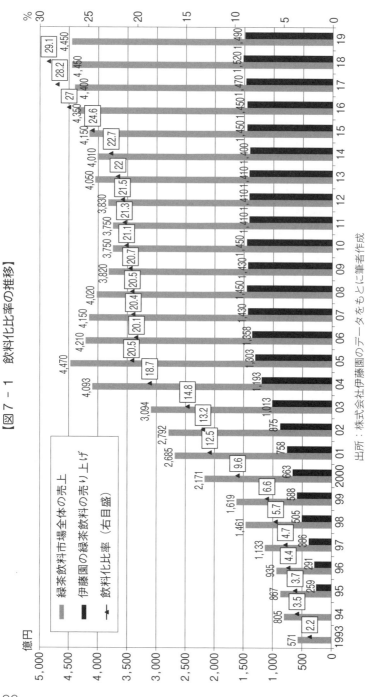

出所：株式会社伊藤園のデータをもとに筆者作成

凡例:
- 緑茶飲料市場全体の売上
- 伊藤園の緑茶飲料の売り上げ
- 飲料化比率（右目盛）

するなど、ウーロン茶飲料や無糖紅茶飲料といった、他の無糖の茶系飲料が健康や美容への関心を背景に徐々に市場を拡大したことも追い風となり、緑茶飲料の需要も徐々に活性化してきた。実際に、「茶葉」の消費量は依然減少しているものの、飲料製品を含めると緑茶の1人当たり消費量は、1989年頃いったん底を打ち、再び増加し始めた。1990年には伊藤園が初めてPETボトル入りのお〜いお茶（1.5リットル）を発売、また他社のブランドも次々と発売されることで、市場規模は1993年の571億円から1994年には805億円へ急速に拡大し、以降も安定的な成長を遂げた（図7－1参照）。

　ただし、消費者の健康志向に後押しされ成長を続けていた茶系飲料市場で、当時圧倒的なシェアを誇っていたのは、先行して市場を拡大したウーロン茶飲料だった。また1990年代に形成された「ブレンド茶（混合茶）」という新しいカテゴリも、先行する緑茶飲料よりも市場で大きなシェアを占めていた。そのような状況下で、緑茶飲料が今日のように、茶系飲料で最大のシェアを占める兆候が見通せているわけではなかった。

第7章

⌘「飲料化比率」によるポジショニングの明確化

　伊藤園は、緑茶以外でも日本の茶系飲料の歴史を切り拓いてきた企業である。緑茶に先行して技術開発に成功したウーロン茶と紅茶の飲料製品では、自社のマーケティング資源だけで市場を拡大することは難しいと考え、大手飲料メーカーにライセンス提供した。その結果、それぞれの企業から発売されたウーロン茶飲料、紅茶飲料は、カテゴリを代表するブランドとなり、伊藤園は市場シェアの点で後塵を拝してしまった。こうした経験から、緑茶飲料だけは必ず自社で市場を創造したいと考えたのだった。

　そのためには、清涼飲料市場全体における緑茶飲料、そしてお〜いお茶というブランドがどのような価値を実現するのかを明確にし、そこにマーケティング資源を集中させる必要があった。その際に伊藤園では、「飲料化比率」と呼ぶ指標を用いた考え方を手掛かりに、緑茶飲料のポジショニングを明確にしていった。

　「飲料化比率」とは、緑茶の茶葉のような原料の全消費量のうち、缶やPETボトルなどに入った飲料として消費される量の構成比を表す指標であり、次のような式で表される。

$$飲料化比率 = \frac{飲料容量（kl）}{飲料容量（kl）＋リーフ容量換算（kl）} \times 100$$

　飲料化比率に着目したきっかけは、次のようなものだ。緑茶、ウーロン茶、紅茶、コーヒーそれぞれの市場規模を調べてみると、消費量では緑茶が一番飲まれていて、次いでコーヒー、ウーロン茶、紅茶と続く。ところが金額で算出した市場規模では、コーヒーが緑茶を圧倒的に上回っていた。この逆転の理由はどこから来るのか。コーヒー豆が緑茶の茶葉よりも高いわけではなく、原料単価は緑茶のほうがはるかに高い。にもかかわらず、なぜコーヒーの市場規模が大きいのか。

　そして気がついたのは、コーヒー市場のうち3分の2は、缶コーヒーとして消費されている事実だった。つまり、どれほど飲料として飲まれているかという比率が、付加価値を計る上で重要だと気がついたのである。そして1996年当時の緑茶の飲料化比率は、コーヒーや紅茶の10分の1にすぎなかった。つまり、茶葉も含めた緑茶全体の市場は巨大であり、茶葉を用いて急須で淹れて飲む緑茶の需要を取り込むことで、緑茶飲料がまだまだ成長する余地があることを見通せるようになったのである。

　まとめると、飲料化比率は市場規模と連動していること、緑茶飲料の飲料化比率は他の茶系飲料と比べて非常に低いこと、したがって緑茶飲料市場は今後まだまだ大きく成長するということを、伊藤園では説得力を持って示すことができるようになった。

⟐ 緑茶飲料の成長性の可視化

　他の飲料製品との相対的な関係から、緑茶の飲料化比率は将来的に30％以上に達するという、明確なビジョンを持てるようになった。その根拠は次のように説明された。当時ウーロン茶の飲料化比率は50％前後、紅茶とコーヒーは約30％でほぼ安定していた。これらの飲料化比率の違いは、喉の渇きを癒す「止渇性」の強いウーロン茶飲料と、味わいを楽しむ「嗜好性」の強い紅茶・コーヒーという飲料の性格の違いに起因していると考えられた。これに対し緑茶は、止渇性と嗜好性の両方の性格を備えると考えられるため、最終的に緑茶の飲料化比率は30〜50％の範囲に達すると予測されたのだった。この考えを用いると、1996年に飲料化比率がわずか4.4％で935億円だった緑茶飲料市場は、やがて30〜40％に達すれば6,000

～8,000億円の規模に成長するという見通しを持つことができる。

　こうして伊藤園の社内では、緑茶飲料市場が実質的な成長期に入る以前から、お～いお茶が実現するポジショニングを見据えたマネジメントが可能になった。緑茶市場の成長可能性を確信し、お弁当などと一緒に買われる製品として同社の強みであるルートセールスによる営業を強化するだけでなく、新たな飲み方を提案し、緑茶の引用シーンを広げるような取り組みにも注力していった。例えば、小型PETボトルの利用が始まった1996年には、伊藤園がいち早く500mlPETボトル入りのお～いお茶を発売した。さらに2000年には、世界で初めてホット専用のPETボトル入り緑茶飲料も発売した。こうした取り組みにより緑茶の飲用シーンは大幅に拡大し、緑茶飲料が広く普及していくことになった。

　伊藤園によって可視化された緑茶飲料の潜在的な市場機会は、他の飲料メーカーが参入する上でも有用なものだったに違いない。実際、1990年に清涼飲料市場全体のわずか0.5％を占めるに過ぎなかった緑茶飲料市場には、その後、大手飲料メーカーが次々に参入した。1997年の緑茶飲料市場は前年比21.2％増、翌1998年にも28.9％増という急速な成長を遂げた。そして2000年にキリンビバレッジが発売した緑茶飲料「生茶」の大ヒットにより、各メーカーが参入した「第一次緑茶戦争」を経て、2001年には無糖茶飲料で最大シェアの烏龍茶飲料市場を抜き、2003年以降は2,171億円と、清涼飲料市場全体の10％以上のシェアを占める規模にまで成長した。さらに2004年のサントリーの「伊右衛門」のヒットをきっかけとした「第二次緑茶戦争」を経た2005年には4,470億円規模へと躍進したのである。

長期的なビジョンに基づく一貫した事業展開

　他の飲料メーカーの参入によって活性化した緑茶飲料市場では、一方で、カテゴリ内のブランド間競争も激しくなる。その中で、最大のシェアを誇るお～いお茶は、他のブランドには真似のできない独自の価値を実現していると言える。その要因の1つが、伊藤園が2001年から展開している、国内外での大規模な生産農家の育成事業である。生産者に対して、スケールメリットを活かした大規模茶園経営と機械化による省力管理、生産・加工に対する伊藤園独自の生産技術の導入を行い、そして安定した単価での全量取引を行うという契約を結ぶことによってサポートを行っている。お茶の産地育成は、10年単位の時間がかかるが、茶農家と茶園面積がともに減少傾向にあるのに対して、緑茶飲料比率にもとづき消費量は増加が見込まれ

第7章

るため、供給と需要とのギャップは年々大きくなるという市場予測が、こうした取り組みの背景にある。

　こうした取り組みの結果、伊藤園では、緑茶のトレーサビリティ（生産・流通における履歴）が確立され、「自然」で「安全」なお茶づくりも一貫して推進できるようになった。お茶本来の自然な作り方にこだわる伊藤園では、緑茶の抽出液を用いることなく、茶葉を独自の技術でブレンドすることで均一な味の大量の飲料生産を可能にしている。産地から販売までを管理している伊藤園では、ある消費者がコンビニの棚から手にとった緑茶飲料が、どこの工場で作られ、400〜500ある契約農家のどの茶葉を用いており、さらに各農家がどんな農法を用いたのかまで、履歴を特定できるのだ。

　市場の中でのポジショニングが明確となったことで、こうした長期的な緑茶飲料市場のビジョンに基づく事業も可能になったと言える。

3 ポジショニング先行型のブランド

✧ ブランド・ポジショニング

　ポジショニングとは、「標的顧客のマインド内に、際立った価値ある場所を占めるべく、企業の提供物やイメージを設計する行為」である（コトラー＆ケラー2008、ケラー2010）。通常、ポジショニングの決定には、それに先立って、標的市場と競争の性質を明確化することが求められる。つまり、ターゲットとなる市場セグメントの消費者がどのようなニーズを持っており、主要な競争相手は誰で、そうした競合ブランドと比較をした時に当該ブランドがどのような競争優位性を持つのかという理解をもとに、ポジショニングが定義される。

　ただし、伊藤園が「缶入り煎茶」を発売した時点では、今日のような緑茶飲料市場は存在していなかったため、適切なセグメンテーション（市場細分化）やターゲティング（標的市場の設定）も、その時点では不可能だったと言える。その後、お〜いお茶というブランド（Column 7 - 1）としてリニューアルした伊藤園の緑茶飲料は、むしろセグメンテーションやターゲティングではなく、ポジショニングを先行させることによって、市場の中で当該ブランドがどのような存在であるかを明

Column 7 - 1

ブランドの名前

　ブランドの名前は重要な決定である。あらゆるブランドの連想は、つまるところブランド名を通じて伝えられるためだ。ここでは、ブランドの名前をどのように決定すべきかについて、基本的なガイドラインを確認したい。

　前提として、ブランド・エクイティ構築のためには、そのブランドが記憶されやすく、購買において再生・再任されやすいこと、そして、好ましく意味がある連想を伝えることができることが重要となる。それを踏まえて、Kostelijk & Alsem（2020）では、⑴弁別可能であること、⑵商標登録が可能であること、⑶ブランド連想が容易に結び付けられること、⑷ネガティブな/誤解を招くような意味を含まないこと、⑸インターネット上で利用可能であること（例えばURLが取得可能であること）、という5つのガイドラインを提案している。

　伊藤園が初めての緑茶飲料の名称として用いた "煎茶" は、茶葉販売業者には高級さを連想させる言葉だったが、一般消費者には "まえちゃ" と誤って読む人もいるほど認知度が低かった。これに対して、テレビCMのセリフとして認知度の高かったお～いお茶というブランド名は、消費者にとって記憶に残りやすく、使用シーンが想起しやすい、ユニークな名称であると理解できる。

　さらに、ブランドの名前は、どれほど特定の技術や使用機能と結びついているかによって、その抽象度に違いが生じる。一方で、「BBC（英国放送協会）」やカルビーの「ポテトチップス」のように、特定の技術及び使用機能を指し示すような具体的なブランド名には、それがどのような製品なのかを消費者が理解しやすいという利点がある。しかし、もし技術や使用機能を変更する場合に、ブランド名もまた変更する必要があるだろう。対照的に、「Apple」や「無印良品」など抽象的なブランド名は、特定の技術や使用機能と結びついていないため、ブランド拡張を行った場合にも、多様な製品に対して同一のブランド名を使用することが可能になるだろう。

確化し、結果として緑茶飲料市場という、標的と呼べる新たな製品市場を確立していった。

　ブランドを適切にポジショニングするためには、「差別化ポイント（Point of Difference）」と「類似化ポイント（Point of Parity）」の活用が有効であることが知られている（ケラー 2010：pp. 130-134）。差別化ポイントとは、競合ブ

ランドに対する優位性となる、当該ブランドの属性やベネフィットのことだ。一方、類似化ポイントとは、ある製品カテゴリに対して消費者が期待する、あるいは競争相手が持っているベネフィットや属性を、当該ブランドも持っていることを指す。ある製品カテゴリに新しく発売されたブランドが、差別化ポイントだけではなく類似化ポイントを十分に確立しておくことで、消費者が安心して製品を受容することが可能になる。

　伊藤園が初めて緑茶飲料「缶入り煎茶」を発売した当時、流通や消費者に受け入れられずに苦労したのは、他の飲料製品に対する緑茶飲料のポジショニングが曖昧だったために、急須で淹れて飲むお茶と比較されて「高すぎる」と評価されたことに一因をみることができる。対照的に、ブランド名をお〜いお茶に変更して徐々に市場拡大をした時期には、先行して消費者に受容され売上げを伸ばしていた無糖茶飲料（ウーロン茶飲料や無糖の紅茶飲料）に対する「類似化ポイント」として、「無糖」や「健康によい」という属性が認知されたことが貢献したと言える。同時に、他の無糖茶飲料に対する「差別化ポイント」としては、緑茶が昔から食事とともに飲まれてきた、日本人にとって馴染み深い飲料であったことが指摘できる。その結果、緑茶飲料はコンビニエンスストア等で昼食用の弁当と一緒に購入されるなどして、急速に市場を拡大していった。

【図7-2　ブランド・ポジショニングにおける差別化ポイントと類似化ポイント】

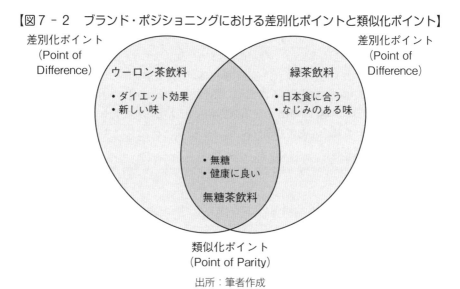

出所：筆者作成

✧ ポジショニングの明確化による市場の見通し

　その後、緑茶飲料がさらに市場を拡大した時期には、ウーロン茶等の無糖茶飲料だけではなく、コーヒーや有糖の紅茶などより大きな市場規模の飲料製品との相対的な関係から、緑茶飲料市場のポジショニングがいっそう明確化されていった。コーヒーや紅茶は、緑茶飲料と直接的な代替関係にあるわけではないが、伊藤園では「飲料化比率」というセオリーを用いて、そうした他の飲料のカテゴリと同様に、緑茶飲料も原料である茶葉のうち飲料として消費される比率が高まるはずであり、そうなれば緑茶飲料は将来的に数千億円規模の市場になるだろう、という見通しを得たのだった。

　その結果、緑茶飲料の潜在的市場規模とお～いお茶ブランドの成長性を確信した伊藤園では、ブランド価値の実現のために一貫した行動を取ることができるようになった。こうした行動には、短期的な成果に結びつく営業やプロモーションといったマーケティング活動だけに留まらず、茶農家の育成事業のような長期的な視野に基づく取組みも含まれていた。ブランドと消費者との間に実現されるべき関係性が明確に意識されることにより、将来的なサプライチェーンの構築や、トレーサビリティの確立、「自然」や「安全」を実現するための生産技術など、他社には容易に模倣できない競争優位性の実現が可能になったと言える。大手飲料メーカーが激しい競争を繰り広げる緑茶飲料市場の中で、伊藤園がトップシェアを維持している理由は、単なる先行者利益にあるわけではなく、こうした差別化された企業行動によって理解することができる。

4　おわりに

　本章では、ブランド・ポジショニングの意義、とりわけ製品の新規性の高さゆえに、いまだ明確な製品市場が定義できない場合でも、ブランドが実現すべきポジショニングを明確化することの重要性を確認してきた。

　全体市場の中で、ブランドが自らの位置づけを明確に定義できるようになれば、仮に新規の製品ゆえに市場環境が不確実な状況でも、消費者にとっては他の製品との関係性から類推して、当該ブランドがどのような製品かを理解することが容易に

Column 7 - 2

差別化されたブランド間の競争による市場拡大

　同じ製品カテゴリを構成する製品が互いに差別化されており、それぞれのブランドのポジショニングがユニークで、異なる消費者ニーズに対応する場合、企業間の競争を通じてむしろ市場全体のパイが拡大することが起こりうる。伊藤園が切り拓いた緑茶飲料市場にも、その後大手飲料メーカーを始め多くの競合他社が参入したが、結果として市場規模自体が急速に拡大し、伊藤園の売上・利益自体も成長を続けた。

　実際、緑茶飲料市場の１つの転機となったのは、2000年のキリンビバレッジによる新製品・生（なま）茶の投入であった。2000年に発売された生茶は、先行ブランドが緑茶の苦み・渋みを含む本格的な味わいを重視したのに対し、摘みたての軟らかな生茶葉から抽出した成分（テアニン）を配合し、深く柔らかな「うま味」によって差別化した製品だった。生茶の大ヒットに伴い、緑茶飲料の生産量は100万klの大台を突破した。その一方で、競合する伊藤園のお～いお茶や、コカ・コーラグループの「なごみ緑茶」など既存ブランドも実績を落とさず、カテゴリ全体として大幅な伸びを見せた結果、1990年には、清涼飲料市場全体の0.5％を占めるに過ぎなかった緑茶飲料は、2001年には烏龍茶飲料を追い抜き、2003年には清涼飲料市場の10％以上のシェアを占める規模にまで成長した。

　その後も、2003年には花王がトクホ（特定保健用食品）を取得した緑茶飲料「ヘルシア緑茶」を発売し、それまで漠然と健康によいイメージがもたれていた緑茶飲料に科学的証明に基づく「カテキンの健康機能」という新たな価値を持ち込んだ。2004年には、サントリーが、京都の老舗茶舗である福寿園と提携し、本格的な味わいと感性的価値を重視した伊右衛門を大ヒットさせた。こうした各社の展開は、「緑茶戦争」と呼ばれる熾烈な競争状況を生み出したが、消費者を緑茶飲料へと向かわせるきっかけにもなった。緑茶飲料市場の市場規模は、2004年には4,000億円を突破し、清涼飲料の中でコーヒー飲料、炭酸飲料に次ぐ市場となっている。

なるだろう。また、新製品を販売する企業にとっても、望ましいブランド・ポジショニングを実現するために、積極的なマーケティング投資を含む、一貫した行動を取ることが可能になるだろう。

　伊藤園のお～いお茶の事例では、ブランド・ポジショニングを起点とすることで、

市場環境が不確実な中でも統合的なマーケティング行動が可能となり、結果として緑茶飲料市場という新たな製品カテゴリが形成されたプロセスを見てきたが、ブランド・ポジショニングの明確化は、必ずしも新規性の高い製品だけではなく、既存市場の成熟化や大きな市場環境の変化に直面するゆえに、今日では有望な潜在市場を想定することが困難な製品においても、有効なアプローチであると考える。

　ただし、そうした行動が可能となるためには、従業員やパートナー企業を含む多様なステークホルダーが、ブランド・ポジショニングを理解し、それに対してコミットメントを提供することが不可欠となる。そのために、必ずしも「飲料化比率」のような指標であるとは限らないが、ブランド・ポジショニングを理解し、共有するうえで効果的な表現を工夫することは重要になるだろう。

❓ 考えてみよう

① 　現在の緑茶飲料市場を構成する主要なブランドを複数挙げ、それぞれのポジショニングの違いを調べてみよう

② 　Column 7 - 1 を参考にして、世の中に存在するブランドの名前が、どのような経緯で決められたのか、それは具体的か、抽象的か、ブランドのマネジメントにどのような効果・制約をもたらすかを議論してみよう

③ 　Column 7 - 2 を参考にして、緑茶飲料以外でも、複数のブランド間の競争を通じて市場全体のパイが拡大した事例を探してみよう

次に読んで欲しい本

• 石井淳蔵・栗木契・清水信年・西川英彦・水越康介・吉田満梨（2009）『ビジネス三國志―マーケティングに活かす複合競争分析』プレジデント社。

　☆6つの製品市場の事例研究を通じて、差別化されたポジショニングの競合製品によって市場が拡大するプロセスを理解できる。

第 **8** 章

市場のカテゴリを創造する
ブランド：

サントリー食品インターナショナル
〈GREEN DA・KA・RA〉

1　はじめに
2　サントリー食品インターナショナル
　　「GREEN DA・KA・RA」
3　市場のカテゴリとしてのブランド
4　おわりに

第1章
第2章
第3章
第4章
第5章
第6章
第7章
第8章
第9章
第10章
第11章
第12章
第13章
第14章
第15章

1　はじめに

　特定の製品カテゴリを構成する個々の製品群の名称としてブランドを捉えるなら
ば、消費者にとってのブランドは、製品カテゴリを構成する異なる製品やそれぞれ
のポジショニングを識別するための記号とみなされるだろう。例えば、見た目や味
では区別が難しくとも、ブランドがあることで「コカ・コーラ」と「ペプシコー
ラ」は異なるものと認識することができる。一方で、ブランドが体現する価値が明
確化され、そうした価値を媒介に消費者と強い絆が形成される時、それを軸に異な
る製品カテゴリへのブランド拡張が可能となる（第1章Column1‐2参照）。
　本章では、そうしたカテゴリを超えたブランド拡張の結果、ブランドが複数の製
品間の同質性を担保し、製品カテゴリに代わる市場のカテゴリとして機能しうるこ
とを確認する。サントリー食品インターナショナルの「GREEN DA・KA・RA
（グリーンダカラ）」を事例として取り上げ、マネジメントにおける示唆を考察する。

2　サントリー食品インターナショナル
　「GREEN DA・KA・RA」

⊕ DAKARAの大ヒットによる機能性飲料市場の形成と市場成熟

　サントリーが、大塚製薬の「ポカリスエット」とコカ・コーラグループの「アク
エリアス」の独壇場だった成長市場に参入すべく、本格的なスポーツ飲料の製品開
発に着手したのは1996年のことだ。ただし開発チームは、スポーツ飲料市場で6
割のシェアを占めるポカリスエットをベンチマークに消費者調査をする中で、それ
が必ずしもスポーツ時に飲まれているわけではないことに気付いた。例えば、飲用
シーンとしては約75%の人が「スポーツ時」をイメージするにもかかわらず、実
際にスポーツ時に飲用している人は約17%に過ぎなかった。つまりスポーツ飲料
とは、実際には風呂上がりや二日酔いの時などに頻繁に飲まれる、いわば「生活飲
料」であるというインサイトを得たのだった。
　そこから、「残業や外食などにより、不規則で偏った生活を送る二十歳代の社会

人」をコアターゲットにした、「現代人の３つの不足（カルシウム・マグネシウム・食物繊維の不足）と３つの余分（脂肪代謝・塩分排出・カロリーオフによる過剰摂取の解消）に対応する」という、機能性訴求の革新的な製品コンセプトが固まった。味づくりにも徹底的にこだわり、４年という異例の開発期間を経て、2000年３月に発売されたブランドが「ライフパートナー DAKARA」だった。

　結果としてDAKARAは、年間1,000万ケース（１ケース24本）が大ヒットの基準と言われる清涼飲料市場で、2000年内に1,500万ケースを販売した。その後も、2001年に2,400万ケース、2002年に3,400万ケースと売上を伸ばしたが、2003年頃から売上成長は伸び悩みを見せるようになった。

　停滞の主な原因は、ブランドを取り巻く市場環境の変化にあった。DAKARAのヒットは、スポーツ飲料市場で差別化されたポジショニングを実現しただけでなく、「機能性飲料」と呼ばれる新たな製品カテゴリを創出するきっかけとなった。しかし、その結果生み出された市場機会には、アミノ酸飲料など他の機能性飲料の新商品が次々と追随し、カテゴリ内の競争圧力が高まっていた。加えて、2000年以降急速に市場を拡大した緑茶飲料やミネラルウォーター、特定保健用食品（トクホ）の表示認可を受けた飲料など、機能性飲料カテゴリ以外の飲料製品も、消費者の健康志向の追い風を受けて売上を伸ばしており、カテゴリ間の競争も激しくなっていた。

　つまり、「機能性」を軸とする独自のポジショニングと優れたマーケティング戦略によって新市場を開拓したDAKARAだが、健康機能に対する消費者ニーズが顕在化されると、そこに追随する他社の行動を誘発し、結果的に機能性飲料市場が成熟する事態に陥ったと言える。

✥ "やさしい"機能性飲料、新ブランド GREEN DA・KA・RAの発売

　こうした市場環境の中で、サントリー食品インターナショナルは、2012年４月に新しい機能性飲料のブランドGREEN DA・KA・RA（グリーン ダカラ）を発売した。「子供に安心して与えられる、心とカラダにやさしいスポーツドリンク」というコンセプトで開発されたGREEN DA・KA・RAの特長は、11種類の天然素材（グレープフルーツ・レモン・ゆず・はちみつ・さとうきび・トマト・果糖・食塩・キダチアロエ・海藻・黒ごま）と純水だけを原料として製造され、素材由来のミネラルやアミノ酸によって健康機能と水分補給を実現したことだった。

　DAKARAを含む従来のスポーツ飲料は、健康機能を実現するために化学的な添加物を含んでいたが、それを敬遠する消費者も存在した。そこで、実際には幅広い顧客層をターゲットとしつつも、「子供に安心して与えられるくらいやさしいものを」という思いから象徴ターゲットを親子とし、「親子を笑顔に」「やさしさの循環」というブランド・ビジョンの下にマーケティングが展開された。

　人工甘味料を使わず、カラダにやさしい素材でつくったスポーツ飲料というユニークさは、自然・安心の記号である「GREEN（グリーン）」に、元々機能性飲料としてのイメージを持っていたDAKARAを掛け合わせることで表現した。ボトルのデザインでは、緑色のキャップと、DAKARAのシンボルの赤いハートマークを緑色に変えたデザインが採用された。プロモーションでは、「グリーンダカラちゃん」と呼ばれる小さな女の子が登場し、自然由来の素材を使った点を紹介するテレビCMを4月〜8月にかけて集中的に放映した。また、公益財団法人日本学校保健会の推薦を得て、小学校や幼稚園で水分補給の重要性を啓蒙する出張授業を行った。

　こうした取組みの結果、2012年の販売数量は、当初計画の660万ケースを大きく超える1,000万ケースを達成した。ヒット理由の一端は、GREEN DA・KA・

【写真8-1　DAKARA（左）】　　　【写真8-2　GREEN DA・KA・RA（右）】

出所：サントリー食品インターナショナル株式会社　提供

RAの優れたポジショニングから読み説くことができる。機能性飲料カテゴリ内では、天然素材のみを原材料とする点で他のブランドに対する競争優位性を実現し、緑茶やミネラルウォーターといったそもそも添加物の少ない他カテゴリの飲料に対しては、より優れた水分補給と機能性により差別化できたと考えられる。

　ただし、GREEN DA・KA・RAブランドの今日までの成功は、既存カテゴリを前提としたポジショニングの優位性だけでは十分に捉えることができない。なぜなら、その後GREEN DA・KA・RAブランドは、「親子を笑顔に」「やさしさの循環」という一貫したビジョンのもと、無糖茶飲料や果汁飲料、栄養機能食品などを発売し、機能性飲料という製品カテゴリを超越したブランド拡張を遂げたためだ。

✧ GREEN DA・KA・RAのカテゴリ横断的なブランド展開

　GREEN DA・KA・RAが大ヒットした翌年2013年7月に、サントリー食品インターナショナルが発売したのは、日常生活でなじみのある7つの素材（大麦・玄米・はと麦・大豆・白米・黒ごま・海藻）と純水だけで製造し、素材由来のミネラル、アミノ酸、食物繊維を含む無糖茶飲料「GREEN DA・KA・RA やさしい麦茶」だった。開発のきっかけは、象徴ターゲットである親子の日常的な水分補給について家庭訪問調査などで観察した結果、「麦茶」が最も一般的で伸長しているカテゴリである実態を発見したことだった。

　一方で、従来の麦茶飲料は、煮出した濃いめの味わいが中心であったことから、「大人から子供まで誰もがおいしく飲むことができるすっきりした味わいの麦茶」という製品コンセプトが着想された。機能性飲料のGREEN DA・KA・RAと同一ブランドから麦茶を発売することについて社内で反対意見もあったが、ブランドが実現すべき「心とカラダにやさしい」という価値をよりいっそう拡張していくために、既存のカテゴリに囚われない製品導入に踏み込むことを決めた。実際に発売後の「やさしい麦茶」は好調な売れ行きを示し、2013年のGREEN DA・KA・RAブランド全体の売上は、2,000万ケース規模に達した。

　GREEN DA・KA・RAブランドでは、その後も製品カテゴリを柔軟に横断した新商品の展開を続けている。2017年には、1個分のトマト果汁を使用した缶入りの果汁飲料「GREEN DA・KA・RA すっきりしたトマト」を自動販売機専用商品として発売、2018年6月からは、熱中症対策の意識が高まる夏場に、冷凍しても美味しく塩分・水分補給できる「GREEN DA・KA・RA 塩 ライチ＆ヨーグルト」

を発売した。さらに2019年には、牛乳と混ぜて簡単に作れる栄養機能食品「GREEN DA・KA・RA まぜまぜスムージー」と、野菜や果物で作られ保存料・人工甘味料不使用の「GREEN DA・KA・RA やさしいゼリー」を発売するなど、飲料以外のカテゴリを含むブランド拡張により、ブランド全体の年間販売数量は4,230万ケース（前年比112%）を達成している。

⊕ ブランド・ビジョンを実現する手段としての製品開発

　GREEN DA・KA・RA ブランドは、製品カテゴリを跨いだ多様な製品から構成されるが、そうした製品は、天然素材を原料とし、「やさしさ」という普遍的な価値実現を目指す点で一貫性を維持している。ブランド・ビジョンを軸とするマーケティングの特徴は、新製品開発プロセスにも表れている。一般的な飲料製品の開発では、例えば「甘いものは摂りたくない」、「カフェインは控えたい」など、既存製品への不満の改善からアイデアが生み出されることが多いが、GREEN DA・KA・RAの製品開発では、家事・育児を負担する夫婦や、子供の栄養を心配する母親、自身の健康を心配する単身男性など、日々を生活する人々の思いに根付いた普遍的な課題をまず発見し、それを解決するために製品開発に取り組んでいる。こうした発想を、社内では「やさしさは気づくことから」という言葉で表現しており、だからこそ特定の製品カテゴリに縛られない展開が求められると言える。

　企業の多様な技術シーズに基づき、また消費者の多様な使用シーンで消費される、GREEN DA・KA・RAのカテゴリ横断的な製品展開を束ねる唯一のものは、ブランドが人々との関係の中で実現しようとする世界観、すなわち「親子を笑顔に」・「やさしさの循環」というブランド・ビジョンである。特定の製品カテゴリにおける製品導入は、あくまでその実現手段として捉えられている。

　サントリー食品インターナショナルでは、2018年4月から、GREEN DA・KA・RA ブランドの売上の一部を、貧困や生まれ育った環境によって教育の機会が得られない、また衣食住が十分確保されていない子供たちを応援するプロジェクト「子供の未来応援基金」（運営事務局は、内閣府、文部科学省、厚生労働省および独立行政法人福祉医療機構）へ寄付する取組みも開始した。こうした社会的活動もまた、ブランド・ビジョンを実現するための手段であり、一貫した活動として理解することができる。

3　市場のカテゴリとしてのブランド

　ブランド・ビジョンを中核とし、カテゴリ拡張的な製品展開を行うGREEN DA・KA・RA ブランドの展開からは、ブランドのマネジメントについて、いくつかの示唆を得ることができる。ここでは、製品カテゴリに代替する市場のカテゴリとしてのブランド、カテゴリ横断的なブランド展開による競争優位の実現、製品カテゴリ横断的なブランド拡張に伴うリスクについて、以下で確認していきたい。

❖ 製品カテゴリに代替する市場カテゴリとしてのブランド

　市場に存在する製品・サービスを、企業や消費者は、一般に「製品カテゴリ」と呼ばれる分類体系によって識別している。清涼飲料市場を構成する「緑茶飲料」や「ミネラルウォーター」、そして2000年にDAKARAが発売されたことをきっかけに新たに創出された「機能性飲料」も、そうした製品カテゴリの一種である。同じカテゴリに分類される複数の製品は類似した特性を持つと考えられるため、例えば「機能性飲料」に分類される製品には、水分補給だけではなく健康機能という価値があることを消費者は同じように期待するだろう。製品カテゴリを参照することで、企業は漠然とした全体市場の中で自社製品の位置づけや競合との関係を認識できるようになるだろうし、消費者は購買の際にまず製品カテゴリを想起し、その上でカテゴリを構成する代替品から選択する、といった効率的な意思決定が可能になるだろう。

　ただし消費者は、必ずしも「緑茶飲料が飲みたい」、「スポーツ時に最適な水分補給をしたい」といった、特定の製品カテゴリに対応するニーズを形成するとは限らない。例えば、「子どもにも安心して与えることができる飲み物」や「おしゃれなライフスタイル」を求める場合など、ニーズの抽象性が高い場合には、目的を実現する手段の中に、まったく異質な製品カテゴリに分類される多様な代替品が想定されるだろう（Column 8 - 1）。

　GREEN DA・KA・RAに見られるような、製品カテゴリの境界を越えて拡張するブランドは、そうしたより大きな顧客価値を実現する手段として、そのブランドの内部に多様な製品を抱えていると捉えることができる。ブランド拡張には、ブラ

第8章

Column 8 - 1

目的志向カテゴリ

　一般に製品カテゴリは、何らかの製品・技術の属性において共通性を持つゆえに、代替関係にある製品の集合と考えられている。ただし、消費者の使用における代替性を考えると、必ずしも共通の属性を持つ製品ばかりが代替関係にあるわけではないことに気が付く。例えば、「ダイエット中に食べるもの」には、カロリーが低いものであれば多様な食品が代替品となるだろうし、「彼女に贈るプレゼント」には、彼女が喜んでくれそうなものであれば、花束やアクセサリーなどの多様な製品や、旅行や美味しいレストランでの食事までの多様なサービスが、候補として思い浮かぶだろう。

　このように、市場に存在する多様な製品・サービスを分類・識別するために消費者が使用するカテゴリには、その都度の目的によって、アド・ホックに創り出されるタイプのものがあり、「目的志向カテゴリ（Goal-derived categories）」と呼ばれている（Barsalou 1985）。目的志向カテゴリでは、カテゴリを構成すると想定されるメンバーは常に一定ではなく目的によって変動する。消費者行動研究では、目的に対して適切であるようなメンバーの類似性認識が実際に高まり、異なる製品カテゴリの製品を考慮集合に含む傾向があることが、実験を通じても明らかにされてきた。

　徳山（2003）によれば、ブランド論の研究ではBoush（1993）を端緒に「カテゴリとしてのブランド」についての議論が展開されてきたという。つまり、既存の製品カテゴリを超えた複数の製品からなるブランドの構造は、あるブランド・ネームで括られた商品群というカテゴリとして捉えることができるという理解である。実際に、ブランドが実現しようとするビジョンが、消費者・生活者にとっての目的と近いものであり、それを実現するための代替的な手段としての製品・サービスをブランドが包括的に提供できるほど、カテゴリとしてのブランドは、目的志向カテゴリのように消費者行動に対する影響力を持ちうると考えられる。

ンド特有の原料や成分を活用した新製品の導入（技術に基づく拡張）や、顧客の使用シーンからみた補完製品を導入すること（使用機能に基づく拡張）など、異なるパターンが存在するが、いったん企業と消費者との間で実現すべき価値やブランドの「らしさ」が明確になれば、今度はそうした価値が中核となり、製品・機能、使

用機能のいずれに対しても横断的な製品展開が可能になる（石井 1999）。

　そうしたブランドの「らしさ」を中核とした絆が十分に確立されるならば、消費者が市場に無数に存在する製品を識別するための枠組みとして、製品カテゴリに代わる機能をブランドが果たすことができるだろう。

【図8 – 1　製品カテゴリに代替する市場カテゴリとしてのブランド】

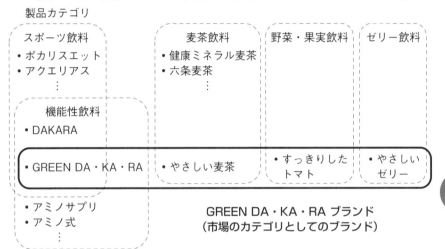

出所：筆者作成

✛ カテゴリ横断的なブランド展開が実現する競争優位

　ある企業の提供する製品が、競合よりも消費者から支持され、結果として大きな売上や利益を達成するためには、他製品にはない独自の価値が必要となる。そうした競争優位の実現は、既存の製品カテゴリの範囲内での製品差別化によってもある程度は可能だ。しかし、スポーツ飲料市場を狙って発売された革新的な製品コンセプトの新製品DAKARAが、機能性飲料という新たな製品カテゴリを創造したように、企業がきわめて差別性の高い製品を提供し、それに対する固有の消費者ニーズが形成される場合には、市場に新たな製品カテゴリが創出されることがある。そうした企業は、新たな製品カテゴリで独占的な地位を得ることが可能になるだろう。

　ただし、ある企業が創造した市場機会が魅力的なものと見なされれば、遅かれ早かれ、他社もまたその市場に参入すると考えられる。とりわけ、新たな製品カテゴ

Column 8 - 2

価値次元の可視性

　「価値次元の可視性」は、イノベーションや競争戦略の研究で提唱された概念であり、「その製品（サービス）にユニークな価値を普遍的かつ客観的に測定可能な特定少数の次元に基づいて把握できる程度」を意味している（楠木・阿久津2006、楠木2011）。

　企業が新たな製品を開発して市場に導入することにより、これまで支配的だった価値を再定義し、製品の価値次元を新しいものへと転換することは、「バリュー・イノベーション」と呼ばれている（キム＆モボルニュ2005）。「スポーツ時の水分補給」という価値次元で競争していた従来のスポーツ飲料に対し、「機能性成分の補給」という価値次元へと転換したDAKARAもまた、バリュー・イノベーションの例と言える。企業は、こうした価値次元を転換するイノベーションによって、代替製品に対する強力な差別化を実現し、従来とは異なる新たな市場で独占的な地位を得ることができる。

　ただし、バリュー・イノベーションによって実現される競争優位性が持続可能かどうかは、「価値次元の可視性」の程度によって大きく異なることが指摘されている。例えば、あるスマートフォンの新製品が人気の理由を、そのメモリ容量やカメラの画素数といった機能的価値に還元できるのであれば、価値次元の可視性は高いと言える。その製品の価値の所在や価値の大きさが客観的に特定可能なため、競合他社もまた、より多くのメモリ容量や画素数を備えた製品で対抗することが可能だろう。そうなれば、イノベーションを生み出した企業の競争優位性は、短命に終わる。

　逆に、ある製品の価値の所在を客観的に定義できない場合には、価値次元の可視性は低くなる。価値が、消費者の主観的な評価に頼らざるを得ない場合や、消費者の購買・使用経験を通じて実現される場合などには、価値次元の可視性は低いと言える。

　製品自体ではなく、消費者との関係性において形成されるブランドの価値は、総じて価値次元の可視性が低いと言えるだろう。

リを構成する製品の価値が客観的で測定可能なものであるほど、先行企業の競争優位性は、他社にとっても模倣や追随が容易になる。例えば、健康機能を訴求する画期的なスポーツ飲料としてのDAKARAの優位性は、同様の機能性、あるいはより高い機能性を備えた他社製品の参入により、無効化される恐れがある。競争優位性

を実現しうる革新的な製品であっても、その「価値次元の可視性」が高い場合には、他社の追随が起こりやすく、持続的な顧客の支持を得られないという問題が起こりうるのである（**Column 8 - 2**）。

　逆に、ある革新的な製品の価値次元の可視性が低い場合、つまりどのような優位性を持つのかが定義しにくい場合には、他社が模倣することはより困難になるだろう。そうした視点で見ると、ブランドと消費者の関係性において形成されるブランドの「らしさ」は、極めて価値次元の可視性が低いと言える。ブランド価値は、1人ひとりの消費者が主観的に意味を見出すからこそ存在する価値であり、特定の製品属性に還元することはできないためだ。例えば、他社がGREEN DA・KA・RAのヒットに追随して、同じように天然素材だけを使った飲料を開発しても、親子の関係に象徴される「やさしさ」という価値を備えるとは限らない。GREEN DA・KA・RAのブランド価値は、差別化された製品属性だけでなく総体的なマーケティング・コミュニケーションを含む、ブランド・ビジョンを実現するための一貫した企業活動によって作り出されているためである。DAKARAとGREEN DA・KA・RAは、いずれも新たな市場カテゴリを創造した大ヒット商品だが、ブランドそのものが市場カテゴリを形成したGREEN DA・KA・RAの競争優位性は、その価値次元の可視性の低さゆえに、より持続的になる可能性がある。

◈ 製品カテゴリ横断的なブランド拡張のリスク

　既存の製品カテゴリを超えたブランド・ビジョンの実現を目指すことは、市場のカテゴリとしてのブランドの確立や、持続的競争優位の実現に貢献しうることを確認してきた。一方で、企業と消費者が市場を認識する上で用いる共通の枠組みである製品カテゴリを逸脱するようなブランド拡張が成功するには、製品カテゴリに代わり得るほど複数の異なる製品群を束ねる強いビジョンを、企業自らが明確に打ち出すことが必須の条件となる。仮にブランド・ビジョンやブランドの「らしさ」が十分に伝わらず、同じブランド名で展開される多様な製品間に消費者が一貫性を見出せなければ、ブランド拡張は失敗に終わるだろう。

　したがって、カテゴリ横断的なブランド拡張では、ブランドと消費者との間に強固な関係性を維持するための継続的なマーケティング努力や巧みなコミュニケーションが、単一の製品カテゴリ内のブランドのマーケティング以上に不可欠となる。GREEN DA・KA・RAの事例では、スポーツ飲料とはカテゴリの異なるやさしい

麦茶の発売に際して、テレビCMにグリーンダカラちゃんの実の妹である「ムギちゃん」をキャラクターとして起用することで、ブランドの統一性を効果的に伝えていることも、そうした工夫の１つと言える。製品カテゴリが変わっても、２人のやさしい世界観と、姉妹の成長と共にブランドが大きくなっていることが、ブランド全体に一貫性を生み出しているのである。また、日本学校保健会や子供の未来応援基金といった非営利組織と連携した社会的活動も、単なるプロモーション活動を超えた範囲で、ブランド・ビジョンを伝えることに貢献する活動と言える。

　グローバル・ブランドの例に目を転じれば、多様な製品ラインへの拡張を通じて成長を続けるスキンケア・ブランド「ニベア」を展開するバイヤスドルフ社では、ブランドの価値を維持・強化するために、製品のロゴや広告のビジュアルを世界中

【写真８−３　「グリーンダカラちゃん」と妹の「ムギちゃん」】

出所：サントリー食品インターナショナル株式会社　提供

118

で共通化するだけでなく、新製品の導入に関しても厳格なガイドラインを設けている。同社では、スキンケアクリームから始まったニベアを「マザーブランド」と位置付け、その周辺に、日焼け止め製品の「ニベアサン」、男性用スキンケアの「ニベア・フォー・メン」など、それぞれ独立のニーズに対応する「サブブランド」を展開することで市場を拡大している。その際「サブブランド」は、「マザーブランド」の資産を利用するだけなく補完することで、ブランドの世界観を強化するように設計されるため、ニベアクリームの持つ「ケア」や「マイルドさ」といった便益を伴うこと、最高位の品質を実現すること、求めやすい価格で提供すること等、満たすべき複数の条件が存在している。

4 おわりに

　本章では、GREEN DA・KA・RAの事例を題材としながら、ブランド・ビジョンを中心としたカテゴリ横断的なブランドの進化を見てきた。サントリー食品インターナショナルでは、GREEN DA・KA・RA以外でも、ブランドの「らしさ」を中核としたマーケティングに力を入れている。例えば、「働く人の相棒」という価値を体現する「BOSS」は、当初は缶コーヒーという製品カテゴリにおける製品ブランドだったが、現在ではBOSSブランドの傘下に、働く人のシーンに寄り添った多様なカテゴリの製品を展開している。例えば、デスクに飲料を置いて少しずつ飲みながら仕事をする"ちびだら飲み"の増加に対応すべく、2017年に「WORK & PEACE」をコンセプトにしたペットボトル容器の「クラフトボス」を発売して大ヒット商品となった。さらに2019年には、「クラフトボスTEA ノンシュガー」という「紅茶」の商品が発売された。ますます加速することが予想される現代の働き方・価値観の多様化に応えるために、コーヒー以外の新しい選択肢を提案したのである。こうした展開は、「働く人の相棒」というブランド価値がなくては理解できないものだろう。

　企業を取り巻く市場環境や、消費者が直面する生活環境は目まぐるしく変化するが、明確なブランド・ビジョンがある企業は、実現すべきビジョンと現状の製品とのギャップにいち早く気づき、ブランドとしての一貫性を持ちつつ、ギャップを解消するために新しいアイデアや技術などの資源を取り入れて、自らを革新していくことが可能になると言える。

❓ 考えてみよう

① 　GREEN DA・KA・RAと同様に、BOSSのカテゴリ横断的なブランド拡張について
も調べてみよう。ブランド・ビジョンを伝えるために、どのような工夫がみられ
るだろうか。

② 　あなたがGREEN DA・KA・RAやBOSSのブランド・マネージャーであるとした
ら、製品展開を含め今後どのようなマーケティングを行うべきだと考えるだろうか。
議論してみよう。

③ 　Column 8‐2を参考にし、「価値次元の可視性」の高いヒット商品、低いヒット
商品の具体的な事例を挙げ、競争環境との関係性を考えてみよう。

次に読んで欲しい本

- 清水信年「第3章　マーケティングの基本概念」、石井淳蔵・廣田章光・清水信年
『1からのマーケティング　第4版』碩学舎、2019年。
☆本章でも触れた「クラフトボス」の事例について理解できる。
- 野中郁次郎・勝見明『イノベーションの本質』日経BP社、2004年。
☆〈DAKARA〉の事例を含む13の革新的なヒット商品の開発プロセスを理解できる。
- 山口瞳・開高健『やってみなはれ　みとくんなはれ』新潮社、2003年。
☆数々の革新的な製品をヒットさせ、日本の飲料文化を創ってきたサントリーに通
底する企業文化を理解できる。
- 魚谷雅彦『こころを動かすマーケティング—コカ・コーラのブランド価値はこうし
てつくられる』2009年。
☆新しいブランドを作り出すマーケターの仕事について理解できる。

第 9 章

ブランド拡張を通じての
ブランド進化：

P&G〈ファブリーズ〉

第1章
第2章
第3章
第4章
第5章
第6章
第7章
第8章
第9章
第10章
第11章
第12章
第13章
第14章
第15章

1　はじめに
2　P&G「ファブリーズ」プロダクトと習慣
3　ブランド拡張とブランドの進化
4　おわりに

1　はじめに

　消費者が商品を長期継続的に購入してくれること、そしてさらに商品の使用機会と使用者を増やすことは、商品の売上拡大と企業の発展のためには目ざしたいところである。優れたブランドには、ブランドを付与した商品を消費者が継続購買してくれる効果を期待することができる。これをブランドのロイヤルティ効果という。この効果を生み出すには、ブランドのもつさまざまな機能のうちの１つである、ブランドの連想機能が関係する。ブランドの連想機能とは、あるブランドとそのブランドの特徴やイメージとのむすびつきのことである。

　この章では、習慣をベースにした商品の継続購買について考察する。これまで使用することのなかった新しい商品を消費者が使う習慣をつくり出し、さらにその商品を継続的に購買させるためにP&Gは「ファブリーズ」のマネジメントをどのように行ったのかを見ていくことにしよう。さらに、ブランド拡張によって、ファブリーズというブランドが商品の用途を広げ、使用者を増やしながら、製品／技術／用途を横断してブランド理念を深化させていくことをみていこう。

2　P&G「ファブリーズ」プロダクトと習慣

　ファブリーズはP&Gが世界で発売している消臭剤で、日本では1998年に発売された。発売当初は布製品についたイヤなニオイをリフレッシュするという特長で、カーテンやソファ、カーペット、ぬいぐるみなど、家庭での洗濯がむつかしい布製品の消臭というコンセプトで売り出された。最近では家庭だけでなく、例えば焼肉店などの臭いの強い飲食店や他者のニオイが気になる宿泊施設には、顧客サービスの一環としてファブリーズが用意されている店舗も多い。ファブリーズを振りかける行為は「ファブリーズする」などの新たな動詞が造語されるほど、われわれの日常生活に根付いてきた。１つだけでなく複数のファブリーズ製品がある家庭も多いのではないだろうか。カーテンやカーペットに振りかけて消臭する初期に売り出されたスプレー型、玄関や下駄箱用の置き型、消臭機能に除菌機能が加わったもの、車の中やペット周り、キッチン用、男性用など、これまで多くのバリエーションが

発売されている。

　かつて日本で消臭剤といえば嫌なニオイに別の芳香を被せて臭いを打ち消すタイプが主だったが、ファブリーズの発売以降は、ニオイの元を断って消臭するタイプが市場に増加していくことになる。マーケットがほとんど存在しなかったタイプの消臭剤の市場をファブリーズが開拓し、われわれの日常にどのように根付かせていったのか、そのストーリーをみていくこととしよう。

✧ 悩みを解決するための機能（消臭）から生まれたファブリーズ

　ファブリーズのアメリカでの開発エピソードを紹介しよう（デュヒッグ 2013）。ニオイのきつい動物の代表であるスカンクの世話をする自然保護官の女性がいて、彼女の家にはカーテン、カーペット、服、ベッドにいたるまでニオイが染みついており、はじめはうまくいく恋人候補を自宅に招いた途端、いつも恋がうまく行かなくなることに悩んでいた。そして原因が自宅に漂うニオイであることにも、うすうす気づいていた。この悩みを聞いたP&Gの開発者が、家のニオイの原因を調べたところ、家中の布に染みついた臭いが原因であることがわかった。そこで、これまで市場で主流であった「ニオイを覆う（悪臭に別の芳香を被せる）」タイプの消臭剤ではなく「ニオイを元から取り除く」タイプの消臭剤を開発することとなった。

第9章

【写真9‐1　ファブリーズ　ナチュリス】

出所：共同通信社

これがファブリーズである。

　彼女は自宅デートの前にファブリーズを家中のファブリックに振りかけるようにしたところ、ついに恋がうまく行くようになった。家に染みついていた悪臭が解消されたためだろうと、開発者に感謝の言葉を述べたという。これで確信を得たP&Gは「布のニオイを取る消臭剤」であるファブリーズは、カーテンやカーペットなど、屋内に布製品が多いアメリカでは爆発的に売れると予想し、発売することになった。しかし、実際には発売からしばらくたっても、売れ行きは芳しくなかった。屋内にファブリックが多いアメリカの家庭にはニオイが染みついているはずだ、つまり需要はあるはずなのに売れないのはなぜなのか。その原因を調べるために、開発担当者はファブリーズの無料サンプルを配布した主婦たちを調査してみることにした。

❖ 習慣をつくるブランド連想

　無料サンプルを受け取っていた主婦たちは総じて、サンプルをもらった直後はファブリーズの消臭力を高く評価していた。しかし、しばらく経つと、「掃除の後のファブリーズ」を忘れてしまった人が多いということがわかった。ファブリーズの消臭力を高く評価していたのに、なぜファブリーズをしなくなってしまったのか。担当者は、人は日常では自分の家の臭いに慣れてしまうため、他人にとって悪臭がする場合でも気づかず、消臭のための行為（ファブリーズすること）が日常的な習慣にならなかったためだと分析した。そこで、掃除の後にファブリーズの習慣をどうやってつくるのかを考えた。

　それには、ニオイを取り除くだけでなく、いい香りがするように香料の追加が必要だと考えた。消臭に加えていい香りが空間に漂うことで、掃除の最後のファブリーズが「スッキリする」「気分がいい」といった爽快感をもたらすような製品に工夫したのである。あわせてキャッチフレーズも「布の臭いを取り除く」から「生活のニオイを一新します」へと変更した。この「ファブリーズがもたらすいい香りや爽快感」は、ある種の報酬（＝爽快感という快の感情）となって人々の掃除の最後の新たな行為へとむすびつき、掃除の後のファブリーズという習慣が出来上がっていったという。この習慣こそが、商品の売上を大きく伸ばすことにつながった。人々の長期継続的な購買につながるからだ。

　ここでP&Gが行ったのは「布の臭いを取り除く」という商品の機能をマーケティ

【図9−1　ファブリーズの習慣のループ】

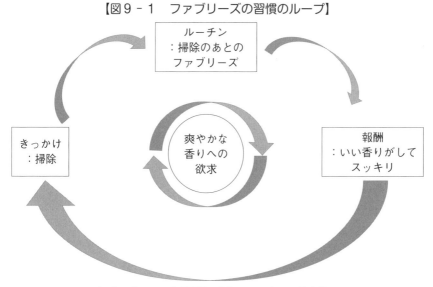

出所：デュヒッグ『習慣の力』108頁を元に筆者作成

ングで打ち出したのではなかったことだ。「家のニオイを取りたいから布の消臭機能を持つファブリーズをふりかける」という行動ではなく、「掃除の後にファブリーズして気分がよくなる、スッキリする」というように「掃除の仕上げにファブリーズ」というブランド連想を確立させたことがポイントである。この連想が、掃除の後にはファブリーズという新たな習慣を創り出し、ファブリーズの継続購入という状況を創り出すことに成功した。結果、それまで売上が芳しくなかったファブリーズは、再販されて約2か月間で売上が約2倍、1年で2億3,000万ドル以上を誇るまでになった。それ以降は現在まで、ファブリーズブランドで、洗濯洗剤、キッチンスプレーなど数十に及ぶ製品が発売されている。

⊕ 市場をつくる─日本での発売

　ファブリーズの日本発売は1999年だが、実はそれ以前から国内には既に衣類用消臭スプレーが存在していた。例えばある日用医薬品メーカーも類似商品をファブリーズに先行して発売していたが、その商品はあまり売れることなく、ファブリーズの爆発的なヒットを前に市場から撤退していた。当のメーカーの役員の方は、「非常に惜しいことをした、もう少し頑張っていればファブリーズのような大きな

市場を取れたのに」と嘆いたのである。しかし、果たしてそうだろうか？　この
メーカーは、製品の機能をマーケティングすることを得意とすることで有名な企業
で、機能を端的かつユーモアたっぷりに表した特徴的なネーミングをつけることと、
それをわかりやすく表現したTVCMで定評がある。そして、この企業が市場で先
駆けて発売した消臭スプレーもその機能を謳った素晴らしい商品であったが、結果
としてヒットすることなく市場から撤退していた。他にも衣類用消臭スプレーを販
売していた日本企業は複数あったが、その市場規模はわずか2-3億円程度で（栗
木・余田・清水 2006）、市場規模が非常に小さなニッチ市場だった。

　その理由は、日本で消臭剤といえば別の芳香を重ねて打ち消す置き型タイプが主
流であり、また米国と比較して日本の一般的な住宅はカーテンやソファなどのファ
ブリックの分量が少なくニオイがこびり付きにくい環境であったこと、さらにニオ
イが気になれば洗濯するという考えが一般的であったためだ。一般的な日本の家屋
は、一昔前は畳の家が多く、現在も畳自体は減少したものの、代わりにカーペット
を敷くよりフローリングのままの面積が大きく、カーテンの分量も少ない。ソファ
には一昔前はノリの効いた白い綿の布カバーが掛けられ、現在も布製ソファにはソ
ファカバーを使用する家庭も少なくなく、汚れやニオイが気になれば布を都度、洗
濯する。つまり、家屋を占める洗濯しづらい布の割合は、日本では圧倒的に少な
かった。こういった日本の市場では「布のニオイを取る」という商品のもつ機能を
アピールするだけで商品の大きなヒットにつなげるのは、さらに難しい。ファブ
リーズをヒットさせるには、ファブリーズというブランドから「布のニオイをと

【図9-2　ファブリーズの隣接市場】

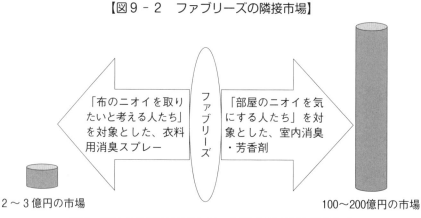

「布のニオイを取り
たいと考える人たち」
を対象とした、衣料
用消臭スプレー

ファブリーズ

「部屋のニオイを気
にする人たち」を対
象とした、室内消臭
・芳香剤

2～3億円の市場

100～200億円の市場

出所：『売れる仕掛けはこうしてつくる』26頁を元に筆者作成

る」とは別の何かを連想をさせる必要があった。

◈ 連想によるブランド拡張へ：消費者を連想でつなぐ

　ファブリーズは発売当初は主婦が購入し使用するという状況であったが、それでは売上の大きな伸びは期待できない。そこでP&Gは商品の購入者とユーザーの違いに注目し、この使用状況を変えて売上を伸ばすことをめざした。衣料用消臭スプレーは2-3億円の市場規模のニッチ市場であるのに対して、隣接する室内消臭・芳香剤は合わせて100-200億円規模の市場であり、ここに拡張できれば大きなマーケットを取れる。隣接市場に拡張することで年間100億円オーバー規模のブランドへと育てていくことをめざした。一般的に日本のメーカーは市場規模がまだ小さい場合は大きなマーケティング予算を割かないとされる中で、P&Gは市場がほぼ存在しない段階から大規模な予算を設定し消費者に働きかけていった。まずファブリーズの連想を「布のニオイをとる」から、より大きな需要が見込める「部屋のニオイを取る」に転換させることとし、そのために大規模なキャンペーンを展開してターゲットを「部屋のニオイを気にする人たちへ」とファブリーズブランドを拡張するための活動を行った。

　自家用車のニオイ、ソファに染みついたペットのニオイ、前日の夕飯が焼き肉だった日の来客対策にカーテンに染みついたニオイをファブリーズで消臭、子供が自室に友人を招く前のファブリーズなど、限定的なシーンで、製品のわかりやすい使用方法をTVCMで大量に放映していった（栗木・余田・清水 2006）。あわせて、例えばマラソン大会などのスポーツイベント会場や町の洗車場に「ファブリーズ隊」とよばれるマーケティングチームを派遣し、スニーカーや帽子、車のシートなど、実際にファブリーズの使い方のデモンストレーションを行ったり、スキー場やクラブ活動などで無料サンプルを配布するなどのプロモーションを行い、ファブリーズの使い方の啓蒙活動をしていった。

　ファブリーズが圧倒的なシェアを誇る衣料用消臭スプレーとは異なり、隣接する室内消臭・芳香剤の市場ではすでに各社から別のタイプの消臭剤や芳香剤が販売されており、シェアをめぐった激しい競争が展開されていたが、大規模な予算を投入したTVCMやイベントなどのプロモーションを組み合わせたマーケティング活動の結果、イヤなニオイの消臭にはファブリーズというメッセージが効果的に伝わった。それまで主婦だけが購入し使用していたファブリーズは、父親や子供などの家

127

族の他のメンバーも使用するようになり、1世帯当たりの消費量が増加して購入頻度が上昇した（栗木・余田・清水（2006）28頁）。発売後2年を経て前年比マイナス14％と売上の伸びに翳りが見え、休眠顧客（ファブリーズを購入していたが使用していなかった客）が40％もいたが、これらのプロモーションによって年間約80億円で伸び悩んでいたファブリーズの売上は約6割伸長して130億円に達し、さらにその翌年も続伸して170億円を超えた。その後もブランド拡張によって機能が異なるシリーズ商品を展開してブランドを成長させ、200億円規模の一大ブランドへと成長させていった。

3 ブランド拡張とブランドの進化

⟡ 1機能1ブランドからブランド拡張のマーケティングへ

　今では様々なバリエーションが発売されている〈ファブリーズ〉だが、発売元のP&Gのマーケティングは、かつては機能ごとに別のブランドを充てる、「1機能につき1ブランド」を原則としていた。STPに従ってターゲットや用途に合わせて商品をポジショニングし、ブランド名をつけて商品化する。仮に別機能をもつ商品を新発売するとなると、既存ブランドを新しい分野にブランド拡張するのではなく、必ず別のブランドが充てられていた。例えば洗濯洗剤ならアメリカ市場ではターゲットと用途に合わせて「バウンス」、「チア」、「ダウニー」、「タイド」など別ブランドを展開した。日本市場では、「ボールド」と「アリエール」という2つのブランドを展開し、両者に食い合いが起こらないよう巧みにブランドによる差別化を行っている。具体的には、ボールドは洗浄力に加えて柔軟効果と香りの良さを提供してデザインも可愛く工夫され、一方、アリエールは汚れを除去し白さを強調することに加えて、ファブリーズとの共同開発を訴求してニオイの元を除菌する機能もウリとしている（石井 2010、pp. 163-165）。

　ところがこれまで見てきたように、〈ファブリーズ〉の場合は違った。スプレー型〈ファブリーズ〉の発売後、置き型、キッチン用、下駄箱用、体臭用、除菌用、抗菌用とブランドを次々と拡張させ、ブランドとしての広がりを見せている。これはかつての1機能につき1ブランドを原則としたP&Gのマーケティング方針とは

明らかに異なる。

【写真9‐2　ファブリーズのバリエーション】

出所：共同通信社

✥ 機能ではなくブランドで売る

　機能で商品を売ると、消費者はその機能を必要と感じた時にのみ商品を購入し、使用することになる。しかし売上を上げるためには、商品の使用を習慣化して継続購買を促すことが有効だ。ファブリーズは、アメリカでは「掃除の後にファブリーズ（の爽快感）」という連想で、よりニオイに繊細な日本では「イヤなニオイにファブリーズ」という連想を用いて、ファブリーズを使用する習慣をつくり出し、消費者の継続購買を実現させて売上UPにつなげた。そして、この習慣にこそブランドが有効である。習慣に関する製品では、嗜好品に比べて、消費者はブランドの選択を毎回変えるようなことは少なく、同じブランドを選択し続ける確率が高くなる（Column 9‐1参照）。人間の脳は一般的に怠惰で、できるだけ情報処理の負荷を削減しようとする性質がわかっている。人が毎日の生活の中で意識的にしている活動と、反射的にする活動の割合は、およそ7対3から6対4くらいであると言われている。つまり我々の日常の行動のうち、3割から4割の行動は、深く考えずに

Column 9 - 1

いつも同じブランドを選択するのか、違うブランドを選択するのか：アサエルの購買行動類型

消費者が実際に購買する商品のブランド選択はどのように行われるのか。例えばペットボトルのお茶やチョコレート菓子は毎回違うブランドの商品を選択する傾向が強いが、歯磨き粉やビール、ティッシュペーパーなどは比較的、同じブランドを選択することが多い。ある商品のブランド選択はタイプになるのかを説明する１つのモデルとして、製品／購買に関する関与（関心、こだわり）とブランド間の知覚差異（消費者が各ブランドの間に差があると感じる程度）から４次元の事象に分けて説明することができる（アサエルの購買行動類型）。それによるとお茶などの清涼飲料水やお菓子といった嗜好品は右上の「バラエティシーキング」型（毎回違ったブランド選択をする）の購買行動、テレビのような耐久消費財は左下の次元に位置した「不協和解消型」の購買行動をとる（購買後に、その選択が正しかったのかを確かめる行動をとる）。人生における重要な決断である大学教育サービスなどは左上の次元の「複雑型購買行動」を、ティッシュペーパーや歯磨き粉といった商品は右下の「習慣的購買行動」（いつも同じブランドを選択）をとる。

【図９－３　アサエルの購買行動類型】

製品関与・購買関与

ブランド間知覚差異 ＼ 関与	高 ← 関与	→ 低
大 ↑ 知覚差異	複雑型購買行動	バラエティシーキング購買行動
↓ 小	不協和解消型購買行動	習慣的購買行動

日々の我々の日常生活でのブランド選択のうち、習慣的購買行動をとるものは、ブランド選択に毎回悩む消費者はそう多くはなく一度お決まりのブランドができると、そのブランドからのスウィッチは起こりにくい。習慣で反射的にカゴの中にお決まりの商品を放り込む。

　こういった商品でマーケターができることは何だろう？　もちろん、価格割引やキャンペーンなど、注目を集めてブランドスウィッチを一時的に促すマーケティングも実施できる。しかしキャンペーンが終了したり価格が元に戻ると、顧客定着の大きな期待はできないかもしれない。そこで近年注目されるのが購買データの活用である。ここから消費者のライフスタイルを分析し、ブランドスウィッチをしやすいタイミングを狙ってマーケティングを行う。このタイミングは、結婚や離婚、子供の独立など、消費者の生活スタイルがガラッと変わった時であるといわれる。

決定する毎日の習慣としての反射的な行動だ。そして一般的に、習慣となっている行動にかかわる商品のブランド選択は、同じブランドを選択する確率が高い。継続購買率、つまりブランド・ロイヤルティ（忠誠心）が高くなる。

　機能で商品を売ることは、各社の商品開発競争を激化させて商品の同質化を招き、それは価格競争につながって利益が十分に出にくくなる競争構造を作り上げる。そういった状況を避けるためにも、ファブリーズの例で言えば、消臭機能よりもむしろ、イヤなニオイにはファブリーズ、といった強いメッセージを商品に付与することでブランド連想を強めることが得策となる。そうすることで、「イヤなニオイにはファブリーズ」と、消費者は連想を介して商品と結びつき、ニオイに関連する商品を購入する際に他のブランドや他の商品など、別の選択肢の存在を一時的に隠ぺいすることができる。

　このように、イヤなニオイにはファブリーズという、ブランドの連想を強めるマーケティングを地道に行うことで、ファブリーズは消臭商品の市場の代表的な存在となった。生活者の頭の中で、あるポジションを獲得した商品の多くは、その分野のカテゴリーナンバーワン商品となることができる（石井 2010）。ファブリーズのブランド力は、消臭市場で圧倒的な売上を誇るベースとなっている。

ブランドの成長とブランド理念の深化

　ファブリーズは「布のニオイを取る」から「部屋のニオイを取る」へとメッセージを変化させ、そこにフォーカスしたコミュニケーションを取ることで、商品と顧客との関係を変えることに成功した。商品と顧客の関係を変えることができれば、技術革新を行わずとも新たな市場を獲得することができる。こういった試みは技術

Column 9 - 2

商品が欲しくてたまらなくなる時：
ブランドの発する強いメッセージと連想

　ブランドのバッグが欲しくなるような状況を思い浮かべてほしい。欲しくてた
まらなくなるのはなぜだろうか。必要だからか、品質が良いからか、あるいは価
格が価値に見合っているからだろうか。こういう場合、必要に迫られていないの
は言うまでもなく、品質や価格、機能が理由で商品を欲するのではない。言葉に
できないような欲望が突然湧いてきて、理由はわからないけれど欲しくてたまら
なくなる。

　街の素敵なショーウィンドウ、雑誌やSNSでそのバッグを持つ素敵なシーンを
見ることが欲しくなるきっかけとなる。そのバッグのブランドがもつメッセージ
が強く発せられており、商品を目にすることで、そのメッセージを受信している。
例えばエルメスなら高級やエレガント、といったブランド連想である。高級品だ
けではない。「コカ・コーラ」や缶コーヒーが飲みたくなるのはどういった時だ
ろう。喉が渇いたから、休憩したくなったからか。そういうこともあるだろうが、
何となく爽やかな気分になりたくて、あるいは休憩にお喋りしたりスマホを
チェックするのではなくて、ということがある。

　こういう状況ではコカ・コーラが発するスカッと爽やか、缶コーヒーのちょっ
と一息、といったブランドのメッセージを消費者は受け取っている。たまたま自
動販売機で販売されるコカ・コーラが目につくことで、コカ・コーラが連想させ
る爽やかな気分になりたいことに気付いた（そしてコーラが飲みたくなった）、
雑誌でエレガントさを連想させる新作バッグを見て、欲しくてたまらなくなると
いった消費欲望を喚起させる。つまりわれわれは商品が必要であると認識する前
に、すでに商品を志向する行動（購買に向けた行動）に巻き込まれている。そし
てブランドから連想させるメッセージが強いものであるほど、他の選択肢（例え
ばエルメスのバッグではなく安くて品質の良いバッグや、コカ・コーラや缶コー
ヒーではなく爽快感のあるミントタブレット）を隠蔽し、そのブランドの選択確
率を上げるのだ。

イノベーションと対比させてコマーシャル・イノベーションと呼ばれる（石井
2010）。そしてさらに、ファブリーズはブランド拡張をさせ、「部屋のニオイを取
る」から「イヤなニオイにはファブリーズ」という連想を用いて、置き型のファブ

リーズが発売され、玄関用、下駄箱用、トイレ用などの置き型ファブリーズと、バリエーションを次々と増加させた。さらに、柔軟剤の「レノア」と共同での商品づくりも行われ、「ニオイの専門家ファブリーズとの共同開発により、柔軟剤として初めてニオイが防げるようになりました」と謳い、レノアとファブリーズのダブルネームの商品も発売された（石井 2010）。これは柔軟剤へのブランド拡張である。また現在は、イヤなニオイにはファブリーズ、という連想からさらに連想が広がり、ファブリーズで除菌、そして昨今のコロナ禍での需要の高まりから、除菌から一歩進んで抗菌タイプのファブリーズも発売されるなど、ファブリーズのブランドの連想の広がりを見せている。このようにファブリーズは技術も使用局面も異なるところにまでブランドを拡張させており、現在では、製品／技術／用途を横断したブランドとなっている。築き上げたブランドを他のカテゴリーに拡張することで売上を増加させることは、企業の成長戦略にとって重要である。しかしさらに重要なのは、ブランド拡張を通じて、ブランドはヨリ深いブランド価値を提唱すべくブランドの理念が深化しているということだ。布のニオイの消臭から部屋のニオイの消臭、続いて一般的な消臭（イヤなニオイを取る）へ、そしてそれが除菌（イヤなニオイを菌から取り除く）、さらに抗菌（イヤなニオイの元の菌の増殖を抑制しつつコントロールして清潔な環境づくり）へと、ファブリーズブランドが提案するブランド価値は確実に広がりを見せてきた。

　ブランドには識別機能、保証機能、連想機能の３つの基本的な機能がある。なかでも、同質化がもたらす熾烈な価格競争から逃れ差別化を可能にするのは、この連想機能が重要な働きをする。同一カテゴリーの中で最も力のあるブランドは、他のブランドに比べてブランドが発するメッセージ性と連想が強く、当該ブランドに対する消費者の選択確率を上げることができる。フリースと言えばユニクロ、というように、フリースというカテゴリーではユニクロのもつ連想が強力であり、選択肢の第一番目にあげる消費者は多いだろう。同じように、コーラ飲料では「コカ・コーラ」、消臭や除菌なら競合他社の商品よりもファブリーズが、生活シーンとの連想が強い。強いブランドであるほど強力なメッセージ性をもち、ブランドのもつ

【図9-4　ファブリーズの連想の進化】

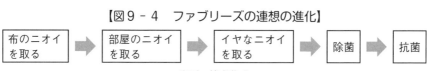

出所：筆者作成

連想力が強い。特定のカテゴリーとブランドとの緊密な連携関係を確立し維持し続けることはマーケティングの目指すところである。いったんカテゴリーでナンバーワンの座を獲得することができれば、生活者の頭の中にある当該ブランドポジションは比較的安定する。

4 おわりに

　ひとたびブランドに強い連想が出来上がると、その連想をもとに別の形態の商品を次々と展開していくことができる。布のイヤなニオイの消臭から発展して、部屋のイヤなニオイを取るならファブリーズ、トイレや下駄箱のニオイにファブリーズといったように、ファブリーズはイヤなニオイを取る、という連想をさらに進化させて次々とバリエーションを増やしてきた。今ではファブリーズで除菌（ニオイを取り除く）へ、さらには抗菌（ニオイの元の環境づくり）ならファブリーズへとさらに進化していき、ブランドのもつメッセージがより抽象的で広いものに成長している。つまり、ファブリーズのブランド拡張と共にファブリーズというブランドは育ち、そしてブランドのもつ理念が限定されたものからより一般的なものへと深化していった。

　拡張されたブランドは、ブランド拡張による成長を通じて、より深い価値を消費者に提唱できるようになる。当初は予期していなかった深化が起こる。それは、いわゆるアメリカ型のブランドをSTPに従ってマネジメントしていくやり方とは異なる。いわば「ブランドの新しい生活における意味を探り、それを新たにブランドのエクイティに加えていくやり方」（石井）である。はじめからブランドの提供する価値を限定してしまわない、ブランドの広がりや成長を期待できるブランドマネジメントの1つのあり方ではないだろうか。

❓ 考えてみよう

① 　P&Gのファブリーズの商品ラインナップを調べて、ブランド拡張がすすむにつれてブランド理念がどのように進化したのか考えてみよう。

② 　身の周りの商品で、ブランド拡張がされているものについてどのようなブランドがあるか考えてみよう。

③ 　②であげてみたブランドのうち、1つを選択し、ブランドの商品バリエーション

が増えるにつれて、ブランドの理念がどのように変化していったのかを考えてみよう。

次に読んで欲しい本

• 栗木契（2003）『リフレクティブフロー　―マーケティング・コミュニケーション
理論の新しい可能性』白桃書房。

☆ブランドが発するメッセージが企業にとって好ましい観点を想起させ、消費者に
ブランド選択させるメカニズムについて解説されている。消費と欲望についての
理解ができる。

第9章

第 III 部

ブランド・スタイル（らしさ）の追求

───────────── 第Ⅲ部　はじめに ─────────────

　第Ⅱ部で紹介されたそれぞれのブランドを復習しておくと、明確に定義されるひとつの市場に対応し、そして競合するブランドも明確に識別できる状況下にあるブランドばかりが取り上げられている。そして、ポカリスエットであれ三ツ矢サイダーであれ、そのブランドは、それぞれの市場ならびに競合ブランドに対して、独特のポジションを獲得することができるかどうかが成功するかどうかの成否を分けるものであった。そのために、独特のポジションを得るという目的を明確にし、そのコンセプトとターゲットを明確にする必要があった。それが、「ブランド設計図」となる。そして、その設計図に沿って、きちんとしたマネジメントを実行していくことが肝要であることを述べてきた。

　他方、以下の第Ⅲ部で扱うブランドは、それとはいささかタイプが違っている。商品というより会社ブランドや組織ブランドがテーマになる。

　そこでは、「ブランドは資産」という認識が本格的に前面に出てくるようなブランド群である。カギとなる概念は、ブランド・ポジショニングから、「ブランドらしさ」（あるいは「ブランド・スタイル」）に変わる。

　第Ⅲ部の各ブランドは、そのブランドの「らしさ」や「スタイル」を追求する。それぞれのブランドの目的やターゲットは、ある意味で第Ⅱ部のブランドに比べて漠然としている。だからと言って、ブランドとしての取組みがつたないというわけではない。ブランドの具体的な目的やコンセプトやターゲットは漠然としていても、豊かなブランド・ビジョンでもって組織や会社を導いていく。

　読者の皆さんも、無印良品らしさ（スタイル）や阪急らしさ（スタイル）やナイキらしさ（スタイル）をうまく説明できなくても、各ブランドにはそうした「らしさ」が存在していることはわかるだろう。

　無印良品をよく知る人なら、色柄付きの衣料品やポケモンキャラクターが付いた文房具は似合わないことがわかるだろう。阪急電車をよく知る人なら、車内の中吊り広告や駅構内の広告に扇情的な週刊誌や消費者金融の広告は似合わないこともわかるだろう。

　また、無印良品の店に並ぶ商品は、無造作に並べられているようでも、無印良品らしい商品だけを店に並べ、無印良品らしくない商品は排除されていることに気づくだろう。阪急電車の事業群も、「らしくない」事業や取組は排除され、「らしい」事業や取組みで構成されていることが注意してみるとわかるだろう。

そのようにして、無印良品らしさや阪急らしさの価値をアピールし、その価値を毀損させないように日々努力しているのだ。会社や組織を導く、この「ブランドらしさ（スタイル）」が第Ⅲ部を導く基本概念になる。

　第Ⅱ部で扱われたブランドと第Ⅲ部で扱うことになるブランディング（ブランド構築）の違いを簡単な表にまとめておこう。

【第Ⅲ部―はじめに　2つのブランディングの比較】

	「ブランド・ポジション」の追求 （第Ⅱ部）	「ブランドらしさ」の追求 （第Ⅲ部）
ブランドの性格	定まった 「ブランド・アイデンティティ」	変化する 「ブランドらしさ」
ブランディング方法論	設計図に沿った実行	実践による方向づけ
目標	競争優位／市場地位の追求	独自で新鮮な ブランド世界の構築
ブランド拡張	限定的 特定市場との連結重視	促進的

出所：筆者作成

第10章

　この図を簡単に解説しておこう。

1．ブランドの性格については、第Ⅱ部で扱われたブランド群は、定まった「ブランド・アイデンティティ」、ないしは「コンセプト＆ターゲット」を追求する。他方、第Ⅲ部のブランド群は、「ブランドらしさ」を追求する。それらブランドの「らしさ」は、時間と共にまた地域や文化と共に変化する。

2．ブランディングの方法としては、一方は「設計図通りの実行」が要請される。もう一方は、ビジョンはあっても具体的な「戦略や目的」は実践を通じて決まっていく。

3．ブランディングの目標については、一方は特定市場での競争優位／市場地位確保が必須要件になる。他方の「らしさ」のブランディングでは、独自のブランド世界の構築そしてその鮮度の維持が要請される。

4．ブランド拡張については、一方は限定的である。なぜなら、ブランド拡張により、特定市場とのあいだにせっかく構築された強い連想関係が、歪められたり緩められたりするからである。他方は、新しいブランド世界を構築するためにブランド拡張が多用されるだろう。

　以下の各章では、こうしたスタイル（らしさ）を追求する性格をもったブランド群を扱っていく。

第1章
第2章
第3章
第4章
第5章
第6章
第7章
第8章
第9章
第10章
第11章
第12章
第13章
第14章
第15章

第 10 章

サービスブランドの育成：

アートコーポレーション〈アート引越センター〉

1　はじめに
2　女性目線によるブランドづくり
3　生活者目線のブランド育成
4　インターナルブランディング
5　おわりに：暮らし方を提案するサービス
　　ブランドへ

　ブランドと聞くと、多くの人はまずラグジュアリーな商品を思い浮かべるだろう。しかしブランドには様々な意味が込められている。企業はブランドを通じて価値を提供することを約束し、消費者はブランドから様々な価値を連想する。ブランドは我々が日常的に使う商品をはじめ、B2B業界の取引まで、重要な役割を果たしている。さらに、生産と消費が同時に行われるサービス業においてもブランドは企業と消費者を結びつける重要な基準になっている。形のないサービスにおいて、評価や品質は人によって変動しやすい側面があるため、ブランドとして確立するのは容易ではない。本章では、アート引越センターの事例から、サービスブランドの育成について考えてみよう。

1　はじめに

　桜咲く季節になると、道路を走る引越トラックをよく目にする。入学、就職、転勤、結婚などの人生の節目においては、引越というニーズが生まれてくる。経済発展による人口移動の増加も引越というニーズを膨大な市場と生み出した。

【写真10 - 1　引越の現場】

出所：アートコーポレーション株式会社

✛ ブランド誕生のきっかけ

　1968年、鋼材問屋の下請けの運送業者として、寺田寿男と千代乃夫妻が寺田運輸を創業した。若い2人が3台の2トン車のトラックで始めたが、数年後は10名も超える従業員を雇えるところまで成長した。しかし、1973年に起きた第1次オイルショックにより、人々の生活はパニック状態に陥った。この不況は小さな寺田運輸をも巻き込んだ。運送仕事の依頼が減り続ける苦境に直面する中、ある雨の日に転機が訪れた。寺田家族4人は揃ってドライブの途中に、急な雨で引越家財を積んだトラックが止まり、運転手が慌てて荷台にシートをかけている光景を見かけた。千代乃は「あれじゃ大事な家財濡れてしまうわね、うちのアルミバン車だったら安心して運べるのに……」この雨の日にたまたまの「気づき」は、不況に苦しむ運送業から引越業を始めるきっかけとなったという（『アートコーポレーション株式会社30年史』）。ピンチをチャンスに変える寺田夫婦の前向きな経営姿勢で打ち出した生き延びる策は、コロナ禍に苦しむ今の経営者達にとっても、参考になる智慧であり、ブランドを成長させる魂だと考える。

✛ ブランド名の由来

　事業転換という新たなスタートには、「寺田運輸」ではなく「アート引越センター」と寺田夫婦が名付けた。当時、人々は引越を依頼する際、業者を探す手段として「電話帳」を使っていた。電話帳はアイウエオ順に掲載順番を決めているため、「ア」で始まる社名ならトップに掲載されるという理由で、社名の頭文字を「ア」に決めた。次にアイウエオよりも音引き「ー」のほうが掲載順が早いので「アー」まで決まり、そして、当時流行っていたアートフラワーを千代乃が好きだったため、「アート引越」に決めた。さらに、夫婦二人で相談を重ね「アート引越」の後に「センター」を付け加えアート引越センターが正式に決まった。

　寺田は、引越など家庭内のことは女性に任せられることが多い点に目をつけ、妻の千代乃を新しい会社アート引越センターの社長に就かせた。自分は寺田運輸の社長のままアート引越センターの専務に就任した。これで、日本国内で初めて「引越」を専業とする会社が誕生した。当時の引越業がまだ運送業の一部としか考えられていなかった時代で、運輸会社の女性社長は珍しく、また年齢も若かったため、

非常に珍しかった。若い女性社長が経営するアート引越センターはやがてマスコミの注目を浴び、ブランドが世の中に知られる良い機会となった。

2 女性目線によるブランドづくり

　社長に就任した千代乃は、家族を思う主婦感覚、女性の感性をアート引越センターのブランドづくりに生かした。当時男社会と言われる運送業界では、例のない女性目線の経営発想だった。まず、引越の事業定義から異なっていた。運送は手段であり、その先にある目的について、千代乃は考えていた。お客さんは引越をしたいから、運送という手段を探している。引越は家財を運ぶだけではなく、人生そのものを運んでいる。だから、引越は運送業ではなく、心を込めて接するサービス業だと彼女は定義した。

　これをマーケティングのSTP（セグメント・ターゲティング・ポジショニング）概念で解釈すると、当時の運送業の一部としか考えられていない引越に対して、「サービス業」という斬新な視点で再定義したことによって、新しい価値を生み出したのである。千代乃は運送業市場セグメントから、「引越サービス」それまで存在しなかった市場セグメントを自ら切り開き、既存の運送業と戦わず、サービス業として事業を成長させた。このやり方は、（Column10－1）で紹介するブランド・レレバンスの概念で説明できる。

　次に、ターゲットについて、「引越をする人」という広いターゲット層に対して、千代乃は家の中のことを任されている家庭主婦に焦点を絞った。メインターゲットになる主婦向けの新サービス商品を次々と開発し、ブランドコミュニケーションも積極的に行ってきた。

　さらに、ポジショニングについて、アート引越センターは他の引越を行う運送業者と徹底的な差別化を「サービス」に絞った。同社のサービスは、ハードとソフトの２つに分かれている。ハードサービスには、アルミ板のコンテナ引越専用車、奥様荷造りご無用、走る殺虫サービス、クーラー・照明器具などの電気工事、インテリア商品や家電商品の販売などが挙げられる。ソフトサービスには、女性による電話受付、お見積無料、清潔なユニフォーム、引越前後の近所への挨拶品、よろしくサービスなどが挙げられる。

　以上では、アート引越センターのブランドづくりをSTPの概念から学べた。し

Column10 - 1

ブランド・レレバンス【Brand Relevance】

　ブランド・レレバンスは「ブランド・関連性」と訳すことができる。デービッ
ド・アーカー博士が提示したユニークなブランド概念である。レレバンスという
語は英語圏で学術と日常でよく使われているが、日本では馴染みのない英単語で
あるため、訳者がカタカナ表記で日本に紹介した。

　ブランド・レレバンスの戦いで、持続可能な差別化を実現する革新的な製品・
サービスを提供して新しいカテゴリーを形成することにより、競争せずに事業を
成長させる。そして、既存市場セグメントでの改良・改善を繰り返す漸進的イノ
ベーションを超えて、本格的、変革的なイノベーションにより、利益につながる
セグメントの顧客にとってなくてはならない存在になる。そこに規模、ブランド、
技術、顧客との関係性など様々な方法で障壁を築いて、競争相手の参入を阻むこ
とはブランド・レレバンスの成功への方程式だとアーカーが考えている。

　アーカーは既存市場で競争する方法は2つあると指摘している。1つは、消費
者に選ばれるブランドになる「ブランド選考モデル」である。もう1つは競合他
社の市場の関連性を失わせる「ブランド・レレバンスモデル」である。ブランド
選考モデルは、顧客が検討する商品やサービス群の中から選ばれるブランドにな
ること、そして競合に打ち勝つことに集中する方法である。この方法は今日では
非常に難しくなっている。これに対して、アーカーが新たに提示する「ブラン
ド・レレバンスモデル」は、購入決定と使用経験に対する見方を変えるような新
しいカテゴリーあるいはサブカテゴリーを形成するやり方は、今日の市場競争に
必要な方法になる。つまり、消費者の価値観にうまく合う存在となることで、自
分以外の他社ブランドがそのニーズを満たせない時代遅れのものに見えるように
することである。この方法は既存のブランド選考モデルより、大きな成果を挙げ
ることが見込まれる。

第10章

かし、サービスブランドづくりの成功を左右する最も重要なオペレーション（ない
しは技術）について、STP概念は説明の限界がある。次にアート引越センターの
オペレーションを見てみよう。

✛ 電話受付はすべて女性に変える

　当時、引越の依頼電話をかけるのは大抵女性、主婦がほとんどだった。しかし、運送業界では男性社員が出て、ぶっきらぼうに対応することがごく普通で、電話をかけた主婦は相談しづらい雰囲気があった。男性が中心の業界で、女性が電話でソフトに応対すれば、大きな差別化につながるし、女性が経営者を務める会社イメージにも相応しいと千代乃が判断し、電話受付をすべて女性に変えた。

　電話はアート引越センターにとって、生命線のような存在で、かけてくるお客様に感謝の気持ちを表すのに長く待たせたりしてはいけないと千代乃が考えた。そこで、３コール以上お客様を待たせないルールも作り、社員の応対振りをテープに録音し、教材も作った。こうした取り組みは、今の時代では当たり前の応対だが、創業当時では極めて珍しかった。

✛ 女性に分かりやすい透明度が高い料金体系を創出

　千代乃は運送に詳しくない女性でも理解でき、安心できる料金システムが必要だと考え、明確な料金システムを作ることは他社との差別化にもつながると判断した。その理由は、当時、４トン車・２時間制などの概算による不明瞭な業界料金を顧客に提示する企業が多く、また訪問見積をする企業が少ない時代だった。この不明瞭な料金や訪問見積を行わないことで、お客さんと料金についてのトラブルが多発していた。

　そこで、アート引越センターでは、運ぶ家財の量を基準にした「スペース制」を作り上げ、個々の家財の量を立米という単位で表現する課金方法を考えた。その立米数の求め方は、ソファやテーブル、冷蔵庫などの家財を一般的な大きさを基準に１つずつ点数化し、その点数の合計で運搬家財の総容積が求められる。総容積と輸送距離で求める料金体系は、主婦だけでなく誰にでも分かりやすくて、個々の営業担当者による見積のばらつきもなくなる透明度の高い料金システムであるため、業界内でも浸透するようになった（アートコーポレーションへの質問回答資料に基づく）。

━ Column10 - 2 ━

サービスブランドにおけるSTP概念の拡張

　ブランドの知覚品質を支える体験価値への努力は、有形商品と無形サービスのブランドが大きく違ってくる。サービスブランドづくりにおいては、最も大切なオペレーション（ないしは技術）がSTP手法と一貫性を持ちデザインされなければ、ブランドはカタチだけになり、すべての努力が台無しになってしまう。ブランド体験価値を創り出すオペレーションデザインは、サービスブランドの成功を支える最も大切な要素である。

　石井（2010）では、アート引越センターとスカンジナビア航空２社のサービス事例を分析し、生活者発想のブランドづくりの大切さを示しつつ、一貫性のあるサービスブランドデザインを説明する「STPT」の枠組みを提示している。この枠組みは、サービスブランドの誕生と成長の一貫性を分かりやすく解釈し、事業拡大に欠かすことができない考慮点を示している。

　細分化とターゲティングを顧客層の選択としてまとめて理解すると、「誰に向けて、どういう価値を、どういうオペレーションあるいは技術方法で提供するのか」という形で整理できる。アート引越センターの事例と合わせながら、次の図の形で示すことができる。

【図10 - 1　STPTの枠組み】

第10章

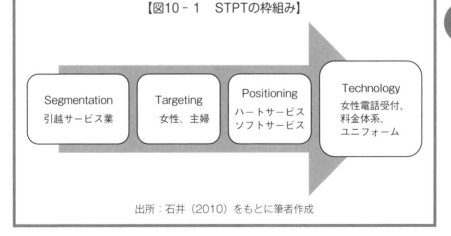

出所：石井（2010）をもとに筆者作成

✧ ネクタイにスーツ、清潔なユニフォームで、業界の新しい風

　千代乃は、3K（きつい、きたない、危険）と思われる当時の運送業にファッション性の新しい風を吹き込んだ。アート引越センターの営業担当者は、揃いのネクタイとスーツ、統一されたカバンを持って顧客を訪問していた。引越作業を行う従業員達は機能性と清潔感のあるユニフォームを着用することによって、顧客に非常に好印象を与えるようになった。これは当時の運送業では見られなかったビジネススタイルで、大きな差別化につながった。

　千代乃の新しい経営発想から、これまでの運送業では見られない、考えられない事業の定義を元に、ターゲットにとって魅力的な価値基盤を創り上げることにより、女性目線によるサービスブランドづくりが出来上がった。さらに、そのブランド体験を支える一連のオペレーションデザインも創造してきた（Column10－2 STPT概念参照）。

3 生活者目線のブランド育成

　アート引越センターは新しいブランドとして、世の中に知ってもらうために様々な努力と工夫を行ってきた。電話帳に優先的に掲載される「ア」で始まる社名を始め、覚えやすい電話番号「0123」の選定まで、すべて生活者目線での意思決定だと考える。

✧ 生活者とコミュニケーションするブランド

　寺田夫婦は創業当時からブランド育成するための広告投資を大胆かつ積極的に行ってきた。創業時、資金の余裕がそれほどない中で、大阪市内版の電話帳の裏表紙全ページを買い切り、思い切ってカラーの広告を打ち出し、この電話帳広告はかなりの効果を発揮し、多くの引越依頼電話が入ってきた。また、千代乃は毎日放送のラジオ番組に出演し、「引越はサービス業だ」という自分の考えを述べたところ反響が良かったため、引越依頼の電話がじゃんじゃん鳴り、契約数がどんどん伸びた。そこでラジオでこれほどの反響があるのであれば、テレビはもっとすごい反響

があるはずだと考え、同社はテレビ広告への展開を決断した。

　アート引越センターのブランド名を大阪ローカルで知ってもらえる程度のスポット広告は、当時3か月ワンクールで3,000万円にもかかる大きな金額だった。広告のコミュニケーション力を知った寺田夫婦は、信用金庫から融資をうけてテレビCMの制作・放映に踏み込んだ。2人で広告の企画、「あなたの街の0123」のCMソング歌詞まで自ら書いた。千代乃は主婦の視点から、「奥様荷造りご無用」のキャッチコピーを考え、アルミ板のコンテナトラックに「引越専用車」と大きく掲載するなど、大変な引越準備をする主婦の気持ちに寄り添ったブランドコミュニケーションを行った。借金してまで積極的に展開するテレビCMは、1978年8月に初めて放送した。15秒のテレビCMの効果は凄かった。会社の電話が一斉に鳴り出し、受付の女子社員はもちろん、全員が電話応対に忙殺された。このブランド育成への広告コミュニケーション投資がすぐ実り、その年の売上は前年比約300%の伸びを示した（『アートコーポレーション株式会社30年史』p. 35）。

⟐ サービスブランドのイノベーション

　アート引越センターは、生活者の側の視点に立ち、斬新なサービス商品を次々と市場に送り出している。そのサービスイノベーションの原点は、徹底した顧客志向にあったと考える。

　アート引越センターの代表的なサービスには、まず1979年に開発された「走る殺虫サービス」が挙げられる。千代乃は「ゴキブリが嫌い」で、普段動かさない家具に付き易いゴキブリを引越のタイミングで新居に持ちこんでしまうと考えた。一方、寿男は「虫が出やすい低層階から害虫の出ない同じマンションの上の階層に引越すのよ」というお客さんの話を聞き、2人は「走る殺虫サービス」の商品化を決めた。生活者目線のコマーシャルも一緒に制作し、積極的な宣伝と安心感のあるサービス内容は消費者の好評を博した（『アートコーポレーション株式会社30年史』p. 36）。

　そして、1985年に千代乃の主婦感覚から生まれた「エプロンサービス」が挙げられる。80年代以降、共働きの家庭が増える中、時間のない主婦のために、引越当日や翌日に必要なものをすぐに使えるように後片付けをしてあげると助かるという発想が商品化に活かされた。手間のかかる引越で発生する各種手続きを代行して行う「ワンストップサービス」や引越後の模様替えなどで家具の移動の手伝いする

「家具移動サービス」など、生活者の立場からのアイディアは次々とサービスに生まれ変わっていた。

　さらに、1994年に展開した「クリーンソックスサービス」も挙げられる。このサービスは、新居での搬入作業前に新しい靴下に履き替えることで、旧居での作業などで靴下についた足の裏の汚れを新居に持って入らないようにするものだった。顧客への心遣いは、靴下だけではなく「家具クリーンサービス」まで展開していった。普段の生活では掃除が難しい家具や家電製品の裏についたほこりは、引越で動く時に簡易的に掃除するサービスをお客様に提供するようになった（「アートコーポレーション」への質問回答資料に基づく）。

　2001年6月に女性スタッフだけで作業する業界初の新サービス「レディースパック」も始めた。それは、1人暮らしの女性顧客から「男性スタッフだけでは不安で女性スタッフも派遣してほしい」との声や、衣類や身の回り品は女性スタッフに扱ってほしいという声に応えるサービスだった。高齢化が進む日本社会に応じて、60歳以上のシニア世代に向けての「シニアパック」も開発されている。シニア世代が持つ数多くの品を「暮しの整理士」（企業内資格）を持つベテランスタッフがプロの視点からアドバイスしながら、暮らしのサポートを行う。2008年には、環境にやさしく荷造りも楽になるリユース資材の「エコ楽ボックスシリーズ」も開発された。

【写真10‐2　「レディースパック」女性のための女性による引越】

出所：アートコーポレーション株式会社

　2020年に世界で大流行していたコロナウイルスに対して、入居前の感染予防対策として「新居の除菌サービス」もいち早く商品化にした。「ご入居前の感染予防対策はプロにお任せ！」という安心感のあるメッセージを引越の依頼顧客に発信している。様々な時代ニーズ、社会の変化、急な出来事に対して、アート引越センターは常に素早く対応し、行動に反映している。

4　インターナルブランディング

　クレーム産業と言われる引越では、運送途中に起きる家財の破損、汚損が起こらないように作業の精度や丁寧さが必要であり、さらに従業員の態度、スピード、正確さ、アフターサービス、価格の満足度、総合的な満足が求められる。総合的な顧客満足度に最も関わる従業員に対するインターナルブランディングが極めて重要である。アート引越センターは主に次の３つからインターナルブランディングに取り込んでいる（「アートコーポレーション」への質問回答資料に基づく）。

　1つ目は、社員研修である。アート引越センターでは、新卒採用で入社した従業員に対して、３年目まで毎年年次別の研修を行い、マナー講習や仕事に対するマインドの部分に重点をおいた内容で、基礎を固める。安心・安全に家財を運べる引越技術を磨く「引越研修ハウス」も東日本と西日本に設けて、養生訓練や運搬訓練などを行っている。そして、営業担当者に向けた営業技術を向上させる研修を行っている。年１回全国の営業担当者が集まる会議も開催し、目標を明確にさせて全員の気持ちを１つにする。さらに、管理職向けの研修や各エリアによってそれぞれ独自にマナー研修や女性向けの研修も行っている。

　2つ目は、社員への評価方法と制度が挙げられる。営業担当者のサービスを評価する「アート　クオリティカード」と引越担当者のサービスを評価する「アート　スマイルカード」を使っている。この２種類の評価カードは、引越の見積りと引越作業の当日に、アートの従業員がお客様に渡すアンケートハガキのことである。顧客からのハガキはすべてアート本社でチェックされ、ハガキで指摘された問題点と意見についてはコメント付きで支店へ返却し、行動修正を求める。好評とされた点は社内で紹介され、表彰される。評価の高い支店は「社内認定書」顧客サービス優秀店に贈られる認定証が与えられる。2019年９月までの統計によると「アートスマイルカード」の回収率は68.2％、満足度は92.8％を達している（『引越ガイド

ブック』2020年３月号、p. 5）。顧客満足度を指標に作られた加点方式の評価システムは、サービスブランド育成の問題解決と質向上につながり、成長の好循環につながっている。

　３つ目は、仕事への誇りである。アート引越センターは引越技術を競う「アートジャパンカップ」というコンテストを2012年から毎年開催している。全国にある支店から各ブロックの代表チームを選出し、引越技術を競い合う。チームは２名１組で必ず１名以上の女性スタッフがいることが条件である。接客、梱包、運搬、積込み、運転、窓吊りの６つの部門に分けて技術を競う。このコンテストで優勝すれば、そのブロック・支店の栄誉と誇りになる。年１度のコンテストは大変盛り上がるイベントで、出場する従業員だけではなく、全国からの応援団もたくさん来て、家族連れで参加するチームもある。このコンテストから従業員に「仕事への誇り」を実感してもらい、モチベーションをアップさせ、全国規模の引越サービスの品質統一・向上につなげる。

　引越はサービス業として、他の産業と最も大きな違いは、商品が形として見えないところがある。サービスの無形性、複雑性、不均質性、属人性、プロセス特性に対応するインターナルブランディングを徹底的かつ継続的に取り組むことは、ブランドの輝きを保つ秘訣だと考える。

【図10‐2　アート引越センター　サービスブランドの育成】

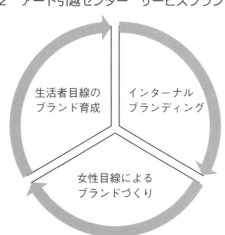

出所：筆者作成

5 おわりに：暮らし方を提案するサービスブランドへ

　アート引越センターは1976年に創業してから、右上がりの成長を成し遂げた。日本を代表する引越サービスブランドとして消費者の支持と信頼を得ている。1990年に多角化経営に乗り出し、アートコーポレーションに社名を変更する共に、本社を大阪ビジネスパークに移転した。本業の引越サービスを高付加価値サービスにレベルアップし、収納、整理・整頓など、暮らしを快適にする方向に進化している。

　2020年現在では、アート引越センターは日本全国で180拠点を持ち、アメリカと中国で2拠点を持っている。そして、物流、物販、保育、住宅、輸入車などの事業を担うグループ会社も設立している。「アートバンライン」「アートプラス」、「アートチャイルドケア」、「アートプランニング」など、アートと名付けたグループ会社が「暮らし方」をサポートする企業に進化している。引越サービス事業を中核に、「the 0123」アートグループの総力をあげるステップに入っている。同社の基本理念でも書かれたように、「the 0123」のブランド・イメージを高め、すべてのサービスに展開していくという方針である。アートは顧客にきめ細かなサービスの提供をすることによって、アートは、日本のサービスブランドとして、「品質」と「安心」を約束する象徴になりつつある。

　アートコーポレーション株式会社の「会社概要」によると、2018年10月〜2019年9月期のグループ連結売上は1,185億円に達している。アート引越センターの単体売上は768億円になっている。社長は2代目の寺田政登に交代し、「あったらいいな」というアートのビジネス原点を継承しつつ、ゴールのないサービスブランドへと新しい挑戦が始まっている。

? 考えてみよう
① 製品ブランドとサービスブランドの違いについて、考えてみよう。
② あなたが知っているサービスブランドについて、その体験あるいは印象に残る点について考えてみよう。
③ インターナルブランディングの意義について、考えてみよう。

⊕ 第Ⅲ部　ブランド・スタイル（らしさ）の追求

次に読んで欲しい本

- 石井淳蔵（1999）『ブランド：価値の創造』岩波新書。
  ☆ブランドが支える企業の成長を理解できる。
- 張智利（2010）『メガブランド―グローバル市場の価値創造戦略』碩学舎。
  ☆ブランドがグローバル市場における価値創造戦略を理解できる。
- 田中洋（2017）『ブランド戦略論』有斐閣。
  ☆ブランドによる価値創造戦略を多面的な角度から理解できる。

第 11 章

ブランド・ビジョンが
事業を育てる：
阪急

第1章
第2章
第3章
第4章
第5章
第6章
第7章
第8章
第9章
第10章
第11章
第12章
第13章
第14章
第15章

1　はじめに
2　阪急電車の歴史
3　阪急スタイルと事業
4　おわりに：ブランド・ビジョンを実現することで常識を打ち破る

1　はじめに

　有川浩の小説、『阪急電車』の「解説」に寄せて、俳優でエッセイストの故児玉清氏が、阪急電車の今津線のちょっとオシャレな香りについて次のように語っている（有川浩 2010）。この今津線沿線には、ちょっとハイカラな神戸女学院や関西学院があって沿線イメージを高めている。

> 　太陽の明るさ、土地柄の持つおっとりとした豊かさ、それでいて都会風で、宝塚歌劇団があるからなのか、おしゃれでロマンチックな香りがする。住んでいる人たちも洗練された人たちと小綺麗な人たちが多いようで、ぎすぎす感がない。

　当の小説の作者の有川自身も、オープニングのところで阪急電車を紹介して、「関西圏では大きな私鉄グループとなる阪急は、えんじ色の車体にレトロな内装が個性的な車両を各沿線に走らせており、鉄道マニアの人気が高いことはもちろん若い女性からも『かわいい』と好評を博している。女性観光客などは『オシャレ！』とびっくりするほどだ。」と述べる。

【写真11－1　宝塚線・神戸線・今津線を走る阪急らしい電車の写真】

写真提供：阪急阪神ホールディングス株式会社広報部

　小説では、阪急電車の宝塚駅と西宮北口を走る今津線に乗り合わせる乗客たちの人生が少しずつ交差し、やがて希望へとつながる物語が紡がれている。主人公となる沿線はどこであってもいいようなものだが、阪急を別格の存在と考える関西人（伊原薫 2020）は阪急電車がふさわしいと思っているにちがいない。

　こうした明るくて、都会風で、温かくて、ハイカラで、おしゃれな雰囲気を醸し出す阪急電車。小林一三が言うところの「清く、正しく、美しく」がそのままブランド・イメージに結びついている阪急電車。会社ブランドとして際立っているが、どうしてそうなったかは阪急電車を創業した小林一三の思いや大義を知らないことには語れない。

【写真11‐2　小林一三氏の写真】

写真提供：同前

第11章

　本章では、阪急電車創業者の小林一三の事績を追いながら、「阪急電車」ブランドに迫りたい。そして、本来金銭勘定だけの無機質な資本主義市場において、一人の経営者の思いがどれだけ重要な役割を果たすことになるのかを知ることができる。

2 阪急電車の歴史

❖ 鉄道事業

　阪急電車の歴史は、1907年10月19日に箕面有馬電気軌道が設立されたときに始まる。箕面軌道は、設立後すぐに大阪（梅田）〜池田間ならびに池田〜宝塚間、および箕面支線の認可申請を行い、そして1910年に開業した。梅田から石橋そして宝塚へ向かう本線と、石橋から箕面公園に向かう箕面支線が敷かれた。開業当時の駅は、梅田・北野・新淀川・十三・三国・服部・岡町・石橋・池田・花屋敷・山本・中山・清荒神・宝塚・箕面で、梅田から宝塚までを50分でつないだ。

　箕面軌道は当初は箕面と有馬をつなぐことを目的として設立されたが、宝塚から有馬温泉までの延伸は、有馬温泉の宿側との交渉がうまくいかず立ち消えとなった。

❖ 不動産事業

　箕面と有馬を結ぶ当初の構想では、沿線は田畑ばかりであまり乗客は期待できなかった。宝塚（箕面）から大阪梅田につないだところで、朝夕の通勤・通学の乗客を見込める程度でしかなかった。そのため、資本金が集まらず世話役の小林は資金集めに苦労した。

　しかし、小林には成算があった。沿線に沿って土地を購入して、それを宅地として分譲すれば多額の投資を賄うにあまりある収益が期待できると考えた。「土地を1坪1円で50万坪買い集め、これを鉄道開通後に住宅地として2円50銭の利益を乗せて転売すれば、半期ごとに5万坪売っても各期12万5,000円の利益が出ると計算した」と自身の自叙伝で述べている。

　そこで、沿線の土地を50万㎡購入し、開通と時を移さず池田室町住宅地9万1,000㎡の分譲を開始した。鉄道に期待感が乏しく土地価格も安かったが、大きい投資だ。

　この分譲地では、道路は舗装され街路樹や街路灯が設備され、高レベルの生活環境が整えられた。分譲地は330㎡の住宅地を1区画とし、2階建て5〜6室の延

Column11 - 1

小林一三の人となり

　小林一三は、1873年に山梨県北巨摩郡韮崎町に生まれた。若い頃は小説家を志したが、結局はその途へは進まず、1892年に慶應義塾を卒業し三井銀行に入社した。その後、大阪支店に勤務するも1907年に同社を退職する。

　銀行マンとして将来を約束される社員だったかというと、自叙伝にはそうは書かれていない。「イージーゴーイングな生活だった」と語っている。自叙伝なので割り引いて聞く必要があるが、風流人の生活を享受していたように見える。だが、阪急電車の経営者になってからは一転し、八面六臂の大活躍となったことは本文で触れるとおりだ。

　加えて言うと、彼は阪急以外の会社の設立経営にもかかわった。東京電燈や日本軽金属、さらには東急や田園調布のまちづくりにも多大な貢献をした。さらに1939年には近衛文麿内閣の商工大臣に赴任した。当時の商工省の事務次官は岸信介だった。2人が共に働いた時間は短く、国の基本政策をめぐって対立し、それが原因で相次いで商工省を辞めた。

　原因は、岸信介ら革新官僚たちが当時提唱していた「民有国営化」案にある。民有国営化とは、民間が資本を投資し、国（官僚）が経営を行う体制だ。戦時経済体制の根幹をなす考えだったが、小林はこの案に反対した。岸信介を社会主義者と呼んで攻撃したという逸話が残っているほどだ。小林は、民間中心の自由主義経済体制を守りたかったのだろう。ただ、小林の気持ちは通じず、民有国営化は戦時経済体制の骨格となる。それが戦後も引き継がれ、日本の高度成長を支える力にもなった。巷間言われる「1940年体制」がそれだ。

　小林は、文学、演劇、書画骨董に造詣が深い趣味人でもあった。歌劇の宝塚、映画の東宝、野球の阪急ブレーブスのようなエンタテインメント事業に力を入れたのは不思議ではない。阪急沿線の池田駅の近くにある池田文庫、逸翁美術館、小林一三記念館には文人・趣味人としての力量を偲ばせる資料や展示物が揃っている。

第11章

床面積66〜99㎡の建売住宅を200戸販売するものだった。住宅も当時としては珍しい電気水道付きで、街だけでなく住宅も質が高かった。

　安い分譲地でも2,500円したが、販売方法に割賦販売を取り入れた。2割の500円を頭金で、残りの2,000円を10年で支払う方式だ。当時、大卒初任給が40

円なので、当時エリート層の大卒で中堅層の社員でも十分買える額であり、社史には、「この長期割賦販売が大きな反響を呼び、池田室町住宅は早々に完売を果たし、引き続き販売した箕面桜井の土地18万1,500㎡も予想をうわまわる成果をえた」とある。資産はなくとも収入が安定しているサラリーマン層にも買いやすかった。

　この住宅分譲は成功を収め阪急は一息つくことになるが、この事業には、高級感溢れる街の造成に加えて、小林の2つのこだわりを見ることができる。

　1つは、分譲住宅の一部に、畳の部屋がまったくない洋館建住宅があったことだ。それは小林の肝いりだったが、売れ行きはさっぱり。小林にしては珍しく顧客のニーズを外したのだが、あきらめなかった。合理的な洋風生活を普及させたいという思いがあったのだ。もう1つのこだわりは、分譲地の一角に購買組合と倶楽部を設立したことだ。購買組合は互助的な協同購買組合を、倶楽部は地域の社交場の役割が期待された。今から見ても先進的な試みだが、2つの思いは共に定着しなかった（鹿島茂 2018）。

　この2つのエピソードは、小林の思いが先行して時代はまだまだ追いついてはいなかったことを示しているが、彼が鉄道収益をあげるためだけに住宅地分譲していたわけではないことが伝わってくる。

✧ 沿線の観光事業

　小林は、宅地分譲と並んで「遊覧施設をつくって多数の乗客を誘引」することを考えた。その遊覧地の候補として選ばれたのが箕面と宝塚だ。いずれも鉄道の終点の駅だ。ここまで乗客を引っ張ってこようというわけだ。

①　箕面の動物園と豊中の運動場
　まず、1910年に箕面で動物園を開園した。当時は近郊に動物園はなく人気を博した。ここでも小林流のちょっとした工夫があって、動物を檻に閉じ込めず自然の状態で見てほしいということで、山肌をくりぬくかたちで飼育し金網で仕切った。だが、それが裏目に出て、当時地震もあり災害時の動物管理のありようが問題とされた。加えて、箕面は自然景観を大事する方針も定まり、1916年に廃園となっている。

　同じように撤退した事業で言うと、豊中運動場もそうだ。1913年に造営し、1915年には第1回全国中等学校優勝野球大会を開催している。今隆盛を誇る全国

高等学校野球選手権大会の前身だ。だが、当運動場自体は1921年には再造成され住宅地に変わっている。もっとも、小林自身の野球ビジネスへの関心は強く、後にプロ野球球団阪急ブレーブスの結成、西宮球場の創設などの事業が続いていく。

②　宝塚新温泉

　もう１つの開発候補地の宝塚は、もともと温泉町だったので、小林も武庫川原の埋立地を購入して温泉事業に乗り出した。1911年に「宝塚新温泉」を開業した。大理石づくりの大浴場、大広間の大シャンデリア、脱衣場には洋画家・岡田三郎助の油絵が飾られた。ライオンの口から湯が注がれ、蒸気風呂もあった。小林のつくる温泉場はやはり洋風なのだ！

　入場料は大人５銭、子供２銭。５銭は今でいうと千円くらいか。開業の翌年、大浴場の隣に娯楽場の「パラダイス」をオープンした。三階建てのメルヘンチックな洋風建築で、中には室内水泳場が設けられた。婦人博覧会や家庭博覧会を次々に催し、図書室や玉突き場、食堂などの施設も次々に開設した。温泉テーマパークの先駆けだ。いろいろな宣伝や集客を工夫したおかげで、初年度から25万人を集め1936年には140万人を超えるに至った。

　だが、パラダイスの売り物の室内水泳場は失敗した。水が冷たすぎて５分と入ることができなかった。西欧の真似をしてつくったのはいいが、水を適度に温める工夫を知らなかった。小林自身が失敗談としてそう語っている。

③　宝塚少女歌劇団

　宝塚新温泉では、当時大阪で人気を博していた三越百貨店の少年音楽隊を真似て、少女唱歌隊を温泉の余興として演じさせることを考えた。1914年のことである。唱歌隊の指導者に安藤弘と安藤智恵子夫妻、音楽には高木和夫という人を得た。とくに歌劇への造詣の深い安藤弘を得たことは「宝塚の幸運」と小林自身が述べている。また、うまくいかなかった室内プールを、急遽改装して公演用の劇場をつくることにした。プールの水槽を観客席に、脱衣場を舞台に、舞台の下を楽屋に、二階を桟敷に改造した。

　ただ、当初小林は唱歌隊については温泉場の余興で十分と思っていた節があり、本格的歌劇を目指す安藤とはよく対立した。加えて、男性団員を入れるべきかどうかでも対立した。本格的歌劇を目指す安藤にとって男性団員は不可欠だったのだろう。そんな対立のなか、安藤が突然姿を消し、小林がみずから脚本を書き楽曲を選

んで劇化することもあったという（小林一三 2012）。

　未解決の問題を抱えたままではあったが、少女歌劇団のスタッフも揃い実力も上がり、1918年には東京に進出し帝劇公演を開いている。ちなみにこの時から公演入場料をとるようになったという（老川慶喜 2017）。

　1919年には、宝塚音楽歌劇学校（現・宝塚音楽学校）が設立された。その校訓は、「清く、正しく、美しく」である。この言葉は、宝塚歌劇や音楽学校にとどまらず、阪急電車全体の理念としても浸透していく。インテリではないが下品な娯楽を嫌うアッパーな大衆、つまり「清く、正しく、美しい」国民や大衆（庶民）こそが小林のターゲットだったのだ（鹿島茂「解説」小林一三『逸翁自叙伝』所収）。

　さて、その音楽学校だが、当初は専科が設けられ男性団員も募集された。この頃は団員を女性に限らないという考えがあった。演劇関係の批評家に聞いても、少女歌劇で十分という人と、国民劇とする以上男性団員は不可欠という人に意見は分かれていた。

　男性団員の加入問題については、1926年に新たに男女団員で構成される真の国民劇を目指す宝塚国民座がスタートする。小林は少女歌劇団と国民座の二本立てで進むことにした。しかし、人気は少女歌劇に集まった。国民座は振るわず1930年に解散になる。

　それと時を同じくして、今ある宝塚歌劇、女性が凛々しい男役を演じるラブロマンスの世界が演じられていく。白井鐵造という良き演出家を得て、女性客の人気を

【写真11-3　阪急電車と宝塚大劇場】

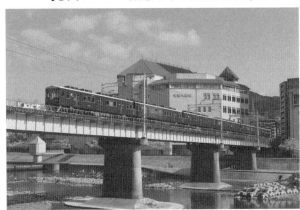

写真提供：同前

集めた『パリゼット』が公演されたのは1930年だ。その主題歌「すみれの花咲く頃」は宝塚歌劇の歌として読者もご存じだろう。ここに「清く、正しく、美しく」の宝塚歌劇の骨格が定まった。

④　宝塚大劇場

少女唱歌隊誕生から15年を経て現代に続く宝塚歌劇がスタートするのだが、この間、1923年に劇場が焼失し、新たに4,000人収容の大規模な劇場を創設している。「大劇場」は、入場料を低く抑えるための必須の方策である。小林は言う。

> 「私は国民の見るべき芝居は、国民の生活を基礎としなければいけないと信じている。国民の生活程度を標準として考えると、家庭本位に、家族が打連れてゆく芝居見物は一人前一円位の観覧料が最も適当であると思うものである。そこで一円で見せるにはどうすればよいか、芝居の実質を低下せずして、国民の希望に添うには収容力の増加より途はない。」と（鹿島茂 2018）。

小林の思いを実現するためには、劇場を大規模にするだけでなく、開演時間を含め興行のやり方や俳優との契約の改革が必要だった（小林一三 2019）。ここではこれ以上話を進める余裕はないが、彼の国民劇・大劇場構想は、東京有楽町での東京宝塚会館における東京宝塚劇場や東宝映画、東宝歌舞伎へとつながっていく。

この時点において、小林の思いは明確だった。「ターゲットは庶民（mass）、コンセプトは低価格、しかして質は落とさない」という理念である。その思いは次の百貨店やホテル事業にも引き継がれる。

第11章

✛ 百貨店事業

小林は阪急電車のターミナルである梅田に1920年にビルを建て、白木屋に日用雑貨の小売店を任せた。しかし、25年に改造工事を行ってからは自身で阪急食堂を４・５階に、阪急マーケットを２・３階に開業した。29年には地上８階地下２階のビルに改築し、阪急百貨店を開業した。日本初のターミナル百貨店である。

当時の百貨店は、三越を代表として呉服屋から発展したところが多く伝統的な商法が中心だった。重要顧客向けの催事や外商活動、送迎バスなどの集客にお金をかけていた。阪急百貨店は、それに対して駅近のメリットを生かして、庶民のための百貨店づくりにまい進する。目指すは「安くて良い物を」だ。

　しかし、単なる値引きでは周りの商店に迷惑をかけるだけなので、自分たちの仕組みでもって低価格を実現することに注力した。製菓、製パン、衣料品で直営工場を設置した。今でいうPB（Private Brand）だ。「直営製菓場では儲けるな」という小林の方針により、製品の種類を減らし特色あるものを製造した。特に1個1銭5厘のあんパンと5銭のシュークリームは飛ぶように売れた。また、市価10銭の洋菓子は50種類揃え、1個5銭均一で販売した。また、ワイシャツを主とする繊維雑貨の製造にも着手した（阪急百貨店社史編集委員会 1976）。

　彼は百貨店内の大食堂にも注力した。思いは変わらない。「どこよりも安く、どこよりもうまく、そして心持が好い」ものにしたかった。そのために食堂メニューを工夫した。メニューは洋食中心で50銭のランチと、ビーフステーキ、カツレツ、オムレツ、ハムサラダ、コロッケ、ライスカレーなどの一品料理で一皿30銭均一だった（その後、洋食の値段は20銭に値下げ）。和食でなく洋食中心にしたところがみそだ。洋食だと、一年中同一品質のものをふんだんに用意できるという理由だ。細かいところまで配慮が及ぶ！

　大食堂の食材用としてだが、日本で初めて牛の預託制度も行った。阪急が子牛を買い農家に預託する。農家はこれに飼料を与えて育てる。その間は、労役にも使える。牛が大きくなると、阪急はそれを時価で買い上げる。こんな方式で、戦争直前には8,500頭まで拡大したという。

　大食堂経営では、1つのエピソードが残っている。百貨店開業は1929年。昭和恐慌が始まった年だ。その頃、ライスのみを注文してテーブルに備えられていたウスターソースをかけて食べるソーライスが若者のあいだで流行した。レストランはどこともそうしたお客さんの対処に苦労した。大食堂もライスだけを注文する客を締め出そうとしたが、小林はそれを止めさせた。彼はこう言ったという。「今は貧しいが、やがて結婚し子供ができる。その時ここでの食事を思い出し、家族で来てくれるだろう」と。

　そして、「ライスだけのお客様を歓迎します」との張り紙を貼り、それを注文するお客さんにはさらに福神漬けを多く盛りつけたという。常識外の対応だが、彼がターゲットと考える「庶民」をとても大事に思い、彼らと息の長い関係を創りあげたいとする思いが伝わる。

✧ ホテル事業

　洋風生活様式にこだわる小林は、ホテル事業にも取り組んだ。宝塚ホテル（1926年）やその分館として六甲山ホテル（1929年）を開業している。しかし、両ホテルとも集客がうまくいかず、小林は「ホテル事業は難しい」とつぶやくことになる。

　ホテル事業で本領を発揮したのは、1938年の東京新橋の第一ホテルの建設のときだ。同ホテルを始めるにあたり、サラリーマンの出張事情を調べた。東京滞在の旅費は平均6円から8円。到底10円のホテルには泊まれない。そこで安い日本旅館か、または友人・親戚の家に厄介になる。出張するサラリーマンのそんなニーズに応えようと考えた。

　まず、都心の交通至便な場所にホテルをつくる。一泊2円か3円、汽車の二等寝台料金と同じ位の値段にする。他方、設備は最新で外観やホールは帝国ホテルにも負けないものにする。だが、客室は小さくして部屋数をたくさんとる。昼間仕事して、ホテルに寝に帰るサラリーマンならそれで問題なし。こんなホテルを考えたのだ。それなら客室が1,000室あってもやっていけるというわけだ（鹿島茂 2018）。

　「大阪から東京へ出張して、少し倹約して余ったお金で家族に土産を買って帰ることができる」というわけだ。今でいうビジネスホテルだが、それがこの第一ホテルである。ここでも、「庶民のために、できるだけ安く、心地よく」という彼の思いが働いている。

　以上、阪急電車創業時の小林一三の事業展開を見てきた。それら事業を導いたのは「阪急らしさ（スタイル）」に他ならない。

第11章

3 阪急スタイルと事業

　小林一三の事業は鉄道でスタートしたが、乗客の確保が難しく採算の見込みは乏しかった。そこで、住宅地開発事業を並行させ、開発分譲の利益を得つつ、かつ鉄道の乗客も確保するという一石二鳥の手を発案した。

　鉄道の乗客増のために沿線に住宅地を創るという発想はそれまでにはないものだった。引き続いて挑んだ、箕面での動物園、宝塚での新温泉・パラダイス、豊中での運動場も沿線開発の一環であった。

　その一連の試みには、後に言うところの「阪急らしさ（スタイル）」が少しずつ現れている。住宅地分譲においては、①街並みを整え、②電気・水道などの住環境の整備を図り、③洋館を品揃えに追加し、④共同購買組合や社交場を設置し、⑤割賦販売方式を導入して質の高い住宅・分譲地を開発すると共に、割賦販売を取り入れ資産を持たない人でも買えるようにした。

　観光・小売施設開発でも、小林は施設開発（ハード）に終わることなく、その施設の使い方（ソフト）にまで踏み込んだ。①宝塚では本格的大劇場ならびに歌劇団の創設、②箕面の動物園では動物の生態を見ることができる施設設置、③豊中の運動場では全国中等学校優勝野球大会の開催、④梅田の百貨店では今でいうPBづくり、⑤レストランでは洋食中心のメニュー等などユニークな提案を行った。

　経営者でかつ資本家でもある小林にとって、利益は大事な目的だ。だが、同時に小林には顧客への強い思い（大義）があった。それは、「庶民に向けて、洋風の質の高い生活経験を低価格で実現させたい」、「決して下品さや野卑さに陥ってはならぬ」（まさに「清く、正しく、美しく」）というものだった。それが阪急のブランド・ビジョンとなり、阪急らしい事業を創り上げることになった。次に示す事業群

【図11‐1　阪急スタイルと事業群】

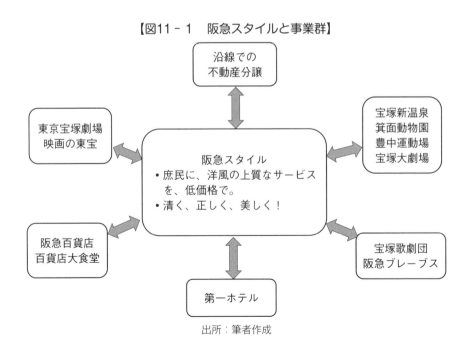

出所：筆者作成

が四半世紀ほどのあいだに誕生した。

　これら事業のいずれにも、「阪急らしさ」が埋め込まれている。同時に、それぞれの事業の多くが「阪急らしさ」を生かしながら事業として成功することにより、あらためて「阪急らしさ」が現実世界に通用することを立証していった。図11－1において、中核にある阪急スタイルと各事業とのあいだが双方向の矢印で示されているのは、「らしさ」が事業を生むと同時に、成功した事業群が「らしさ」の現実妥当性を立証したことを表すためである。

✣ 独創的な事業群

　阪急スタイルを軸として構成されたこれら事業群はこの当時としては世界に類例がない特徴を備えている。そう考える理由の第1は、不動産、観光施設、歌劇団、ホテル、百貨店、食堂、劇場ビジネスのいずれもが、すでに述べたように、それぞれの業界の常識を打ち破る試みだったことである。

　加えて第2に、これら事業群は、鉄道業を基盤として生まれそして鉄道業を支えたことである。事業同士が互いに需要を提供し合うシナジー（相乗）効果が働いている。各事業は鉄道業に乗客を増やすことで貢献し、鉄道業は各事業に対して交通の至便性を提供した。細かく見れば、各事業のあいだでもそうした効果を見ることができる。

　その後現在に至るまで、阪急電車自体は京都や千里方面に延伸されホテルや百貨店や劇場の数も増えたが、前頁の図の体系の基本は変わっていない。また、他の鉄道会社も小林のこの事業モデルを手本にした。その意味で、小林のこの事業モデルには、高い合理性と先見性があったことがわかる。

第11章

　阪急スタイルが現代に至るまで消えることなく続いてきた背景には、長い時代を経ても風化しない独創性や合理性や先見性がスタイルに埋め込まれていたからだと理解できる。

4 おわりに：ブランド・ビジョンを実現することで常識を打ち破る

　小林には、自分の会社の利益だけを考えるのではなく、こうした社会をつくりたいという強い思いがあった。社会に向けた「大義」に他ならない。それは、阪急に

Column11 - 2

小林一三のブランド・ビジョン

　デービッド・アーカーは、『ブランド論』において、ブランド構築におけるブランド・ビジョンの役割をとくに強調している。ブランド構築においては、こうなってほしいと願うイメージをはっきりと言葉で説明したビジョンが不可欠だという。

　そして、「ブランド・ビジョンがピタリとはまった時、①それは事業戦略を的確に表現することで戦略の一助となり、②競合他社から自社を差別化し、③顧客の共感を呼び起こし、④社員と事業パートナーに活気と刺激をもたらし、⑤マーケティング・プログラムのためのアイデアの噴出を引き起こすことになる」と述べる。逆に、ビジョンが不在だと、「そのブランドは当てもなくさまよい、マーケティング・プログラムは一貫性を欠いて効果の乏しいものになる」と述べる。

　その時代にブランド・ビジョンという呼び名はなかったが、「庶民に向けて、より良い物をより安い価格で、心地よく」および「清く、正しく、美しく」は立派なブランド・ビジョンだ。このブランド・ビジョンには高い理想があり、なによりシンプルだ。自身の理想をシンプルに語るビジョンはそう多くない。このビジョンが、阪急の各事業戦略にピタリとはまり、大きい成果をもたらした。

　ただ、ブランド・ビジョンの効能はそれ以上のものだ。ブランド・ビジョンは、現在のビジネスモデルを超えていく道標になる（栗木契 2015）。阪急の例で言うと、阪急が沿線事業に取り組み始めた当時、業界にはすでに完成したビジネスモデルがあった。演劇界では〈松竹〉そして百貨店業界では〈三越〉のビジネスモデルがそれだ。いずれもビジネスとして成功していた。しかし、小林はそれらのビジネスモデルを乗り越えたかった。

　乗り越えるために、自身が掲げたブランド・ビジョンが道標になった。つまり、ブランド・ビジョンは、戦略的アイデアを導き、新ビジネスモデルを促し、業界に革新を起こす源泉となりうるものなのだ。

おいてブランド・ビジョンとなった。彼は、そのビジョンを掲げながら他に類例のないと事業群を創り出していった。

　しかし、そうした社会の大義はふつう、収益とは対立しがちなものなのだ。図にするとわかりやすい。

　阪急の多くの事業群は大義があり事業としても成功した（図の右上）。しかし、

【図11-2　大義と事業】

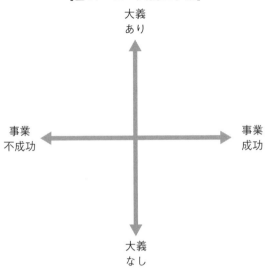

出所：筆者作成

大義があっても事業は失敗することもある（左上）。小林も動物園や水泳プールはうまくいかなかった。あるいは、そもそも利益だけが目的で大義は持っていない事業もある（右下、左下）。世の中にはいろいろな経営者や事業がある。

　小林一三が掲げた「低価格で、上質のサービスを提供する、しかも心地よく」というブランド・ビジョンは、それだけ聞くとそれを事業として達成することは難しそうだ。というのは、低価格と上質の心地よいサービスは二律背反的に見えるからだ。上質の心地のよいサービスを提供しようすれば、コストが上がり料金も上がる。料金を下げようと思えばサービスの質を落とさざるをえない。これが経済の常識だろう。

　われわれは、えてしてこうした経済の常識という落とし穴に陥ってしまう。そして、価格優先に舵を切ったり、サービス優先に舵を切ったりしてしまう。安易な道を選ぶのだ。

　ここで、歯止めになるのがブランド・ビジョンである。小林にとって、掲げたブランド・ビジョンはたんなる言葉だけのお飾りのビジョンではなかった。「この大義を守れずして、なんの事業の意味があるのか」と思っていたのだろうと思う。そうした強い思いが、二律背反を克服する道の発見へと至ることになり、世界に類のない事業群を生み出すことにつながったのだ。

第11章

　人並みの事業を創ることで満足するのであれば、ブランド・ビジョンは不要かもしれない。しかし、社会に足跡を刻むような歴史に残る事業経営者となるためには、ブランド・ビジョンは不可欠なのだ。その意義をいくら強調しても強調しすぎることはない。

❓考えてみよう

① 　阪急電車の車内の中吊り広告には、扇情的な週刊誌の広告は見られない。「電車の中は公共の場所と考えていて、週刊誌の広告にはごくまれに公共の場所にふさわしくない内容が含まれる場合があるのでその都度判断している」と広報の担当者は言う。あなたは阪急電車のこの方針をどう考えるか？

② 　ブランド・ビジョンと事業の成功を両立させるのは、ふつうは難しい。それはなぜだろうか。その一方で、小林・阪急がその難しさを乗り越えた。どうしてか考えなさい。

③ 　阪急のように、会社としてのビジョンを大事にしている会社を挙げなさい。また、どういう点でそう思うか考えなさい。逆に、この会社は事業としてはうまくやっているが、大義はあまり感じられないという会社があれば指摘しなさい。

次に読んで欲しい本

• 石井淳蔵・栗木契・横田浩一編著（2015）『明日は、ビジョンで拓かれる』碩学舎。
　☆ビジョンが会社経営においてどのような役割を果たすのかを代表的な会社ケースを紹介しながら理論的に説明する。
• 鹿島茂（2018）『日本が生んだ偉大なる経営イノベーター　小林一三』PHP研究所。
　☆わが国の偉大なる経営イノベーターとしての小林一三の諸々の業績を紹介し、それを可能にした条件を説明する。
• デービッド・アーカー（2014）（阿久津聡訳）『ブランド論』ダイヤモンド社。
　☆ブランド・ビジョンが会社経営において果たす機能が紹介する。

第 12 章

技術、市場分野の拡大による
ブランド進化：
良品計画〈無印良品〉

第1章
第2章
第3章
第4章
第5章
第6章
第7章
第8章
第9章
第10章
第11章
第12章
第13章
第14章
第15章

1　はじめに
2　良品計画「無印良品」：技術、市場分野
　　の拡大によるブランド進化
3　無印良品のブランド進化
4　おわりに

1 はじめに

　「無印良品」は「わけあって、安い。」をキャッチフレーズに、株式会社西友スト
ア（現：合同会社西友）のプライベートブランド商品として1980年に誕生した。
創業からおよそ40年経ち、2020年2月末時点で、無印良品は国内437店舗、海
外533店舗（28の国・地域）の店舗数を抱えるグローバル企業へと変貌した。現
在は、株式会社良品計画が無印良品の企画開発・製造から流通・販売を行っている。
図12-1は、1995年に株式を店頭公開して以後の連結売上高と営業利益の経年変
化を示した。この図から、同社が何度か減収減益の危機に陥りながらも、おおむね
増収増益傾向で、成長を続けてきた企業であることが分かる。2019年度の連結売
上高は4,377億7,500万円、営業利益は363億8,000万円となっている。

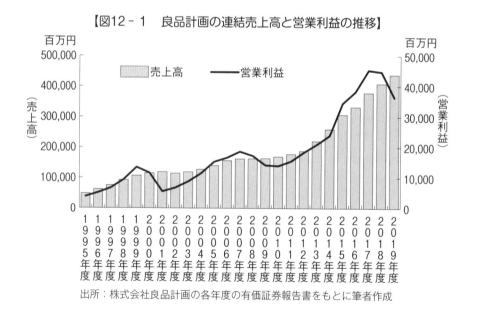

【図12-1　良品計画の連結売上高と営業利益の推移】

出所：株式会社良品計画の各年度の有価証券報告書をもとに筆者作成

　無印良品は、ノーブランドという意味の「無印」と、グッドプロダクツという意
味の「良品」の組み合わせから始まった。日経BPコンサルティングのブランドイ
メージ調査「ブランド・ジャパン2020」によると、無印良品は一般消費者が選ぶ

「強い企業ブランド」で3位にランキングインしている。

　このように、無印良品はブランドを否定して生まれたものの、その成長過程でそれ自体がブランド化していき、今では世の中によく知られているブランドの1つとなった。**写真12-1**は、無印良品銀座の外観イメージである。

【写真12-1　世界旗艦店　無印良品銀座の外観】

提供：株式会社良品計画

　無印良品を支えている商品群は、幅広い商品カテゴリーを網羅しているところに特徴がある。当初、同社の取扱品目は40種類（家庭用品9品目、食品31品目）から始まった。現在では、7,000品目以上の多種多様なアイテムを取り揃えたラインナップを誇っている。具体的に、衣服・雑貨（紳士、婦人、子供など）、生活雑貨（家具、文房具、化粧品など）、食品（レトルト、お菓子、飲料など）といった生活分野を幅広くカバーしている。同社は商品販売をコア事業としながら、飲食販売、キャンプ場運営、住宅販売といった関連事業にも進出している。

　一般的に、商品カテゴリーを広げ過ぎると、ブランド・イメージが希薄化するリスクが高まるとされる。しかしながら、無印良品は、技術を変え、市場分野を変えながらも、なんとなく無印っぽいという一貫したブランド・スタイルを保つことで成長を遂げてきた珍しい企業の1つである。

　ではなぜ、消費社会へのアンチテーゼとして生まれた無印良品は、その世界観に共感する消費者を多く生み出し、強いブランドへと昇華させることができたのであ

第12章

173

ろうか。その理由について、無印良品という逆説的なブランドの成長過程を追いながら、明らかにしていくことにしたい。

2 良品計画「無印良品」：技術、市場分野の拡大によるブランド進化

❖ 無印良品誕生の背景

　無印良品が誕生する直前に、1973年のオイルショックを契機に、日本経済が高度成長期から成熟期に入り、人々の消費行動が大きく変化した時代であった。世界的に「ノーブランド」商品のブームが起こり、フランスの大手スーパー、カルフールが先駆けて過剰な装飾や品質を排した商品を安値で販売した。日本でも消費者の節約志向の強まりに対応して、ダイエーやイオン、イトーヨーカ堂といった大手流通各社は低価格商品のプライベートブランドやノーブランド戦略に乗り出した。しかしながら、価格を重視するあまり、「安かろう悪かろう」という必ずしも好ましいとはいえない状況に陥っていた。

　そこで、無印良品の母体である西友は、他社と差別化し、品質と価格を両立できるような商品づくりの手法を模索していた。その1つは、西友が1974年に商品科学研究所を設立して定期的にモニターテストを行い、消費者意識の確認を図ろうとしていたことが挙げられる。ある日、モニターテストの場で、「生のマッシュルームは丸いのに、なぜ缶詰では端の部分が省かれているのか？」という主婦の発言があったという（流通産業研究所 1986）。当時、マッシュルームを商品化する際、端に当たる丸い部分をカットするのは常識であり、疑う余地のない商品規格であった。調べてみると、かたちを整えるために全体の10％も無駄になっていることが分かった。この主婦の素朴な疑問が発想の転換につながり、商品開発スタッフの間で商品の原点を見つめ直す作業がはじまったという（流通産業研究所 1986）。

　その結果、使い手としての生活者の立場に立ち、「素材の選択」、「工程の点検」、「包装の簡略化」という3つの視点から既存商品の見直しをはかり、無駄を省くことに努めたという。具体的には、まず素材の選択であるが、例えば、品質は変わらないのに、見栄えのために捨てられているものなどを活かして、低価格で良質の商品を実現した。次に、工程の点検であるが、不揃いのままにしたり、つや出しせず

Column12 - 1

堤清二と無印良品

　堤清二はセゾングループの創業者として知られている。セゾングループとは、かつて存在した一大流通グループのことであり、その傘下にクレディセゾン、良品計画、ファミリーマート、ロフト、パルコ、吉野家などといった名高い企業があった。セゾングループは、2000年前後に経営不振に陥り、解体された。堤清二はグループを形成、発展させる一方で、事業の急拡大の失敗により解体を招いたことから、経営者としての評価が分かれる人物でもある。

　堤清二の経営者としての原点は1954年、27歳の時に入社した西武百貨店にある（鈴木哲也『セゾン　堤清二が見た未来』日経BP社 2018）。それも西武グループの創始者であった父・堤康次郎の命を受けて入社したそうである。1964年に康次郎が死去後、堤清二が事業継承した西武百貨店は当時、「ラーメンデパート」と揶揄された。ラーメンを食べるほか、買うものがないという意味だという。堤清二にとって、ラーメンデパートを立派な百貨店にする以外、経営者として成功する道は残されていなかった（鈴木哲也『セゾン　堤清二が見た未来』日経BP社 2018）。老舗百貨店三越や髙島屋などに対抗して、当時まだ珍しかったイヴ・サンローランやエルメスなどの高級ブランドを西武百貨店に誘致し、気鋭のデザイナーの商品も扱い、80年代のDCブランドブームの一翼を担った。また、1969年には、買収していた池袋の百貨店「東京丸物」をファッションビルの先駆けとなる「パルコ」に改装し、1973年に開業した渋谷パルコは劇場を併設するなど、商業施設を文化発信拠点にも変えた。これらは、過去の業態を大胆に否定し、新しい機能を創造するという堤清二の「自己否定」の思想と深く関係している。それが最も顕著に表れたのは、無印良品であった。高級ブランドブームの仕掛人が、真っ向からブランドを否定して、ノーブランドという意味の無印良品を創出してしまったからである。堤清二は、無印良品を「反体制商品」と呼び、「消費者の自由」を唱えた（鈴木哲也『セゾン　堤清二が見た未来』日経BP社 2018）。常に常識を疑い、アンチテーゼを提示するという点においては、現代のビジネス世界にも通ずる示唆ともいえる。

に仕上げたりして、商品本来の質に関係のない無駄な作業を省いて必要な工程だけを活かすことで、コストダウンにつながった。最後に、包装の簡略化であるが、過剰な包装をせずに、まとめて一括包装したり、共通容器に入れたりすることで、包装の手間や経費を減らすことに成功した。

　このように、既存商品への疑問が商品開発スタッフに消費者目線の再確認ともいえる契機をもたらすことになり、無印良品の誕生へと結びついたのである。

❖ 無印良品のコンセプトの確立

　先述のとおり、同社は生活者の目線に立って、「素材の選択」、「工程の点検」、「包装の簡略化」の3つの視点から既存商品の見直しを図ることにした。その結果、1980年12月に西友のプライベートブランドとして無印良品がうぶ声をあげることとなった。新聞に掲載された全1ページの一色の広告が人々の注目を集めた。そこには手形のようなものが掲げられており、無印良品と書かれていた。「ノーブランド」で「良い品」を意味しており、「わけあって、安い」というキャッチフレーズが添えてられていた（株式会社良品計画　2010）。

　全商品は、家庭用品9アイテム、食品31アイテムの計40アイテムであった。西友の食品・日用雑貨売場でのコーナー展開をはじめ、西武百貨店14店舗、ファミリーマート6店舗で販売されていた。代表的なものには、割れ椎茸、形が不ぞろいの鮭水煮、詰替え用ティッシュなどといったように、これまで見落としてきたもの、捨ててしまうものがほとんどであった。商品開発のコンセプトである「素材の選択」、「工程の点検」、「包装の簡略化」という3つの「わけ」が当時の新聞広告のみならず、商品ラベルにも記載されていた。

　これらの商品が、この後の商品開発の手本となっただけでなく、無印良品の思想を語る具体例として広告などで取り上げられた。無印良品のイメージを形成する上でも大きな役割を果たしたといえる。

　例えば、1981年の新聞広告やポスターには、「しゃけは全身しゃけなんだ。」という名コピーとともに、頭としっぽだけの鮭が描かれていた。無印良品の鮭缶には、見た目のよくないものも入っているが、味は変わらずおいしく、価格も抑えることができたというものであった。それが、見栄えなどには関係なく、「全身しゃけなんだ」というキャッチコピーにストレートに表現された。当時の常識では、鮭缶は頭や尾の部分を除いたきれいな胴体の部分だけを使用していた。それに対し、無印良品は3つのわけを用いて無駄を省くことで「安い」商品の開発を実現できたことを消費者に訴求していた（株式会社良品計画　2010）。

　このように、無印良品の代表格となった「形が不ぞろいの鮭水煮」や「割れ椎茸」などの商品自体が、キャッチコピーとともに無印良品のコンセプトや商品開発

の姿勢を世に浸透させた役割を担っていたといえよう。その結果、シンプルで気取らない生活スタイルを選ぶ消費者の間に、無印良品への共感が広まっていった。西友や西武百貨店、ファミリーマートなどの店舗で一斉発売した結果、初年度の売上目標の30億円を大きく超える、55億円もの実績をあげたという。

　その後、「わけあって、安い。」という基本コンセプトのもと、様々な切り口から時代のニーズに合った新たな価値が見出されていった。

　例えば、従来、ベビー服にはワッペンなどが付けられているのが常識であった。それらを取り除き、可能な限りシンプルに仕上げることで、シンプルなことは美しいという「経済合理性」の価値観が生まれた。「まんまの色」をテーマに、素材が綿、麻、羊毛など自然由来のものを使用した商品を開発し、「自然志向」という新たな価値観が加わった（流通産業研究所　1986）。

　また、業務用で使われていた商品を家庭用への転用を追求し、「実利志向」という価値も見出された。1982年に発売されたホテル仕様フェイスタオルはそれに当たる。ホテルで使われているタオルがシンプルで吸水性や肌触りなどにも優れているため、サイズを小さめにして家庭用に開発された（流通産業研究所　1986）。

　さらに、使い手の個性が生かせる「素」の商品の人気が高まり、「個性化」も大事な概念になっていた。本体とパーツに分けて考えられ、1982年に発売された自転車はその代表例である。本体は、安全性や基本性能に徹して必要最低限の仕様にし、パーツは別売りで用意して、乗る人の用途や好みに応じて組んでもらおうという発想であった。自分の感覚に合わせてモノを選ぶという新しい生活スタイルの提案にもなったという（株式会社良品計画公式サイト）。

　こうして、無印良品の誕生から、基本コンセプトである「わけあって、安い。」は変わらないものの、それに内包される価値は時代とともに深まっていった。

✧ 無印良品の急成長の転機

　上記のように、無印良品はコンセプトを深化させながら、衣食住にわたって取り扱う商品のラインナップを充実させてきた。しかしながら、無印良品の成長過程では、消費者との接点は、西友など店舗内の売場にとどまっていた。スーパーなどの売場に分散していたため、無印良品のコンセプトについて統一感を持って浸透させるには限界があった。1983年に無印良品を大きく発展させる出来事があった。それは、青山への路面店出店であった。専門店をオープンしたことで、飛躍的に認知

度が高まったといわれている（流通産業研究所 1986）。

　当初、この青山店は全国規模で商品を提供するためのモデルショップとして位置づけられ、商談用のショールーム的な性格を持たせるつもりでいたという。ところが、大掛かりな宣伝をしなかったにもかかわらず、開店と同時に一般客でごったがえし、1週間で1,000万円の売上を達成した。当時予想していた年間売上目標2,500万円をほぼ1ヶ月でクリアしたほどの盛況ぶりであった（流通産業研究所1986）。そのため、商談用スペースから方針転換し、一般向け専門店として運営されることになったという。

　青山が選ばれたのは、感性の優れた人々が集う場所であり、無印良品のアイデンティティを発信する拠点として最適であったためである。女性ファッション誌やインテリア誌を中心に、メディアにも大きく取り上げられ、新たなファンの獲得にも寄与した。カラフルな色使いや舶来ブランドに飽きた若い世代に、無印良品のシンプルな商品は新鮮に捉えられたのである。

　青山への出店とともに、無印良品の商品構成も大きく変わった。これまでのスーパーなどのコーナー展開と違い、専門店の広いスペースを埋めるアイテム数が必要になったためである。結果的に、約30坪の売り場を無印良品の商品だけで埋め尽くすライフスタイルショップとして展開することが、無印良品のコンセプトをより鮮明に訴求するということに役立った。

　さらに、青山店は、それまでのコーナー展開では十分に表現できなかった無印良品の価値観を打ち出すことに成功した。ショップの外壁には明治期の古レンガを張り、店内の床や棚には信州の旧家で用いられた古材を再利用した。ショップ内の壁や天井には打ちっぱなしのコンクリートで風合いを与え、自然の素材感を生かした（深澤 2011）。

　このように、自然の素材感を生かした店づくり、生成りの商品の風合い、クラフト紙の包装などで統一された店舗全体で、無印良品の目指す世界観をトータルに消費者に提案することができるようになった。

　この結果、1983年には150億円、1984年には300億円と売上は倍増し、事業は順調に拡大していった。

❖ 良品計画の設立

　ところが、青山店をオープンしてわずか2年後の1985年には成長が鈍化し、開

発スタッフの多くも、無印良品のブームは4～5年で終わると思っていたという。無印良品の世界観は、量販店である西友の常識の枠に収まりきらなくなっていた。そんな中、1985年に西友の社内に無印良品事業部が設立された。その4年後の1989年に西友から分離独立し、西友のプライベートブランド部門にすぎなかった無印良品は、資本金1億円で株式会社良品計画として新たなスタートを切った。1990年には、西友から無印良品の営業権譲渡を受け、小売事業を開始した。

　1990年代前半に起きたバブル経済崩壊以降、深刻な消費不況が続く中で「素材本来の良さを活かし、シンプルで実質的」といった無印良品の商品コンセプトが時代のニーズに合致し、ブランドの認知度が高まった。1993年に、1,000平米を超える大型店舗「無印良品ららぽーと（千葉県船橋市）」がオープンした。これは従来の店舗と比べ、2～3倍の規模であった。これを機に、同社は、渋谷パルコ、キャナルシティ博多などといったショッピングセンター、ファッションビル内にある大型店舗への出店を積極的に進めた。

　ところが、急激な大型店舗化が進むにつれ、品揃えの急拡大が迫られ、相反する形で無印良品本来の強みや原点を見失う事態を招いてしまった。それまで増収増益を続けてきた無印良品が、2001年に初めて減収減益となり、経営危機に直面することとなった。

◈ ブランドの進化

　業績悪化に対して、無印良品は様々な施策を講じていった。不採算店舗の閉鎖・縮小、不良在庫の処理、人材育成の改革、組織体制の抜本的な変更などの断行である。とくに業績悪化の一番の原因であった商品力の回復に向けて取り組んでいったという（深澤 2011）。

第12章

　例えば、2001年、消費者起点で商品開発を行うために、顧客と相互にコミュニケーションを行うことができる「モノづくりコミュニティー」をサイト上に開設した。いわゆる消費者参加型の商品開発プロジェクトである。

　このコミュニティーは、登録した利用者が販売してほしい新商品案を投稿し、商品化を望む利用者の投票が一定数に達した場合に商品化を検討し、販売を目指すというものであった。大ヒット商品となる「体にフィットするソファ」をはじめ、多くの商品が開発された。「モノづくりコミュニティー」は2009年に「くらしの良品研究所」へとリニューアルした。無印良品の世界観が含まれたコンテンツを発信

すると同時に、利用者に商品などについての意見や感想を寄せてもらい、利用者と協働しながら新たな商品やサービスの開発につなげていった。また、「くり返し原点、くり返し未来。」を合い言葉に、くらしの良品研究所は、商品のデザインや商品が無印良品の基本コンセプトから逸脱していないかを点検する仕組みとしても機能している。

　さらに、創業当初の「わけあって、安い。」という基本コンセプトのもと、時代の変化に合わせて「ワールド・ムジ」や「ファウンド・ムジ」という新たな取組みを2003年から行っていた。「ワールド・ムジ」プロジェクトでは、無印良品が海外で生まれたらどのようであったろうかという問いかけのもと、イタリア、イギリス、ドイツなどで無印良品の考え方に共感する一流のデザイナーが匿名で商品開発を行った。「ファウンド・ムジ」プロジェクトでは、世界各地の生活に根ざした優れた日用品を発掘し、無印良品の考え方で再編集、商品化した（深澤 2011）。例えば、2006年に発売された「足なり直角靴下」がその代表商品である。チェコのおばあちゃんが手編みした靴下の形状は直角で、人の足にぴったり沿う形であることを発見した。そこで、機械生産される靴下を直角にすることで、かかとにフィットする履き心地の良い靴下を実現した。このように、海外の伝統や文化、人々の知恵から発見した要素を取り入れ、新たな無印良品の製品開発につながったのである（株式会社良品計画公式サイト）。このような施策が実り、2004年以降、既存店売上高はプラスに回復した。

　先述した取組みと並行して、2002年には、「これがいい」ではなく「これでいい」という新しいブランド価値が生み出された。消費者の強い嗜好性に応えるのではなく、合理的に満足してもらえるブランドを目指すという意味が含まれているという。「これで」に含まれる小さな不満も、商品企画のアイデアでできるだけ解消することを目指した。

❖ 「感じ良いくらし」の実現

　2011年の東日本大震災を機に、人々の価値観が大きく変化することとなる。それに合わせて、無印良品は、生活者に配慮し、やさしさのある商品・サービスを具体化することで、人々に「感じ良いくらし」という社会的価値を提案する企業へと進化した（株式会社良品計画アニュアルレポート 2011）。「感じ良いくらし」を提唱する領域は、日用品からホテル、地域活性化などにも拡大していった。主に8

つの視点から様々な活動が行われている。すなわち、無駄をなくす取り組み、素の食のおいしさ、未利用資源の活用、絆を大切にする活動、公共のデザイン、長く使える・変えられる、天然資源の保全、および社会への支援の8つである（株式会社良品計画会社案内 2020）。

　例えば、無駄をなくす取組みでは、インドで古くから栽培されるジュートという麻を使用し、マイバッグを発売した。ジュートは二酸化炭素の吸収率が高く環境にやさしい植物で、耐久性の高さが特徴である。無着色で自然の表情はそのままに、簡素な仕様にすることで、人にも環境にも優しい人気商品となっている。

　公共のデザインでは、2014年に成田空港第3旅客ターミナル内のインテリアデザインを手掛けたり、2016年に「MUJI HOTEL」を開業したり、2018年に京阪電気鉄道大阪枚方市駅のデザインを担当したりして、無印良品の世界観を空間演出で訴求しようとしている。観光客やビジネスマンを含め、無印良品にあまりなじみのない顧客層にも世界観を伝えていく狙いが考えられる。

　未利用資源の活用では、世界の急激な人口増による今後の食糧確保と環境問題に目を向け、コオロギを食材とするための取組みを行っている。栄養価が高く環境への負荷も少ないコオロギをパウダー状にして「コオロギせんべい」を2020年5月に発売した。

【写真12‐2　MUJI to GO移動販売バス】

提供：株式会社良品計画

第12章

　2020年7月にオープンした新潟県上越市にある「無印良品　直江津」は、高齢化や中心市街地の空洞化などといった地域の課題解決につながる店づくりを進めている。高齢化に伴い、店舗まで足を運べない買い物難民が全国で増えている。直江津の店舗では、小型バスに生活用品を詰め込み、山間地域などを巡る移動販売の実証実験も始めている（**写真12‐2**）。

3　無印良品のブランド進化

　この章では、技術を変え、市場分野を変えながらブランドの進化を図るという考え方について、無印良品の事例を通じて確認してきた。このケースを通じて、以下のようなことが明らかになった。

1．商品開発の基本コンセプトである「素材の選択」、「工程の点検」、「包装の簡略化」は創業当初から変わらず、無印良品というブランドの原点となっている。
2．「わけあって、安い。」から出発した無印良品は、創業者の意図を超えて時代に合わせてその価値は深まっていった。具体的には、経済合理性、自然志向、実利志向、個性化から、「ファウンド・ムジ」、「これがいい」ではなく「これでいい」、「感じ良いくらし」へと進化していった。
3．無印良品は、ブランドコンセプトに合っていれば、着るものから食べ物、住まいまでのあらゆる商品カテゴリーにブランド拡張を図っていた。商品カテゴリーを絞らない代わりに、すべての商品に共通するシンプルや自然といった統一したイメージを持たせている。ブランド無印良品は、製品／技術／用途を横断したブランドとなっているといえよう。
4．無印良品の「わけ」に象徴されるように、無印良品は単品発想ではなく、全体のストーリー性、文脈をもった統一感のあるブランド展開に特徴がある。各カテゴリーで開発された商品は、キャッチコピーとともに、その商品自体も無印良品の世界観を伝え広める役割を担った。

　上記のポイントを図で表すと、**図12‐2**になる。

Column12‐2

経験価値

　顧客のブランド価値の構成次元として、機能的便益に加え、象徴的便益と経験
的便益が挙げられる（ケビン・ケラー著、恩藏直人監訳『戦略的ブランド・マネ
ジメント第3版』東急エージェンシー、2010年）。経験的便益とは、ブランド
化された製品の使用経験から得られる感覚的な喜びや認知的刺激などの便益であ
るという。

　これに対し、Schmitt（1999）は顧客価値をより多元的な経験価値として捉え、
顧客が経験するブランドの価値には5つの次元があるとしている（嶋村和恵・広
瀬盛一訳『経験価値マーケティング』ダイヤモンド社、2000年）。具体的には、
経験価値の要素として、感覚的経験（SENSE）、情緒的経験（FEEL）、認知的経
験（THINK）、行動的経験（ACT）、関係的経験（RELATE）の5つを挙げている。
この分類に照らして、無印良品というブランドが提供する経験価値の構造を整理
してみよう。

　まず、シンプルなデザインで使い勝手の良さがもたらす感覚（SENSE）に始
まり、使い込むことで「素」を旨とする美意識や感情（FEEL）が芽生え、単に
質素ではなく、消費者に使い方の余地を残すという発想から得られる知的な楽し
み（THINK）、無駄を省くことで、むしろモノ本来の魅力を輝かせるという発想
への転換でライフスタイルを変えていく喜び（ACT）、社会問題に積極的に取り
組む無印良品に共感し、その商品を購入することで社会貢献（RELATE）につな
がるなどといったように、無印良品が提供している顧客の経験価値は5つの領域
に広がっていることが理解できよう。

　このように、経験価値という視点を持つことによって、顧客価値の次元は、感
覚的・情緒的なものから、関係性にかかわるものまでの拡がりを持つことになる。
経験価値をベースにブランドと顧客との強い絆が築き上げられることで、ブラン
ド価値が高まっていくことが考えられる。

第12章

【図12－2　無印良品のブランド進化】

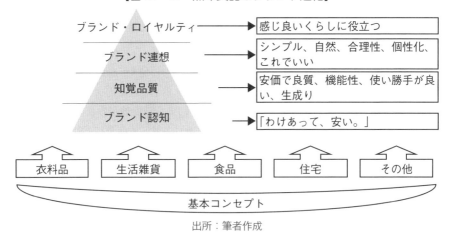

出所：筆者作成

4 おわりに

　このように、無駄を徹底的に排するという発想からスタートした無印良品であるが、無駄を省くことで、むしろモノ本来の魅力を輝かせるという発想へ転換し、さらに簡素であることは単に質素ではなく、消費者に使い方の余地を残すという発想（「これがいい」ではなく「これでいい」）、生活者の気持ちに寄り添い、感じ良いくらしに役立つという発想へと意味世界がどんどん広がっていった。ブランドの基本コンセプトを表現できるような商品や技術を幅広く探索し、商品を変え、技術を変え、市場分野を変えながら、ブランドの新たな意味や価値を創造してきた。その結果、ノーブランドであったはずの無印良品は、優れたブランドとして進化を遂げることができたといえよう。

❓ 考えてみよう
① 　無印良品のブランド育成では、どのようなことが行われてきたのかを考えてみよう。
② 　無印良品以外で、技術や市場を変えながら進化を遂げてきたブランドの事例を考えてみよう。
③ 　身近なブランドの例を取り上げ、そのブランドが提供する経験価値の構造を考え

てみよう。

次に読んで欲しい本

• 青木幸弘編著（2011）『価値競争時代のブランド戦略』ミネルヴァ書房。
　☆2000年以降に行われてきたブランド研究の成果が体系的に理解できる。
• 石井淳蔵（1999）『ブランド：価値の創造』岩波新書。
　☆ブランドによる価値創造のメカニズムが論理的に分析されているブランド研究の
　　代表的図書。
• バーンド・シュミット（1999）（嶋村和恵・広瀬盛一訳）『経験価値マーケティン
　グ』ダイヤモンド社。
　☆経験価値に焦点を当てたマーケティングへの移行について理解できる。

第12章

第 13 章

シグネチャー・ストーリーの共創：

ナイキ

1　はじめに
2　ナ イ キ
3　ナイキとアスリートのブランド共創
4　ナイキのメディア創造とユーザー体験の
　　実現
5　ブランドとシグネチャー・ストーリー
6　おわりに

第1章
第2章
第3章
第4章
第5章
第6章
第7章
第8章
第9章
第10章
第11章
第12章
第13章
第14章
第15章

1 はじめに

✧ 人類のチャレンジとシグネチャー・ストーリー

　2019年10月12日、マラソンの２時間の壁にチャレンジする「INEOS 1：59 Challenge」がイギリスの化学メーカーであるINEOSのサポートによって開催された。場所はオーストリアのウィーンにあるプラーター公園。この公園の遊歩道を折り返すコースで実施された。ケニアのマラソンランナーのエリウド・キプチョゲはこのレースで、１時間59分40.2秒の記録でゴールした。フルマラソンで人類がはじめて２時間の壁を破った瞬間だった。国際陸上競技連盟の非公認レースのため公式記録にはならなかったが、人間の限界と言われたフルマラソンの２時間の壁を破った瞬間だった。キプチョゲが使用したナイキのシューズはナイキが「α-FLY」と呼ぶ３枚のカーボン製プレートが組み込まれたプロトタイプ（試作）シューズである。この記録にはオバマ元米国大統領の祝福が寄せられたこともあり、さらに社会の話題となった。

　〈ナイキ ズームX ヴェイパーフライ ４％〉は、エリウド・キプチョゲというスーパーアスリートの存在と、彼と共にナイキが42.195キロの２時間の壁へのチャレンジという目標を設定する中で開発できたシューズである。このチャレンジは人類初めて42.195キロの２時間の壁を破った記録だけではなく「シグネチャー・ストーリー」（突出した物語）として社会全体に記憶された。

　ナイキブランドは、スポーツ競技市場はもちろん、全世界、社会に広く知られている。世界、社会に広く影響力のあるブランドになるためにどのような行動があったのか、ナイキの創業から成長、拡大に至る過程を確認し、スポーツ競技シューズのブランドがなぜ社会全体に浸透し独自の地位を確立したのかについて考えることにしよう。

2 ナイキ

✧ ナイキの概要

ナイキは391億ドルの売上（2019年度）を持つスポーツ用品メーカーである。

【図13－1　製品カテゴリー別売上構成（2019）】

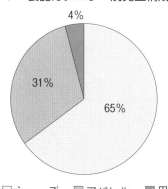

出所：Nike, Inc. アニュアルレポート

【図13－2　事業別売上構成（2019）】

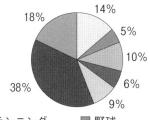

□ ランニング　　　■ 野球
▨ ジョーダン・ブランド　■ サッカー
▨ トレーニング　　■ スポーツウェア
■ その他

出所：Nike, Inc. アニュアルレポート

【図13－3　地域別売上高（2019）】

□ 北米
■ 欧州・アフリカ
▨ 中国
■ アジア・南米

出所：Nike, Inc. アニュアルレポート

【図13‐4　ナイキ売上高推移（単位：10億ドル）】

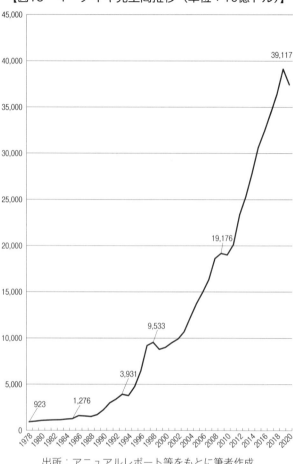

出所：アニュアルレポート等をもとに筆者作成

　この売上は、世界トップで２位のアディダスとは100億ドル（約１兆円）の差がある。

　製品カテゴリー別売上構成は、シューズ（フットウェア）65％。アパレル31％である。また事業別の売上では創業事業の１つであるランニングが14％である。特徴的なのは元NBAプレイヤーのマイケル・ジョーダン関連製品の売上高が31億ドル（約3,300億円）にも上り、全体の売上高の10％を占めていることである。１人のアスリートとの協働によってブランドを創り上げ、そのアスリートが現役引退（1993年）をした後もブランドを成長させ続けているのである。

✣ フィル・ナイトの事業アイデア

　ナイキの創業者・フィル・ナイトは1938年アメリカのオレゴン州ポートランドの郊外で生まれた。地元の公立高校で陸上競技を始め、ランニングと出会った。オレゴン大学に進学したあとも陸上競技部に所属した。後に共同経営者となるビル・バウワーマンは、オレゴン大学陸上競技部のコーチであった。オレゴン大学の陸上競技部はオリンピック選手を輩出するほどの高いレベルの選手が所属していた。その陸上競技部でナイトは中距離のアスリートとして活動していた。

　ビル・バウワーマンは当時のナイトのことを「グッド・スカッド・マン（良きチームの一員）」と表するように、アスリートとして突出した存在ではなかった。ナイトはオレゴン大学卒業後1962年にスタンフォード大学ビジネススクールに進学した。ビジネススクールで受講した講義の1つにスタートアップ（起業）に関する講義があった。その講義で提出した事業企画レポートがナイキのビジネスの原点となっている。そのレポートは陸上競技シューズの事業だった。

　事業のポイントは安価で高品質の製品を生産できる、日本の製造業が持つ能力に注目したことだった。当時、陸上競技シューズのトップ製品はアディダスが開発したものだった。しかしアディダスのシューズは米国では購入が難しく、高価格であった。そこでナイトは、アディダス製品の機能や品質と日本企業が持つ生産技術と安価な労働力を組み合わせれば、米国市場で高品質・低価格の陸上競技シューズが開発できると考えた。ナイトはこのレポートをクラスメートにプレゼンテーションした。しかし、誰もその内容を評価することはなく質問すらも出なかった。さらに担当教授もクラスメートもレポートの内容もプレゼンテーションがあったことすらも記憶していない。

✣ ビル・バウワーマンの製品イノベーション

　ビル・バウワーマンは、オレゴン大学陸上競技部コーチでありながらシューズの改良も自ら行う能力を持っていた。なぜ、シューズの改良を自ら行うかと言えば、選手の能力を引き出しよりレースで勝てる選手、記録を更新できる選手に育てるためである。

　もともと既存のシューズを解体し、改良を加えることを日常的に行っていたバウ

ワーマンは、日本人の足とアメリカ人の足の違いがあることを理解していた。そのため、当時、販売代理店契約を結んでいた日本のオニツカ（現在、アシックス）のシューズを選手が使った状況を見て改良のポイントを、メモ、スケッチ、デザインとして示し、オニツカの開発チームに提案した。オニツカのシューズにバウマーマンのアイデアが反映されたシューズの代表的製品が、「Tiger CORTEZ（タイガー　コルテッツ）」である。コルテッツは1967年にオニツカから発売された。ナイキは設立時にナイキのロゴをつけたタイガーコルテッツと同じデザインのシューズを開発し、「コルテッツ」の名称で販売した。これをきっかけにしてオニツカはナイキを訴えて裁判で争うことになる。

【写真13‐1　フィル・ナイトとナイキキャンパス】

出所：Mark Peterson/Redux/アフロ

　バウワーマンによる製品の開発はその後も続き、1971年にはクッション性とグリップ性を高めた「ワッフルソール」を開発する。ソールとは靴底のことである。ワッフルソールは靴底がお菓子のワッフルの表面のような形状をしていることと、ワッフルメーカーから着想を得たことから名付けられた。ワッフルソールは50年以上変化していなかった陸上長距離競技シューズのアウターソール（地面に触れるソールの底面）にイノベーションをもたらした。

✦ ナイキの製品イノベーション

　1977年３月、NASAの元エンジニアだったフランク・ルディがナイトを訪問してきた。ランニングシューズのソール内部にエアバッグを組み込んだプロトタイプ（試作品）を持ってきていた。高圧ガスを充填したエアバッグ（ポリウレタン製のカプセル）をシューズのソールに組み込み、クッション性を高めるアイデアだった。製品の革新性を直感したナイトはエアバック技術使用料として一足に付き15セントを支払うことで契約した。

　しかしこれまでナイキの製品イノベーションに貢献してきたバウワーマンはこのアイデアに否定的だった。ナイキのエアバッグシステムはランニングシューズから、バスケットなど他の競技へ展開した。同時に業界にクッションへのテクノロジーの関心を高めてクッション競争が繰り広げられる。1987年、エアバッグを、前足部にも装着した「エア　マックス」を発売した。エアバッグを外から見えるようなデザインとし、「ビジブル・エア」と名付けられた。

3 ナイキとアスリートのブランド共創

✦ アスリートが製品を使用する効果

　1972年のミュンヘンオリンピックの全米陸上競技選手権では、ナイキのロゴが入ったシューズを選手に無料配布した。このような上位のアスリートに自社の製品を使ってもらう手法は、他の選手の製品選択に影響を与える効果を期待するものである。この手法はアディダスがはじめて実施した。そしてオニツカはじめ他の競技用シューズ企業もそれにならい業界の慣習となっていた。ナイキの前身であったブルーリボンスポーツもこの手法を活用した。しかし誰に製品を提供するかの選択は、調査資料などに基づいたものではなかった。ナイトや選手の契約担当役員が新聞、雑誌で目に留まった選手を直感的に選択していた。

第13章

⟡ ナイキ・ガイ

　社会が関心を持ち、社会に影響を与える人々と企業などが契約を締結することを「エンドースメント契約」と呼ぶ。エンドースメント契約では、企業が契約金を支払い、契約対象となる人々が特定の製品を使用することを約束する。企業はその人物に対して特性製品の使用を独占できるメリットがある。

　1970年代後半からナイキ製品のカテゴリーを陸上競技から他の種目に拡張するため、競技人口（市場規模）の多い種目、少ない種目を問わずアスリートとの契約を進めた。しかしすべての種目においてアスリートとの契約が売上に貢献したとは限らなかった。

　1970年代の米国での人気スポーツはバスケットボールとテニスだった。この2つの種目のアスリートに自社製品を使ってもらうことで、顧客と製品を結び付ける効果があると考えた。特にテニスは観客が注目するコートにはたった2人（シングルス）のアスリートしかいない。否応無しに観客はアスリートが使用する製品を目にすることなる。エンドーサー（使用、保有することによって、直接的・間接的に消費者に推薦する人々）としてはうってつけと考えた。

　1973年、ナイキがエンドースメントとして契約をしたテニス選手はイリー・ナスターゼだった。ナスターゼは全米オープン（1972年）、全仏オープン（1973年）を制したプレイヤーである。そのプレイスタイルは特徴的だった。テニス競技はプレイヤーには貴族的な振る舞いを求められる種目である。コート上で競技と関係ない行動をすることや、相手プレイヤーや審判に暴言を吐くなどは許されていない。しかしナスターゼは試合中の暴言を吐くことや試合をキャンセルするなど、従来のテニスプレイヤーの常識とはかけ離れた型破りなプレイヤーだった。コート上で型破りな言動をしながらも試合には勝ってしまう。このようなナスターゼのスタイルは従来の体制に立ち向かうチャレンジャーとして社会の注目と人気を集めることになった。ナスターゼはテニスに関心ある人々はもとよりテニスに関心のない人々にも知れ渡ることなった。当然、ナスターゼがプレイする間、使用するナイキのシューズには、人々はナスターゼのプレイスタイルと重なる印象を受けることとなる。

　ナスターゼはナイトを含む当時のナイキ経営陣の思考や好みを反映していた。すなわち従来の常識やルールにこだわらずチャレンジし、勝つことに執着することで

あった。

　テニスプレイヤーのエンドースメント契約の3人目はジョン・マッケンローだった。1978年のことである。マッケンローは1977年の全英オープンで優勝した。ナイトは直感的にマッケンローと契約をしたいと考えた。マッケンローもナスターゼ同様、単に強いだけでなくコート内外での暴言や不作法な振る舞いが特徴的な型破りなアスリートだった。マッケンローとの契約後、マッケンローがナイキ製品を使っただけで大量に売れ続けた。

　このように当時のナイキ経営陣が好んで契約したアスリートは、勝利に対して強い執着を持ち記録や勝負にチャレンジすることや、高い技術と身体能力を持つだけでない。加えて、その当時のプレイスタイルの「常識」にチャレンジし、「新たな常識」を創ることができるアスリートであった。これらのアスリートはそのスポーツ種目のファンのみならず、社会からも注目され話題になった。このようなナイキが選択する「英雄的アスリート」はナイキ社内では「ナイキ・ガイ」と呼ばれた。

✧ ナイキ・ガイと契約する意図

　ナイキ・ガイと契約する背景には、「偉大なスポーツ選手が求める製品はファンを生み出す。顧客は製品を応援することはなく顧客が応援するのは偉大なスポーツ選手である」（カッツ 1996）の考えがある。ナイキ・ガイは顧客と製品を結び付ける対象となると考えていた。ナイトは自社の製品をトップアスリートに提供する目的を次のように説明している。すなわち、「英雄的な選手を崇拝するスポーツファンはいても、スポーツ製品を崇拝するファンはいない。」しかし「誰も製品自体を応援したりしない」ため「製品には、何か心を引く深遠なものとのつながりが必要」（カッツ 1996）である。「偉大な選手が求めるスポーツ製品はファンと言えるような顧客を生み出す」（カッツ 1996）。つまり顧客は製品そのものを応援することはなく、顧客と製品を結びつける何らかのつながりを生み出すことが必要である。そのため「ずば抜けた才能を持つスポーツ選手が栄光を手に入れる手助けを会社（ブランド）がしていけば、すばらしい結果が生まれる」（カッツ 1996）ことを期待し、ナイキは積極的に「ナイキ・ガイ」を発掘し契約した。

◈ マイケル・ジョーダンをプロデュースする

①　カール・ルイスの活躍とスーパーアスリートの要件

　1980年頃からスポーツエージェントのハワード・シュトラッサーと関係を結び、アスリートとの契約を進めた。当初は場当たり的に契約をしていたアスリートを1983年からは陸上競技のプロモーションを小人数のスーパースターに絞り込む方針を打ち出した。その成果は翌年（1984年）のロサンゼルスオリンピックに現れた。男子陸上トラック競技ではナイキ製シューズを使用していないゴールドメダリストは３名だけで、それ以外はすべてナイキ製シューズを使用していた。ナイキの契約選手の中で特に大きな成果はカール・ルイスだった。カール・ルイスは３つの種目でゴールドメダルを獲得した。ナイキにとってカール・ルイスの活躍は、ブランドを社会に拡散できるアスリートの要件を明らかにすることにつながった。一方で問題も明らかになった。多くの注目を集めることには成功したが、商品の販売には結びつかなかったのである。

②　マイケル・ジョーダンとの契約

　1984年にはバスケットボール競技にもこの方針が拡張された。ナイキが注目した選手がマイケル・ジョーダンだった。ジョーダンは当時、ノースカロライナ大学の学生だった。ただし当時のマイケル・ジョーダンはアディダス以外は使用しない選手だった。当時、バスケットボールの契約選手には市販シューズの提供はするが、契約選手専用のシューズを開発することはなかった。一方、テニスの分野では契約選手の専用シューズを開発し、選手の名前などを付け市販されていた。このような製品は「シグネチャーモデル」と呼ばれる。

　その時のジョーダンの契約金は５年契約で250万ドル（約２億5,000万円）とも言われた。その後、2020年時点までジョーダンとナイキの契約は継続し2019年の契約金は推定１億3,000万ドル（140億円）と言われている。ジョーダンとの契約のためナイキは、製品のみならずコミュニケーションを含めたマーケティング・パッケージの提案を用意した。複数案の中から選択されたマーケティング・パッケージが「エア・ジョーダン」だった。高いジャンプ力を持つジョーダンの特徴と、ナイキ独自のエアバッグを使った衝撃吸収テクノロジーとを結びつけ、ジョーダンを卓越したイメージへ拡張する。ナイキはそのジョーダンの持つ能力と

Column13-1

ナイキブランドの誕生

35ドルのロゴデザイン「スウッシュ」

　1971年頃からオニツカとブルーリボンスポーツは販売方針をめぐって対立し合うようになる。そのような状態に危機感を抱いたフィル・ナイトは、オニツカブランドではなく自社ブランドによる製品開発と販売を考える。自社製品には、オニツカともアディダスとも異なるストライプが必要と考えた。

　ナイトはまずはシューズに表示するロゴを最初に考えた。そこでポートランド州立大学で出会ったデザイナーのキャロライン・デビッドソンにロゴの制作を依頼した。デビッドソンは何の手がかりもないロゴ制作依頼に困惑した。そのことを告げるとナイトは自身が望むものが何なのかがわからないまま、「躍動感」があるという条件だけ提示した。デビッドソンが提示した複数案の中から当時のメンバーと共に１つの案を選んだ。それが現在の「スウッシュ」と呼ばれるロゴである。ナイトはデビッドソンに35ドルを小切手で支払った。今では誰もが知っているナイキのロゴは、調査に基づくものでもなく、ナイトの理念を体現したものでもなく、必要に迫られ思いついた言葉（躍動感）を知人のデザイナーに伝えて生まれたのである。その後、ナイキが世界的な企業になると、ナイトはデビッドソンに、60万ドル分のナイキ株式とダイヤモンドの指輪を贈ったという。

夢から生まれた社名「ナイキ」

　1972年のシカゴで開催される展示会に出展するには、ロゴと共に社名が必要だった。その社名を決めるため、当日50名ほどいた社員からアイデアを募った。検討に検討を重ねて２つの案に絞り込んだ。１つは「ファルコン」、もう１つはナイトが提案した「ディメンション・シックス」だった。展示会出展締切の日の朝、社員の１人から電話があった。社員のひとりであるジョンソンが前日の夜にみた夢に出てきた社名が、「ナイキ（NIKE）」だった。ギリシャ神話の勝利の女神、ニーケー（Nīkē）から得た名前だった。その社員は、ゼロックス（Xerox）、クリネックス（Kleenex）などの著名ブランドを例にあげ、社名を決める上では、アルファベットのK、Xのどちらかを含むと印象に残る、といったものだった。ナイキ（NIKE）はこの条件も満たす。ナイキはブランド名の設定も調査を重ねて生み出されたものではなかった。必要に迫られ、周りの人々の知識を活用し生まれたのである。

連動し、従来のナイキを超えるイメージに発展させる。

　この契約の特徴は、契約金の支払いや商品提供だけでなく、ジョーダン自身に対するプロモーションを行う義務が含まれていたことである。製品のマーケティングではなく、ナイキとジョーダンによって「マイケル・ジョーダン」を創り上げるマーケティングを行う。つまりタレントをプロデュースするアプローチである。まずマイケル・ジョーダンをどのような人物として打ち出しをしていくかを考えた（シュトラッサー他 1998）。そのためジョーダンにインタビューを重ね、メディアがどのようにジョーダンの何を評価するかを調査した。この評価に基づきジョーダンの何を強調しながらマイケル・ジョーダンを創り上げていくかが検討された。

　このアプローチは契約によって選手自身を社会にプロデュースし、価値を高めてくれる新しい選択を選手に提供した。この方式は、従来の契約金の高さで契約を競争する方式とは異なる方式である。プロデュース方式では、契約選手はスポーツ分野以外の社会に活躍の場が広がり、社会的な価値が向上する。そのため収入面でも製品使用契約よりも大きくなる可能性が期待できる。

　ジョーダンの最初のポスターの写真撮影がシカゴで行われた。夕陽をバックに、左手でボールをつかみ両腕と両脚を大きく開いてジョーダンが空中に舞い上がる写真はこの時に撮影された。この写真のシルエットは後に「ジャンプ・マン」ロゴとして世界中に知られることになった。

　エア・ジョーダンはバスケット選手以外にも顧客を創造した。例えば、当時流行

【写真13‐2　"エア ジョーダン 1 OG ディオール（AIR JORDAN 1 OG DIOR）"】

出所：Aflo

していたスケートボーダーが製品のソールの薄さと空中に舞い上がるイメージを
ファッショナブルと評価し積極的に使用した。そして競技場からストリート（街
中）へ使用範囲が顧客によって拡大されることになる。その後もエア・ジョーダン
は毎年異なるモデルが発売され、2020年現在、「エア・ジョーダン34」が発売さ
れている。

　2020年ナイキは「ディオール（Dior）」と連携し「"エア ジョーダン 1 OG
ディオール（AIR JORDAN 1 OG DIOR)"」を１万3,000足限定で発売した。価
格はローカットモデルが21万円、ハイカットモデルは24万円であった。クリス
チャン・ディオールの専用サイトで申し込みを受け付けた。エア・ジョーダンはマ
イケル・ジョーダンが引退後もナイキのブランドとして存在し続けている。

【図13‐5　シグニチャー・ストーリー視点からみるナイキのマーケティング展開】

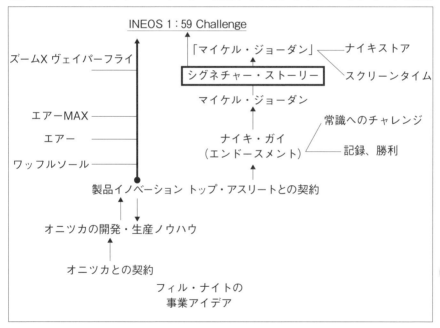

出所：筆者作成

4 ナイキのメディア創造とユーザー体験の実現

❖ スクリーンタイムとの接点をつくる

　1977年、ナイキはカリフォルニア州カルバーシティにショールーム付きオフィスを設置した。カルバーシティは映画関連企業、テレビプロダクションが集積している。オフィス設置の目的は映画やテレビの関係者との関係を形成し、自社製品を映画やテレビドラマで使用してもらうことにあった。このオフィスを運営していたのが子会社の「ナイキ・エンタテイメント・プロモーション」である。スタッフは映画・テレビの関係者、俳優・女優との関係をつくり、映画やテレビドラマの台本をどこよりも早く手に入れナイキ製品の提案を行っていた。ナイキのこのような活動は、ハリウッドの著名タレント・エージェントであるクリエィティブ・アーティスト・エージェンシーとの業務提携、ルーカスフィルムとの提携に結びつき、「スクリーンタイム」を通じてナイキ製品との接点を生み出して行った。

❖ ナイキタウン（店舗）によるコミュニケーション

　1993年初のナイキタウンがオレゴン州ポートランドにオープンした。ナイキタウンを企画した人物はハリウッド映画「バック・トゥ・ザ・フューチャー2」のコンサルタントを務めていた。ナイキタウンはバック・トゥ・ザ・フューチャー2で考えた「未来のスポーツ店」がモデルになっている。ナイキタウンでは商品は美術館の美術品のように展示され、その下には詳細に製品のストーリーが説明されている。来店者は製品をあたかも美術品を観賞するようにみてまわる。さらに大小のディスプレイや音響が配置され、ナイキの契約選手の映像を楽しむことができる。
　さらに巨大な水槽も設置されそこには熱帯魚が泳いでいる。未来のスポーツ店を具体化したナイキタウンは小売店の新たな業態として「シアター・ミュージアム」と評価された。その後、ナイキタウンは、ロサンゼルス郊外、アトランタと出店を進め米国主要都市に拡大した。一方、ナイキタウンの出店については既存小売店からも反対もあった。しかしナイキタウン出店によってそのエリア全体のナイキの売

上が拡大する効果があった。ナイキタウンは製品を販売することよりもナイキが描くメッセージや、契約選手のプレゼンテーションするメディアとして契約選手とナイキ製品を組み合わせた世界観を体験できる場として重要な役割を果たしている。

【写真13‐3　「ジャンプ・マン」ロゴとポートランドのナイキタウン】

出所：AP/アフロ

✧ スポーツの新たな体験を創造する

　ヴィンセント・エドワード・ジャクソン（Vincent Edward "Bo" Jackson）（以下、ボー・ジャクソン）は野球（メジャーリーグ：MLB）、アメリカンフットボール（NFL）の２つのプロリーグで活躍したアスリートである。複数の競技で活躍したアスリートであるため「マルチアスリート」と呼ばれる。ボー・ジャクソンの卓越したところは1987年のシーズンに野球（カンザスシティ・ロイヤルズ）とアメリカンフットボール（ロサンゼルス・レイダース）の２つのプロリーグで活躍したことである。

　ナイキはマルチアスリートのボー・ジャクソンと契約し、「クロストレーニング」と呼ぶ複数種目に対応した新しいカテゴリーのシューズを組み合わせ、市場創造につなげた。

　キャッチコピーは「ボーはフットボールを知っている。ボーはベースボールを

第13章

知っている」だった。さらにコマーシャルでは、他のトップアスリートとの共演や、ボー・ジャクソンとロック歌手のボ・ディドリー（Bo Diddley）と共演した "Bo Knows"（ボーは知っている）として、複数のスポーツ種目を横断的に楽しむだけでなく、スポーツと音楽を横断的に楽しむという新たな社会スタイルを示した。このコマーシャルによってボー・ジャクソンのマルチアスリートとしての話題性と共に、スポーツの話題だけではく、社会全体の話題につながった。複数の体験を並行して楽しむ体験をスポーツ種目から、そしてスポーツと音楽を組み合わせた体験を提案し、ナイキブランドはスポーツから社会全体に拡大していった。

✧ スクリーンタイムから体験へ

スクリーンタイム、ナイキタウン、スーパーアスリートを組み合わせてナイキが提案しているのが、新たな体験だった。ナイトは1980年代からエンタテイメント（スクリーンタイム）、店舗（ナイキタウン）、タレント（スーパーアスリート）そして製品を組み合わせた「体験を提供する」ナイキの将来像を描いていた。

ナイキは人々があこがれる体験をエンタテイメントとタレントによって創り出し、その体験を店舗と製品を結び付けて現実に近づけるマーケティングを展開していく。

5 ブランドとシグネチャー・ストーリー

✧ ナイキのマーケティング行動とシグネチャー・ストーリー

ナイキのブランドは、「シグネチャー・ストーリー」（アーカー 2018）の創造と活用によってスポーツ市場のみならず社会に広く浸透されることによって構築された。シグネチャー・ストーリーの観点からナイキのブランド構築について考える。

ナイキのマーケティング行動として以下の4点をあげることができる。

第1に、製品イノベーションである。ナイキの製品イノベーションはそれまでの製品の「常識」とは異なる方式にチャレンジし「新しい常識」を創り出してきた。

ソールの形状がどれも同じ時代に、共同創業者のバウワーマンのひらめきによる

Column13-2

シグネチャー・ストーリー

　シグネチャー・ストーリーとは、戦略メッセージを伝えるあるいは支えるため、現実または架空の出来事や経験を描いた物語を言う（アーカー 2018）。ここで言う戦略メッセージとは、ブランド・ビジョン、顧客との関係、組織の価値観、事業戦略である。これらは手にとって確認することは難しいため、多くはステイトメントという文章や図表によって表現される。しかし戦略メッセージを、ステイトメントのように目に見えるようにすることや、短い時間で伝えることは容易ではない。また長い文章で説明しても人々は理解できない。顧客や社会の理解を得て関心や支持を得るためには、短時間に正確にそれらの情報を提供する必要がある。そのためにはそれらの情報をわかりやすく可視化する必要がある。戦略メッセージが何によって構成され、どのように展開されるかを１つにまとめる方法がストーリーである。そしてストーリーは事実の描写ではなく、事実は物語を構成する要素の１つである。そのため受け手はストーリーに内包されている事実を推測することが必要な場合がある（アーカー 2018）。

　シグネチャー（signature）とは一般的に署名（サイン）との意味を持つ。同時に、シグネチャーには「特徴づける」、「固有の特徴」の意味がある。シグネチャー・ストーリーは、あるブランドを顧客の頭の中で特徴づける（アーカー 2018）方法であり、社会や顧客に自社、製品ブランドを効率的に特徴づけるための方法である。

ワッフル調理器具を使ったワッフルソールによってクッション性と他と明らかに違う形状によって支持を拡大した。またウレタン素材を使った衝撃吸収があたりまえの時代に、エアバッグをつかったエアー（あるいはエア　マックス）の衝撃吸収システムを開発した。そしてマラソンシューズは薄底かつトップ（先端）部分からヒール（踵）に向かってソールの厚みが増す構造の「常識」に、冒頭に紹介したトップソールが厚い「厚底」ソールZoom（ズーム）につながっていく。ナイキのイノベーションは常識へのチャレンジを繰り返してきた。

　第2に、ナイキはイノベーションを可視化したことである。使えばわかるイノベーションではなく、みてわかるイノベーションに配慮した。

　第3に、契約選手の活用である。契約選手をナイキの手によってプロデュースし、アスリートのブランド構築を通じて自社のブランド構築を進めたことである。

　第4に、契約選手のプロデュースを、店舗を含めてメディアを活用しコミュニケーションを行ったことである。

　図13-6は、トップアスリート活用型のマーケティングとアスリート・ストーリー共創型ブランディング（マーケティング）を比較した図である。

【図13-6　アスリート・ストーリー共創型ブランド】

<table>
<tr><td>トップアスリート活用型
マーケティング</td><td>「アスリート・ストーリー」
共創型ブランディング</td></tr>
</table>

トップアスリート固有の高い能力、プレイスタイルに依存
トップアスリートの製品活用によって、顧客にその製品が高い性能であることを間接的に伝える

ナイキと親和性の高いトップアスリートが有する特性を活用し、体験（シグネチャー・ストーリー）として創造する。その体験の中に製品が一体となって組み込まれる

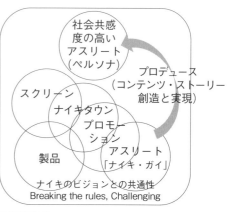

出所：筆者作成

　トップアスリート活用型のマーケティングでは、ブランド認知、製品販促を目的とし、著名なアスリート、強いアスリートに製品を提供する。アスリートが活躍すれば製品とアスリートは重なり、製品のイメージは向上する。また製品はアスリートのより高いパフォーマンスに貢献する。ここではアスリートはアスリートのままである。一方、アスリート・ストーリー共創型ブランディングでは、アスリートはアスリートのままではない。企業のビジョンに共通する思考、能力をアスリートと共に、アスリートの優れた特徴や性格を拡張し新たな「アスリート」を創り出す。アスリートを「アスリート」としてプロデュースするのである。

6 おわりに

　ナイキのブランドの成長を確認してきた。アスリートの勝利に貢献する製品を開発することに熱心だった2人の創業者は、成長と共に自社の思考や行動に共通点のあるアスリートをプロデュースすることによって、新たな体験を顧客に提供できることに気づく。そのきっかけがマイケル・ジョーダンとの取り組みである。ナイキは製品だけでなく、自社店舗、スクリーンタイムなどの日常社会との接点をつくりあげた。そして店舗や映像制作などの自社メディアを使い、契約アスリートをプロデュースすることを通じて新たな「アスリート」を社会に創り上げた。創り上げたアスリートのイメージが社会に広がることによって、ナイキブランドはアスリートと結びつくブランドではなく、アスリートのイメージを体験できるブランドとして成長していく。このような人々が憧れるアスリートと企業が共創するシグネチャー・ストーリーは、他のブランドが短期間で簡単に模倣することが難しいユニークな価値を生み出すのである。

❓ 考えてみよう

① あなたにとって、ナイキと他のスポーツブランドには、どのような差があるのかを書きだしてみよう。さらにその内容を周りの人々と共有し、共通点を確認してみよう。

② マイケル・ジョーダンとエア・ジョーダンにはどのような差があるかを考えてみよう。

③ シグネチャー・ストーリーの観点から、コカ・コーラ、アップル、ナイキを比較してみよう。これらの企業のマーケティングに共通するものは何かを考えてみよう。

次に読んで欲しい本

・デービッド・アーカー（2018）（阿久津聡訳）『ストーリーで伝えるブランド：シグネチャーストーリーが人々を惹きつける』ダイヤモンド社。
　☆情報を効率的に伝えるのは事実の発信よりもストーリーのほうが効率的、効果的に伝達できる考えに基づいている。マネジメントにおけるストーリーの役割、活用について体系的に理解できる。

- ジェームス・ギルモア、ジョセフ・パインⅡ（2007）（林正訳）『ほんもの：何が企業の「一流」と「二流」を決定的に分けるのか？』東洋経済新報社。
  ☆なぜ、人々はブランドに対して本物と理解するのかの問題に注目。人々が本物と理解する場合の５つの価値と、それを支える参照、影響力の行動はシグネチャー・ストーリーが理解できる。
- 安西洋之（2020）『「メイド・イン・イタリー」はなぜ強いのか？：世界を魅了する〈意味〉の戦略的デザイン』晶文社。
  ☆製品に新たな「意味」を見出し、その意味を社会に広げることで新たな価値を創造することについて、イタリア製品を事例に理解できる。

第1章
第2章
第3章
第4章
第5章
第6章
第7章
第8章
第9章
第10章
第11章
第12章
第13章
第14章
第15章

第 14 章

ビジョンとブランド・レゾナンス：

マザーハウス

1　はじめに「Social Vintage」
2　マザーハウス
3　生産と市場の透明性を高める仕組み
4　マザーハウスの顧客共鳴（レゾナンス）
　　の仕組み
5　おわりに

1 はじめに「Social Vintage」

「お気に入りの品は少しでも長く使いたい。まだまだ使い続けたいが限界のようだ。しかし大切に使い続けているお気に入りの品は、簡単に捨てることもできない」

　このような気持を汲み取り、お気に入りの品を活かすサービスが「Social Vintage」である。お気に入りの品を長く使い続けてもらうためケア（手入れ）やリペア（修理）をするサービスであり、役目を終えた品を回収、解体し素材を活かして新たな製品として再び社会で活躍する機会を提供する。このSocial Vintageを提供する会社が株式会社マザーハウス（以下、マザーハウス）である。Social Vintageはケア、リペア、リサイクル（回収）、リメイク（再利用）で構成される。

　特にリサイクル、リメイクは顧客が長年使い続けて使えなくなった製品を回収し、解体を行う。そしてその素材を活かして「RINNE」と言うブランドのバッグや革小物製品として生まれ変わる。そのまま廃棄すれば資源として活用されることは少ない。しかしこの仕組みに載せれば、資源として再利用でき環境への負荷も軽減できる。一般的な製品ではパーツ毎の素材は一定の基準内での風合い、色合いを統一する。RINNEシリーズのバッグは回収した複数のバッグの素材を使用する。そのためパーツ毎に素材の風合いや色合いが異なる。RINNEシリーズには全て同じ製品はないのである。マザーハウスでは創業時から購入した製品の修理、手入れを無償、有償で受け付ける「ケア事業」を継続してきた。

　ケア事業の背景には「もの（製品）が持つ人生」の考え方がある。それは、それぞれの製品には生まれてきた人々がつくりあげてきた物語があること、そしてバッグの購入者にはその製品を使うことを通じてつくりあげてきた物語がある。この「ものが持つ人生」をより長くするためのサービスがSocial Vintageである。Social Vintageのきっかけは2020年の新型コロナウイルスの蔓延である。提携する修理工場は仕事が減少し存立の危機に立たされた。またバッグを製造するバングラデシュの工場もラインが停止していた。Social Vintageは、危機の状況にあっても新たな需要をつくり出し、ものづくりの資源と雇用を維持する。本章では、ビジョンが生み出すブランドとブランド・レゾナンスの形成について学ぶ。本章では、企業経営における理念、哲学を「ビジョン」と表現する。

【写真14-1　RINNEシリーズ】

出所：マザーハウス

2　マザーハウス

✧「途上国から世界に通用するブランドをつくる」

　マザーハウスは、「途上国から世界に通用するブランドをつくる」をビジョンに事業を展開する企業である。製品を途上国で生産し国内外の直営店でのみ販売する。マザーハウスは現在、代表取締役社長を務める山口絵理子氏と代表取締役副社長を務める山崎大祐氏が2006年3月9日に設立した。

　2021年2月現在、バングラデシュ、ネパール、インドネシア、スリランカ、インド、ミャンマーでその国が持つ資源を活用し製品を生産している。また、それらの製品を、国内33店舗、台湾4店舗、香港1店舗、シンガポール2店舗の合計40店の直営店で販売をしている（加えて、フランスにショールームを1箇所開設）。代表取締役社長でもありチーフ・デザイナーもある山口氏はデザインを専門に学んだ経験は無い。そのため専門学校に通い、現地で試行錯誤しながらデザインを習得した。そして現地の素材や伝統技術を発掘し、先進国の市場で受け入れられる製品デザイン、生産方法、品質を現地の人々、日本のスタッフと連携し構築してきた。

　マザーハウスが開発、生産、販売する製品はバッグ、ジュエリー、アパレルであ

第14章

209

る。一見、製品間には関連性がなさそうである。しかしこれらの事業には共通点がある。全ての製品は途上国に存在する資源を発見し、その資源に高いデザイン性、機能性、品質を組み合わせた付加価値の高い製品を企画、開発していることである。これらの製品は現地で自ら生産拠点を立ち上げ、生産をしている。さらにマザーハウスでは自ら店舗を出店し、直営店で自ら直接、顧客に、個々の製品が持つ企画、開発、素材、生産に関する魅力を伝えている。

❖ 自身のミッションに気づく

　小学校でいじめに遭い、学校に行くのが困難な時期があった山口氏は、大学の入試面接で将来の夢を「政治家になって日本の教育を変えたい」と説明した。逆に面接官からは「世界には、学校に行きたくても行けない子供がいる。なぜ、国内にしか目を向けないのか」と、質問された。この面接官の質問が、山口は途上国と先進国の格差が広がる問題に目を向けるきっかけとなる。世界には様々な理由によって学校に行けない子供が多く存在する。この問題を解決することが自身のミッション（使命）であることに気づく（山口 2007）。途上国の子供達の教育機会の問題を解決する方法は一般的には国連や先進国が行う様々な資金援助である。しかし山口氏は、学生時代のインターンで経験した米州開発銀行の業務からその資金が必要な人々に行き渡っていないことを知る。山口氏はインターン終了間際に途上国の実態を知るためパソコンで「アジア最貧国」を検索した。画面に出力されたのは「バングラデシュ」だった。そこでバングラデシュの首都ダッカに向かった。現地の様子を知るにつれて「支援は本当に必要なところに届いているのだろうか」という疑問が湧いてきた。

　現地の実情をさらに理解するため、一時帰国後、大学を卒業し、再びバングラデシュに戻った。そしてバングラデシュ復興のために設立された現地NGO（非営利法人）であるBRCK（Bangladesh Rural Advancement Committee）が設立したBRCA大学院へ進学した。

❖ 途上国の可能性を確信する

　「ジュート」素材との出会いは、バングラデシュの大学院時代に採用された三井物産ダッカ事務所でのインターンだった。山口氏はその時はじめてジュート素材は

栽培の過程で綿よりも５倍から６倍の二酸化炭素を吸収することや、廃棄後も完全に土に還る環境負荷の少ない特性を持つことを知る。そしてバングラデシュのジュートは世界の輸出量の90％を占めることを併せて知ることになる。

　このように優れた素材であるにもかかわらずバングラデシュではジュート素材は付加価値の低いコーヒー豆を入れる流通資材の袋として加工され輸出されていた。ジュートの袋を懸命に生産するベンガル人をみて気づいたのは「本当の意味で国際競争力のあるものを途上国から世界に展開することができれば、経済の構造はきっと変わっていくはず」であること。そして、そのようなことが実現できれば、援助よりも多くの人々に持続的な豊かさをもたらすことである（山口 2009）。

✧「途上国発のブランドをつくる」

　途上国の製品は当時も既にフェアトレード（適正な賃金や環境のもとで生産された製品を適正な価格で取引されていること）であることをアピールした製品として販売されていた。しかしそれ以外に先進国市場が評価する付加価値を有する製品ではなかった。そのためその国への「かわいそう」という気持で購入される場合が多かった。しかしこのような購入動機では継続的な購入にはつながらず、購入者も広がらない。山口氏は先進国市場で「かわいそう」の気持で購入されるのではなく、「かわいい」、「かっこいい」の気持で購入される製品を事業として開発、生産することを目指した。「かわいいバッグ」を目指して現地の工場で開発を進める。

　しかし長年、低価格、低品質の製品を生産し続ける工場では「かわいいバッグ」を伝え、「かわいい」を作り込んでいくことは容易ではなかった。何度試作を繰り返しても山口氏が描く「かわいいバッグ」はできあがってこなかった。諦めの気持が芽生える中、ストライキで外出も難しい状況でも工場に出勤し、納期を守って製品を生産しようとしている現地の人々の存在を知る。しかし現状は可能性があるにもかかわらず途上国への期待は低価格、低品質である（山口 2007）。山口氏は、途上国にも原材料と共に可能性のある人材が存在することを確信する。

　先進国で「かわいい」、「かっこいい」と評価されるものづくりの実現は途上国の高付加価値のものづくりの基盤と経済成長に貢献する。自らの製品が先進国で支持されれば、現地の人々が「誇りとプライド」を持ってものづくりに取り組むことにつながる（山口 2007）。この考えを実現するため、山口氏は自身のできることからはじめて「途上国発のブランドをつくる」ことを決意する。

第14章

❖ 信じ続けられる目標を言葉に

　売り先も決まらない段階で生産した160個のバッグの販売について相談をうけた山崎氏は、販売に協力すると共に山口氏に会社設立を助言する。山崎氏はそのことをきっかけに山口氏と一緒に活動をはじめる。山崎氏は当時、外資系金融機関に勤務していた。早朝から夜遅くまで働き、帰宅後、自宅マンションを仮のオフィスにして大学時代の仲間と共に会社の設立や商品の手配、売り方、資金繰りなどを議論していた。この間は、金融機関の仕事と新たな会社の設立の仕事を並行して行った。その中で山崎氏は目標に向かって活動することの楽しさを感じることになる。同時にビジョンの重要性を認識する。

　2006年３月９日にマザーハウスを設立。マザーは山口氏が尊敬したマザー・テレサから、ハウスは途上国の工場に勤務するスタッフにとって「家」のような存在になれたらとの想いから名付けられた。

　自分達が信じていること、そして信じ続けることができることを、ビジョンにできるように、会社設立１年目に議論を行った。議論したメンバーは山口氏、山崎氏、そして２人の大学時代の先輩であり広告業界で活躍中のクリエイターの３名であった。３名は仕事が終わってからファミリーレストランに集まり何回も議論を繰り返した。この議論からマザーハウスのビジョン「途上国から世界に通用するブランドをつくる」が生まれたのである。

❖ 開発、生産拠点を立ち上げる

　途上国で開発、生産拠点を立ち上げることは、単に工場を探し委託をして生産をすることとは全く異なる。原材料の加工、製品の組み立て、各工程の品質管理などの方法を全てゼロから考える。そしてその方法を現地の従業員に理解してもらい、浸透、定着させていかなければならない。さらに途上国の社会は言語、宗教、習慣などの違いに加えて先進国での常識が通用しない場合も多い。マザーハウスでは現地の人々とゼロから関係を築き、サプライチェーン、開発、生産組織を整えている。現地の人々と信頼関係を築くことは、安定的な生産と一定の品質の実現に加え、現地の人々の可能性を引き出すために重要なプロセスである。そのため山口氏らは現地の生産ラインに入り込み、現地の人々と同じ目線で同じ作業をしながら現地の

人々の気持ちを理解し、相手も理解をしてもらいながら信頼関係を築いていく。

　さらに良いものづくりをするためには良い職場環境が必要との考えから、現地の工場に委託するのではなく自ら工場を立ち上げる。そして良質な職場環境、賃金体系などもつくりあげる。

【写真14‐2　マザーハウス　マトリゴール工場】

出所：マザーハウス

✧ ネパールでのものづくり

　2009年からは2つ目の途上国、ネパールへ事業を拡大した。ネパールでは当初、現地の「パシュミナ」と呼ばれるカシミヤのさらに上位ランクの羊毛素材に注目した。そしてパシュミナを使ったストール製品の開発、生産を考えた。しかしせっかく見つけた素材も中国から供給される100％のパシュミナとは異なる素材を、「パシュミナ」であると言われるままに使用している現実があった。ネパールの事業環境のあまりの悪さに事業リスクとビジョン実現との間で難しい判断を迫られた。それでもビジョンに従いネパールでの事業可能性を探し続けて出会ったのが「ダッカ織」である。そして現地バッグ工場のスタッフと連携し地道な努力を重ね、ゼロから先進国で通用する品質のダッカ織りバッグ製品の開発までこぎ着ける。しかし自社工場建設を現地企業と合意をしていながら直前で合意を破棄される。それでも諦めずインドのバッグ工場を探し当てる。2009年8月、ネパールの伝統技術である

第14章

ダッカ織を素材と、インドのバッグ生産技術を組み合わせた製品の生産を実現した。

　その後、ネパールでは、山岳地域で蚕を育て繭から絹糸を紡ぎ、生地を織り、その地域の草木で染めるストールを開発、生産している。これらの工程は全て現地の女性の手作業によって行われる。このようにネパールでも現地の素材と現地の人々の技術による製品の開発と生産を実現し、純粋なメイドイン・ネパール製品を生み出している。

　ネパールでのストール開発は、バッグ以外の製品にも「途上国から世界に通用するブランドをつくる」可能性を見いだすことになる。バッグ以外の製品の選択肢が生まれたことによって、途上国の可能性の発見を拡大する。このことはビジョンの実践方法の拡大につながる。

3 生産と市場の透明性を高める仕組み

❖ サンクスイベント

　山口氏は最初の160個のバッグを生産したバングラデシュの工場に、追加の生産をすることを約束していた。そのため設立間もないマザーハウスの資本金250万円を使い、新たに600個のバッグを追加で生産する。売り先は決まっていない。しかし1万5,000円の価格のバッグが簡単には売れるはずもない。頼りは自ら立ち上げたホームページを使ったネット通販だった。しかし販売状況は決してよいものではなかった。そのためネット通販をしながら百貨店、東急ハンズなどへ飛び込み営業を繰り返した。

　ネット通販では顧客の顔は見えない。そこでスタートしたのが、「サンクスイベント」だった。サンクスイベントとはマザーハウスがユーザーに感謝の気持ちを伝える場であり、マザーハウスメンバーとユーザーが直接交流する場である。マザーハウスが事業内容や活動内容を紹介し、ユーザーと会話を交わして相互の想いを伝え合う場である。サンクスイベントはその後も毎年実施され、有料にもかかわらず定員を超える応募がある。売り手と買い手の関係では取引の対象でしかなく、時には対立する可能性もある。しかし山口氏、山崎氏は、企業と顧客は仲間であり味方であることを、このサンクスイベントを通じて気づく。そしてその気づきをきっか

けに直営店の出店を決意する。

✢ 直営店舗を立ち上げる

　2007年8月21日東京都台東区入谷にマザーハウス第1号となる直営店舗がオープンした。1号店の出店は「なぜそこに出店したのか」の問いへの答えが必要と考えていた。台東区入谷は上野に近く、ブランドショップが立ち並ぶ銀座や表参道とは全く違った雰囲気のエリアだった。さらに店舗は大通りから一本奥に入った場所にある。当初、倉庫とすべく準備を進める中で、日本が忘れてしまっている大切なものが残っていることを感じさせる地域であること、さらにバングラデシュとどこか共通する雰囲気があることに気づく。そこで入谷に1号店を出店することを決定した。

　マザーハウスの店舗は顧客とのコミュニケーションの場である。各店舗では顧客が関心のある製品のデザイン、素材、加工、使い易さなどを伝えること、顧客との良い関係を築き、顧客とその変化を理解するといった活動を徹底する。社会課題解決のために製品を購入する人々も、その購買頻度には限界がある。社会課題解決のために製品を買ってもらうのではなく、顧客には製品そのものに魅力を感じ、購入し続けてもらうことが重要である。そして結果として、途上国の状況を変えることにつながり、ビジョンの実現に近づく。そのため各店舗では顧客向け、新規採用者向けなど多くのイベントが開催される。例えば副社長の山崎氏が主宰するマザーハ

【写真14‐3　マザーハウス本店】

出所：マザーハウス

ウスカレッジは、定期的に全国の店舗を巡回し開催するトークイベントである。それ以外にも自社工場のあるバングラデシュ、ネパールを訪問する現地スタッフと一緒に製品をつくるファクトリーツアー、バングラデシュにある工場のスタッフの写真集など、顧客がマザーハウスのものづくりの実情を正しく理解し、工場スタッフも顧客を理解できる場を設定している。

❖ 限られた市場に取り組み、ビジョンを育てる

　途上国でのものづくりに注目が集まるマザーハウスであるが、限られた市場にむけたものづくりも展開している。例えば、乳癌を経験した人々に向けた製品の開発である。乳癌を経験した人々に向けた製品を開発することは、確かに社会的には意義がある。一方、一定数の人々が対象になるとは言え、市場規模は限定される。市場規模の観点だけでみれば事業としての取り組む意義は見出しにくい。

　マザーハウスではビジョンに照らし合わせ「本当に困っている人々の困り事を、ものづくりを通じて解決する」というこのような事業に取り組む意義を見出している。乳癌を経験した人々などは、途上国の人々と同様に「小さくても確実に課題を抱えている」。このような課題をものづくりで解決することは、マザーハウスのビジョンを適用できる領域を拡大し、ビジョンの新たな可能性を見いだすことにつながる。ビジョンの存在が新たな市場の可能性を発見し、発見した市場に取り組むことがビジョンの可能性を広げる。乳癌を経験した人々向けの製品の開発をきっかけにして「小さくても確実にある不満や課題に対してバッグづくりを通して向き合う」（マザーハウスホームページ）活動を「Cocokara」（ココカラ）プロジェクトとして継続している。継続的なこのような領域への取り組みは、自社のビジョンをスタッフや顧客に身近な課題として理解してもらうことにもつながるのである。

4 マザーハウスの顧客共鳴（レゾナンス）の仕組み

❖ ビジョンに基づく行動と行動の透明化

　マザーハウスは途上国の天然資源、伝統技術、人材などの可能性を見いだし、そ

Column14 - 1

ブランド・レゾナンス（Brand Resonance）

　ブランド・マネジメントの実施にあたり必要なことは、ブランドに何を表現させ、競合との間にどのような差（ポジショニング）を生み出すかを決定することである。そしてその決定をマーケティングに展開する上では、3つのモデルが提案されている。第1に、ブランド・ポジショニングモデル。第2に、ブランド・レゾナンスモデル、第3に、ブランド・バリューチェーンである（ケラー2015）。ブランド・ポジショニングモデルとは競合との間に有効な差を形成する。ブランド・レゾナンスとはブランド・ポジショニングによって形成した有効な差を活用し、顧客とブランドの間に強く活発なロイヤルティ（忠誠）を形成する。ブランド・バリューチェーンとは、ブランドに対する価値創造、すなわちポジショニング、レゾナンスの形成プロセスを明らかにし、マーケティング効果を常に測定しながら強いブランド形成に結び付ける。

　ブランド・レゾナンスではブランドと顧客との心理的な絆および行動との関係に注目する。絆の強さは顧客の行動に影響を与える。心理的な絆の強さは、ブランドに対する「共鳴（Resonance）」の強さで決まる。共鳴とはブランドのマーケティング活動に対し顧客が共感し、マーケティング活動を顧客が応援、場合によってマーケティング活動に協力することを言う。そして共鳴の強さは、ブランドに対する愛着とコミュニティ意識の強さにつながる。愛着、コミュニティ意識の強さはブランドの購入、使用の頻度の顧客行動として表れる。

　ブランド・レゾナンスの形成には4つの要素が存在する（ケラー2005、2015）。第1に行動上のロイヤルティ、第2に愛着、第3にコミュニティ意識、第4に積極的エンゲージメントである。「行動上のロイヤルティ」とは、積極的にそのブランドを購買する行動が発生することである。購入頻度、購入量によって測定される。「愛着」は、そのブランドを積極的に購入するだけでなく、熱狂的なファンにつながり、他のブランドに容易に変更をできない状況を生み出す。さらに他人への推奨やソーシャルメディア上でポジティブなコメントや写真を積極的に投稿する行動につながる。「コミュニティ意識」とは、顧客に対してブランドと顧客の1対1の関係に加え、同じブランドを使用する顧客間、顧客と企業の代表や従業員などと家族意識などのポジティブな意識を形成することである。「積極的エンゲージメント」とは、顧客がブランドの購買や使用以外に、自身の費用や時間をコミュニティに使う意思が生まれることである。エンゲージした顧客はコミュニティに積極的に参加する、場合によっては自ら立ち上げる場合もあ

第14章

> る。また他者への推奨や紹介を積極的に行う。ブランド・ロイヤルティが最も強くなるのは、顧客がブランドにエンゲージするときである。

れを先進国の顧客に支持される独自の付加価値を創造し、製品を開発、生産する。先進国顧客に支持される独自の付加価値の実現のため現地でのサプライチェーンの構築、人的ネットワークの形成、人材の育成を地道に取り組み実現していく。特に生産拠点の労働環境の整備は良質な製品を生産し、良質な人材を確保、定着することに加えて、「世界に通用する」ための条件であると考えて力を入れている。

　これらの実現は途上国では先進国の枠組みでは想像できないような困難が存在する。それらの困難を1つずつ解決し高付加価値製品を安定的に供給する仕組みを整備する。さらに1ヶ国ではなく、その仕組みを異なる事情を持つ複数の途上国に展開していく。

　一方、製品を開発、生産するだけでは先進国での需要は創造できない。さらに途上国で生産された製品への共感を得るだけでは、市場の規模には限界がある。そのため高い付加価値が常に求められると共に、その付加価値を社会に伝える仕組みが必要である。

　マザーハウスの顧客には、複数のタイプが存在する。第1に、そのビジョンそのものやビジョンに基づく行動、あるいは社会課題の解決への取り組みに共鳴し、積極的に応援するコア顧客である。第2に、製品やスタッフの魅力と製品開発や活動の背景に魅力を感じているファン顧客である。第3に、製品や活動に関心を持つ顧

【図14−1　途上国と先進国の間の透明性を高める仕組み】

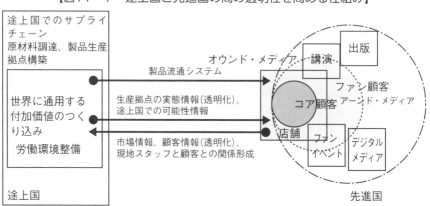

出所：筆者作成

客である。これらの顧客とコミュニケーションを行う仕組みが、マザーハウスの持つ多様な自社メディアである。そして自社メディアの中心が直営店舗である。直営店舗ではスタッフから直接、顧客に対して製品の開発、生産に関する情報を伝えることができる。さらに店舗は商品の販売、関連情報の伝達、顧客との関係形成、顧客のニーズの獲得の仕組みでもある。さらに店舗ではマザーハウスのビジョンに沿ったテーマの講演会などが定期的に行われる。そのため店舗はマザーハウスと新たな顧客との接点をつくり、同時にビジョンを間接的に伝える場にもなっている。

　店舗に関連するイベント以外に、会員向けのサンクスイベントが開催され事業活動の報告と共に顧客間の交流を行う場を創業時から継続している。サンクスイベントでは事業内容、事業構想を報告し、マザーハウスを支えるコア顧客あるいはファン顧客への情報公開を行う。同時にイベント参加顧客は情報公開と顧客間の交流によって、マザーハウスへの関心をさらに高める。そしてマザーハウスの活動を正確に詳細に理解する。さらにそれらの顧客はSNSや口コミを通じてマザーハウスに関する情報を発信してくれる場合もある。

　店舗以外にもマザーハウスでは創業者の山口氏、山崎氏が書籍の出版、企業・学校での講演、マスメディアへの出演などを通じて、途上国の実情や可能性について情報発信をしている。これらの情報発信活動は、マザーハウスの事業活動と途上国の可能性を知る人々との接点を構築することになり、途上国、マザーハウスへの関

【写真14-4　マザーハウス発行の『バッグの向こう側』】

出所：マザーハウス

心を高めることにつながる。さらにマザーハウスにより関心の高い顧客については、旅行代理店のHISと連携したファクトリーツアーによって現地のスタッフ、職人とのものづくり体験が可能である。この体験によってより途上国の可能性、マザーハウスの活動をより深く、より正しく理解してもらうことにつながる。

　このようにマザーハウスでは途上国での可能性発見と生産拠点の整備だけでなく、その実情を先進国の顧客に高い透明性で正確に伝える仕組みを構築している。そしてコア顧客、ファン顧客、一般顧客との接点と、情報が伝達できる仕組みを構築し関係を形成している。

❖ ビジョンのブランドへの効果

　ビジョンは創業者、経営者が信じ行動し続ける、その企業が達成したい目標である。そしてビジョンは、「この事業は何のためにやるのか、やり続けるのか」という問いに、答えるものである。

　ビジョンを実現するため組織メンバーはマーケティングを含めた行動をする。行動の結果として社会には現象が生まれる。当初の予想どおりの現象もあるが、予想していない現象もある。企業は現象が生まれることによって、ビジョンとの乖離を把握できる。乖離の認識は乖離を解決するため次の行動に反映される。ビジョンと現象との乖離の発生は、ビジョンの新たな可能性を見いだす機会でもある。この可能性を企業は次の行動に反映していく。このようにビジョン、行動、現象は相互に

【図14‐2　ビジョン、行動、現象の関係】

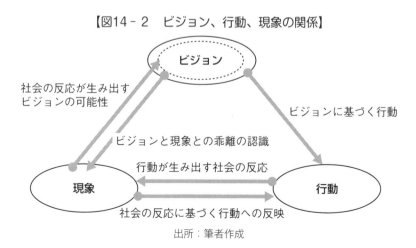

出所：筆者作成

【図14‐3　企業のビジョン、行動、現象が生み出す顧客の行動】

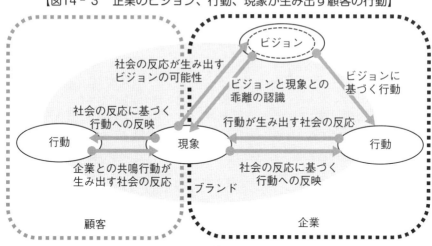

出所：筆者作成

対話しながら進化する。

　図表14‐3は、**図表14‐2**に顧客の行動を加えた図である。企業のビジョン、行動、そして企業の行動によって生まれた社会の現象は、その顧客にある思考枠組み（フレーム）を形成し、思考枠組みによって企業を評価する。そして顧客の行動は新たな現象を生み出す。

5 おわりに

　マザーハウスの創業者のビジョンの形成、ビジョンを行動につなげ事業を創造するプロセスを確認してきた。途上国に高付加価値を生み出す仕組を構築し、先進国市場で高付加価値を伝え、販売する仕組を構築する。それらの仕組を通じて途上国と先進国との間に経済循環をつくる。この経済循環が途上国に新たな雇用を生み、途上国内の経済循環につながる。このような国を超えた経済循環の構築は、貧困などの途上国および世界が抱える経済問題の解決につながる。その活動はビジョンである「途上国から世界に通用するブランドをつくる」に基づいている。顧客は、ビジョンおよび、ビジョンに基づく行動とそこから生まれる現象を評価し、この評価がブランドにつながるのである。

第14章

Column14 - 2

サードウェイ・イノベーション

　地球温暖化対策か経済発展か、ライフワークバランスか企業成長か、情報開示か情報機密かなど、どちらを選択、優先させるかの議論がなされる。しかしどちらを選択、優先させるのではなく、一見対立しそうな対象から両立可能性を見いだし、新たな選択を創造することが「サードウェイ」である。対立する選択肢のどちらかを選択することは、どちらかを犠牲にすることであり、誰かが負荷を負うことでもある。

　山口氏によると、途上国が目指す方向は大きく2つあると言う。1つは、低価格・低品質大量生産の拠点。もう1つは、伝統技術を使いハンドメイドで少量生産を続ける。しかし山口氏は、さらに第3の方向（サードウェイ）があると考える。それが「かわいいものを、現場と現地の職人と現地の素材で作る」（マザーハウス　Keep Walking 山口絵理子の日々思うこと。2017年9月13日）である。言い換えれば高付加価値の製品を、現地の素材と技術を活かして開発、生産することである。マザーハウスの創業の意義は途上国の目指す第3の方向を実現することを通じて、途上国の発展を持続的に実現することにある。

　2項が対立する状況は不安定な状況であり、不快な状況である。しかしその状況こそがイノベーションには有効である（グルガーセン 2020）不安定な状況がイノベーションのつながる理由として3点が指摘されている。第1に、新たな体験とそれによってもたらされる新たな視点である。第2に、従来の思考、行動を断絶することである。断絶によって従来の思考、行動から離れることができる。第3に、予期せぬ対立を生み出すことである。予期せぬ対立は今まで気づいていなかった新たな対立の存在に気づくことができる。そしてその対立の存在を新たな問題として認識できる。新たな問題を認識できればその問題を解決する行動を採れるためイノベーションにつなげることができる（グルガーセン 2020）。

？ 考えてみよう

① あなたが応援しているブランド（あるいは企業）を書きだしてみよう。それらのブランドの共通点は何かを考えてみよう。

② あなたが応援しているブランド（あるいはその企業）のビジョンを調べてみよう。そのビジョンの共通点は何かを考えてみよう。

③ あなたが応援しているブランド（あるいは企業）に対する、「応援」と思う行動に

はどのようなものがあるかを書きだしてみよう。なぜ、そのような行動をするのか
を考えてみよう。

次に読んで欲しい本

- 新井和宏（2017）『持続可能な資本主義』、ディスカヴァー・トゥエンティワン・
  ☆個人の想いが創る事業と社会との共生の具体例と考え方について理解できる。
- ケビン・ケラー（2015）（恩藏直人監訳）『エッセンシャル戦略的ブランド・マネ
  ジメント第4版』、東急エージェンシー。（Keller, Kevin Lane（2012）*Strategic
  Brand Management Fourth Edition*, Prentice Hall）
  ☆第1章、ブランド計画における3つのモデルとその中でのブランド・レゾナンス
  　モデルの位置づけを確認できる。ブランドピラミッドにおけるレゾナンスと他の
  　5つの要素との関連性を理解できる。
- 山口絵理子（2007）『裸でも生きる～25歳女性起業家の号泣戦記～』、講談社。
  ☆マザーハウスのビジョンの創造とビジョンと行動の関連を理解できる。
- 山口絵理子（2019）『Third Way（サードウェイ）第3の道のつくり方』、ディス
  カヴァー・トゥエンティワン。
  ☆二項対立のどちらかの選択ではなく、両者のよいところを組み合わせ第3の道
  　（サードウェイ）を創ることで新たな可能性を見いだして行くマザーハウスの行動
  　を理解できる。

第14章

第1章
第2章
第3章
第4章
第5章
第6章
第7章
第8章
第9章
第10章
第11章
第12章
第13章
第14章
第15章

第 15 章

複数ブランドのマネジメント：

P&G〈マイレピ〉

1　はじめに
2　P&G「マイレピ」インターネットコミュ
　　ニティを利用したリレーションシップ・
　　マーケティング
3　ブランドとリレーションシップ
4　おわりに

1　はじめに

　近年、インターネット、特にSNSやスマホの普及・発展に伴い同じブランドを好きな消費者同士が気軽にコミュニケーションをとることができるようになった。皆さんはこんな経験はないだろうか。自分の好きなブランド（洋服でも家電製品でも化粧品でも車でも何でもかまわない）について感想をSNSにアップした。すると、同じブランドを好きなユーザーから「コメント」や「いいね！」がついたり、場合によってはそのブランドを発売している企業のアカウントから、自身の投稿をシェアされたり……このように自分の「好き」がほかの人に共感されるのはうれしく楽しいことではないだろうか。

　これはSNSに限った話ではない。自分の好きなスポーツチームを観戦に行って、たまたま隣の席に座った同じチームのファンの人と会話が盛り上がって一緒に観戦するグループができたり、車が趣味の人が同車種に乗っている人同士で集まるイベントに参加して友人を増やしたり……。リアルでもファン同士の輪が広がることがあるだろう。

　本章では、ブランドを通じた消費者との長期的な関係性（リレーションシップ）の構築について考える。また、単一のブランドのファンに、当該企業の他のブランドのファンになってもらうことに企業にはどのようなメリットがあるのかを考える。またその構築にはデジタル技術の活用が期待される。以下ではこの点について学んでいこう。

2　P&G「マイレピ」インターネットコミュニティを利用したリレーションシップ・マーケティング

◈ 会員制コミュニティサイト「マイレピ」

　本章で紹介するのはP&Gの主催するインターネットサイト「マイレピ」（https://www.myrepi.com/）である。ターゲットは主に女性であり、すべてのコンテンツを利用するには会員登録が必要となるコミュニティサイトである。会員数は

2020年6月現在約300万人となっている。マイレピはサイト内での説明によると、「ライフスタイルウェブサイト」と位置付けられており、その中ではP&G製品が好きな消費者に向けて、主に以下の6つの内容を提供している。

　第1に、美容・健康・ライフスタイルに関する情報提供である。2020年6月現在、サイトの主なコンテンツは「家族」「ライフスタイル」「カラダ・健康」「ビューティ」「製品レビュー」「キャンペーンを知る」「オトナスクエア（主に50代以降の女性に向けたコンテンツ）」の7つであり、各コンテンツに関する記事が掲載されている。記事の内容はコンテンツの該当分野に関する記事やマイレピ公式読者モデル「レピモ」の登場する製品体験記、専門家による記事等があり、同じページの中で関連するP&G製品が紹介されている。

　例えば、「健やかな眠りのための3つのこと」といった情報や、新製品の「レピモ」による体験記、ジュエリーコーディネーターによるパールの見つけ方やシューフィッターによる靴の探し方等が掲載されている。そして上述した睡眠に関する記事の中では、寝具やナイトウェアに使用するとよい商品として柔軟剤「レノア」が紹介される、というような構成となっている。

　第2に、美容・健康・ライフスタイルに関する記事へのコメント機能・いいね！機能である。記事には、会員がコメントを付けられるようになっており、それを他の消費者が見ることができるようになっている。例えば前述した睡眠に関する記事へのコメントでは、自身の睡眠に関する悩みや、自身の寝具に使用している〈レノア〉の香りに関する話題がコメントされている。

　第3に、ブランドレビューである。P&G製品の紹介ページ内には製品のレビューを書くことができるようになっている。使い勝手や使用シーン、時には「こうだったらいいな」という要望等も記載されており、会員はそうした情報を参考にすることができる。またサイトからLOHACO、Amazon、楽天といったショッピングサイトへのリンクがされているため、そこから購入することも可能である。

　第4に、テーマに沿った消費者からのアイデア募集である。例えば「どれを体験したい？　教えて！　P&G製品で始める"50代からの美しい人"」というテーマでは、50代以降の女性に合うP&Gの新製品紹介とともに、どの商品を使ってみたいかやその理由をコメント欄で募集している。メンバーは自身でコメントを書き込むことができるだけでなく、他のメンバーのコメントを読んで参考にすることもできる。

　第5に、P&Gの新製品やキャンペーン情報提供である。新しく発売になる商品

第15章

【写真15‐1　マイレピ　トップページ】

出所：マイレピトップページを筆者撮影（2020年11月15日）　https://www.myrepi.com/

や、モニターやプレゼントの応募等もサイト内でできるようになっている。

　最後に、会員の中でブランド・アンバサダーの役割を果たすレピモの存在と彼・彼女らの活動紹介である。レピモは2015年からはじまった「マイレピ公式読者モデル」であり、2020年度募集の第6期生は25名とされている。彼・彼女らはP&Gブランド主催イベントに参加したり、P&G製品を試したり、マイレピ記事に参加したりする存在である。そして応募にはSNSのアカウントを持っているかどうかを問われ、採用後は公式ブロガーとして定期的な情報発信を行うこととなっている。

✦ マイレピの特徴

　マイレピの特徴は以下の4点である。

　第1に、ブランド横断型のサイトかつ会員制コミュニティサイトとなっている点である。P&Gには「アリエール」、「パンパース」、「SK2」等様々なカテゴリーのブランドが存在し、各ブランドにウェブサイトが設置されている。しかし、本サイトはP&Gの取扱商品全般を対象としたコミュニティとなっている。このことでP&Gは消費者と複数ブランドとの接点を把握することができる。またさまざまなブランドを1つのサイトの中で紹介することによってクロスセリングが可能な仕組みとなっている。

　例えば、洗濯洗剤アリエールのユーザーに対し、柔軟剤レノアの情報を提供するといった同時使用が想定できる製品のサジェストだけでなく、食器用洗剤「ジョイ」の情報を提供するといったような異なるカテゴリーの商品をサジェストすることもできるようになっている。

　また、サイトのコンテンツを全て利用するには無料の会員登録が必要となる。会員制とすることで、企業はどのような属性の消費者が参加をしているのかをある程度把握することができる。また、消費者も会員制ということで顔の見えない不特定多数が集まる場でも、「誰がこのアクションを起こしたか」がわかりやすく、安心感をもって参加することができる。

　第2に、ブランドに関する情報だけでなく、消費者の生活に寄り添う情報を提供している点である。例えば「オトナスクエア」というコンテンツでは、50代以降の女性を主なターゲットに、美容や健康などの情報を提供している。その記事ごとに「コメント」や「いいね！」がつけられる機能があり、記事に関連したP&G商品の情報が提供されている。このことによって、会員の生活上の問題や悩みに

229

フィットするブランドがサジェストされ、会員自身がP&G製品と自身の生活を結び付けることができるようになっている。

　第3に、消費者同士の相互作用の手段として３つを用意している点である。１つ目は各コンテンツ内記事への「コメント」と「いいね！」、2つ目は製品レビュー、３つ目は消費者からのアイデア募集である。特に１つ目の「コメント」と「いいね！」は、これらを行う消費者にとっては自身の考えを表現する機会となる。また、「コメント」を読む消費者にとっても、共感したり、新たな発見を生み出したりするものとなる。コミュニティで重要なのは情報提供だけでなく、その中でのコミュニケーションである。「コメント」を書くという積極的なコミュニケーションの場だけでなく、「いいね！」やコメントを会員が誰でも読めるといった気軽な交流の場の提供や、テーマを設定してより「コメント」をしやすくするなどの工夫で、コミュニティの活性化を図っている。

　第4に、一部メンバーの顔が見える形のコミュニティになっている点である。マイレピはインターネット上でのコミュニケーションがメインであるので、リアルでの交流やコミュニティとは異なり、相手の顔は基本的に見えない。しかし、マイレピではレピモを記事の中に登場させることで、どのような人が参加しているのかを想像しやすく、メンバーにとっては親近感の持てるコミュニティとなっている。

3 ブランドとリレーションシップ

❖ リレーションシップ・マーケティング

　マイレピでは、会員制コミュニティサイトを通じて消費者との接点を持つこと、継続してサイトを利用してもらうことで、P&G製品への愛着を高めてもらい、反復購買につながることが期待されている。

　このように企業（ブランド）が消費者とリレーションシップ（友好的で、持続的かつ安定的な結びつき）を構築し、長期的に見て好ましい成果（例えば、利益）につなげていこうとするマーケティングの考え方をリレーションシップ・マーケティングという。

　１回１回の取引を効率化しようとする従来のマーケティングと比較すると、リ

レーションシップの構築ならびにリレーションシップ・マーケティングの実施には
コストがかかることがある。しかし、それ以上に反復購買によるメリットが追求さ
れるのがリレーションシップ・マーケティングである。特に、現代の日本社会のよ
うに、ほとんどの消費者に多くのカテゴリーの商品に関する購入経験がある場合、
「初めて買ってもらう」ことだけでなく、いかに「繰り返し買ってもらえるか」が
重要となる。その場合、消費者とのリレーションシップの有無が１つのカギとなる
といえるであろう。

　リレーションシップ・マーケティングの考え方は、もともとサービス財（例えば、
美容院でのヘアカットやレストランなどでの飲食サービスの提供）や産業財（企業
における原料部品調達やコンサルティングサービスなどの企業間取引）の分野で重
要視されてきた。なぜならこうした分野の顧客は企業にとって顔の見える相手だか
らであり、対面でのコミュニケーションを通じて顧客とのリレーションシップを構
築することで、長期的な取引を実現できるからである。

　しかし、特にP&Gの扱う日用雑貨品（消費財と呼ばれる）の場合、主な購買場
所はスーパーマーケット・ドラッグストア等の小売店頭であり、メーカーである
P&Gは直接自社の顧客の顔が見えづらく、直接コミュニケーションをとってリレー
ションシップを構築することは難しい。その上で、消費財のメーカーは様々な工夫
で消費者とリレーションシップを構築しようとする。本章では、その工夫のうち２
つを紹介する。１つが、ブランドを通じたリレーションシップの構築、そしてもう
１つがデジタル技術の活用である。

✧ ブランドを通じたリレーションシップの構築

　まずは、ブランドを通じたリレーションシップの構築についてみていこう。先に
述べたように、消費財メーカーにとって消費者の顔は見えづらい。一方、消費者に
とって消費財を選択する１つの重要な要素は本書で繰り返し述べてきたようにブラ
ンドである。対消費者向けのリレーションシップ・マーケティングでは、その手段
の１つとして、ブランドを活用することが期待される。

　消費者が特定のブランドに対し、感情的ないしは心理的な結びつきを感じること
をブランド・コミットメントという。ブランド・コミットメントが向上することで、
消費者はそのブランドを選択しやすくなる。そして、当該のブランドへの忠誠心が
高まり、継続して購買する程度のことをブランド・ロイヤルティと呼ぶ。企業に

第15章

とっては消費者のブランド・コミットメントを高め、消費者とリレーションシップを構築することで、その結果としてブランド・ロイヤルティを高めることが重要となる。

【図15−1 リレーションシップ構築と成果】

出所：筆者作成

　例えばP&Gにはアリエール、ファブリーズ、ジョイなどのロングセラーブランドが存在する。そうしたブランドに対し、愛着や親近感を持つ消費者も多く存在するだろう。こうした消費者に対し、マイレピを通じ商品情報や消費者の関心のありそうな情報を提供したり、同じブランドのユーザー同士の交流の場を設けたりすることで、ブランド・コミットメントを高めることができれば、ブランド・ロイヤルティにつながるだろう。

　さらに、マイレピ内でP&Gのブランドを横断的に取り上げることで、現在使用しているブランドのみならず、他のブランドの使用の機会につながり、ひいてはP&Gという企業ブランドに対するコミットメントやロイヤルティも向上させることも期待できる。

❖ デジタル技術の活用

　ブランドの活用に加えもう１つ、消費財におけるリレーションシップ・マーケティングが可能となった大きな理由にデジタル技術の活用がある。例えば、顧客管理システムの発達によって、以前は流通業者しか持ちえなかった購入者の情報を、メーカーが収集し活用することが可能になった。さらに、インターネットの普及によって、従来であれば顔の見えなかった自社の顧客と直接コミュニケーションをとることができるようになったのである。

　一方、消費者にとっても、それまでは主に流通業者やプロモーションを通じて入手していたブランドに関する情報を、インターネットサイトや他の消費者のネット

Column15-1

ブランド・コミットメントの構成要素

　ブランド・コミットメントは消費者の態度の1つであるが、その構成要素は多元的であるといわれている。具体的に、どのような要素でブランド・コミットメントが構成されるかについては様々な考え方が存在するが、代表的な構成要素に「感情的コミットメント」（ブランドに対する愛着や信頼、親近感）と、「計算的コミットメント」（現在の結びつきが自分にとって得である、ないしは結びつきがなくなることで損をすると考えることによって生まれるもの）がある。

　感情的コミットメントがポジティブな感情から生まれる結びつきである一方、計算的コミットメントは知覚リスクやブランド間の知覚差異の影響を受ける。例えば、これまで買ってきたブランドから他ブランドに変える際に「失敗したらどうしよう……。それならば今までと同じブランドを買おう」と考えた経験はないだろうか。このように「このブランドから他ブランドへスイッチすると自身が損をしてしまう（スイッチしなければ得をする）」という考えから生まれるのが計算的コミットメントである。

　また、ブランド・コミットメントがブランド・ロイヤルティの向上以外に与える影響として、そのブランドを他者へ推奨する意向が高まることや、支払い可能金額の向上、例えブランドに関するネガティブな情報を得ても態度が変わらないこと等があげられる。こうした成果をみると、ブランド・コミットメントの向上はブランド・マネジメントにとって重要となることがわかるだろう。

上での口コミ等、多くの情報源から幅広く得やすくなったといえる。また、今までは顔の見えなかった企業の担当者とコミュニケーションをとったり、同じブランドを使用しているほかの消費者とも容易にコミュニケーションをとったりすることができるようになった。本章の初めに述べたSNSでの消費者同士の交流やその楽しさを思い浮かべると、消費者にとってもこのことは大きなメリットとなることがわかる。

　今回取り上げたマイレピの場合、P&Gブランドの利用者を集めた会員制コミュニティサイトを構築し、そこで消費者とのコミュニケーションや消費者間のコミュニケーションを促進している。企業にとっては会員制とすることで、ユーザーがどのような属性を持つのかを把握でき、まさに「顔が見える」ようになる。また、消費者にとっても、誰でも参加できるオープンなコミュニティよりも、安心感が生ま

第15章

れコミュニケーションがしやすくなるだろう。

　マイレピは「P&Gの各ブランドのファン」という共通点から企業―消費者間、消費者同士のつながりが出来上がっているコミュニティである。このようなブランドのファンであることを共通点として形成されるコミュニティを「ブランドコミュニティ」と呼ぶ。コミュニティの中で、企業―消費者間、さらには消費者間のコミュニケーションが活性化することで、消費者は今まで自分が利用してきたブランドにますます愛着を感じるようになる。加えて、コミュニティ内のコンテンツを楽しんだり、他の消費者の体験談やコメントを読むことによって、新たなブランドの価値に気づいたりするようになる。さらに、「レピモ」のような「顔の見える」消費者の体験談をコミュニティ内で共有することで、よりブランドに親しみを感じやすくなる。こうした効果が生まれるためには、まずはコミュニティ自体が、会員（消費者）にとって参加したくなる、楽しいものである必要がある。そのためにマイレピでは様々なコンテンツやコミュニケーションがとりやすくなる仕組みが用意されているといえるだろう。

　さらに、コミュニティとは、基本的にメンバーがコミュニケーションをとる場であり相互扶助をする場である。そこでは、参加者の自主性が尊重され、その中で喜びや楽しみが生まれる。その性格上、「企業によるマネジメント」という概念とは

【図15‐2　デジタル技術の活用】

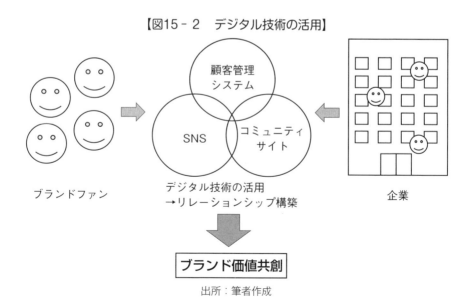

ブランドファン　　　　デジタル技術の活用　　　　　　企業
　　　　　　　　　　→リレーションシップ構築

ブランド価値共創

出所：筆者作成

Column15 - 2

ブランド・コミュニティとは

　ブランド・コミュニティとは、ブランドのファンによって形成されるコミュニティであり、簡単に言うとブランドのファンクラブのことである。その定義は「地理的な制約を受けない特殊なコミュニティであり、ブランドのファン（崇拝者）たちの社会的な関係によって構成されるコミュニティ」とされている。

　その特徴は以下の3点である。第1にメディア（TV・インターネットなど）を通じて情報が拡散するコミュニティであること、第2に商業主義に基づくこと、第3に地理的な制約を受けないため、その存在には通信技術、近年では特にインターネットの存在がその拡大に貢献しているということである。

　ブランド・コミュニティ内でそのブランドへの愛情を語ったり、それを他のファンに共感してもらったり、ファン同士の情報交換から新たな使い方や価値に気づいたり、企業の担当者とやり取りをしたり……ブランドのファンが集ってコミュニケーションをとることは、参加する消費者にとっては楽しい時間となる。そして、コミュニティのメンバーとブランドに対する愛着を共有することで、さらにそのブランドが好きになるだろう。

　ブランド・コミュニティには、企業が主催するものと消費者が主催するものがある。企業主催型は企業にとっては自社で管理を行うので、消費者インサイトを発見しやすいというメリットが存在する。また消費者にとっては、運営主体が企業ということで信頼感が生まれ消費者にとっては参加のハードルが低くなる、企業ならではの情報提供や企業主催イベントに参加できるといったメリットが存在する。一方、消費者（ブランドのファン）が自分たちで主催するものは、消費者にとっては自由な雰囲気の中でファン同士が交流できるというメリットが存在する。また、企業にとっては開設・設置のコストをかけずに消費者同士でブランド・コミットメントやブランド・ロイヤルティを高めてくれるというメリットが存在する。

相容れない部分も当然ながら出てくる。しかし、そもそもブランドの価値自体、企業が一方的に提供するものではなく消費者と企業が共創するものである。その共創の場として、コミュニティはとても重要な存在といえるだろう。

第15章

❖ 新たなブランドファン「拡張」への試み

　リレーションシップ・マーケティングの目標の1つは先にあげたような反復購買である。そしてもう1つ重要な目標として、同じブランド（企業）の他の商品を買ってもらうクロスセリングがあげられる。これは各商品のブランドに対するコミットメントの高い消費者に、自社の他ブランドに触れる機会を提供することで、販売の機会を増やそうとする取り組みである。

　マイレピの場合、リレーションシップ構築の場としてコミュニティサイトという形式をとっている。コミュニティ内では、P&Gの様々なブランドが紹介されているだけでなく、それにまつわるコミュニケーションが行われ、それが可視化されている。例えば、マイレピ会員は、他の会員の使用コメントや、興味のある記事と関連付けられているP&G製品の情報を得ることができるようになっている。

　これはオープンなサイトで口コミを読むよりも、「同じマイレピ会員同士」「P&Gからの公式の情報提供」ということで共感を得やすく、クロスセリングにつながりやすい仕組みとなっているといえるだろう。

　さらに、マイレピがブランド横断型のコミュニティサイトとなっていることで、それまで各ブランドのファンだった消費者に「P&Gファン」になってもらう可能性も秘めている。皆さんも自分の好きなブランドについて考えてみてほしい。例えばあるブランドが好きでそれを発売している会社も好き、という場合だけでなく、ブランドは好きでも発売している会社自体を知らなかったり、その会社自体にはあまり興味がなかったり、ということもあり得る。さらに、自分の好きなブランドについて知りたい時、そのブランドの個別サイトにアクセスはしても、発売元の会社のサイトにアクセスしようとはなかなか思わないかもしれない。

　P&Gでももちろん、ブランドごとのサイトが設けてある場合がほとんどである。しかし、それとは別にマイレピを設置し、そこに各ブランドのファンを集め、ライフスタイルに関する情報などを提供して、日用雑貨を主に購入する層が来たくなるサイトをつくっている。そして、そこで相互作用を促すことで、他のブランドに触れる機会を効率的に作りだし、より多くの数のブランドのファンになってもらう工夫をしているのである。

　これは本書で述べたブランド拡張（あるブランドを他の製品やカテゴリーへ広げて使用すること）とは異なるが、1つのブランドのファンから自社ブランド全体の

ファンへ「拡張」していくことが期待できるであろう。その意味でもリレーションシップ・マーケティングの考え方、さらにはデジタル活用を通じてこうした拡張をしていくことは今後重要となってくるといえる。

4 おわりに

　本章では、ブランドを通じたリレーションシップ・マーケティングの重要性について論じてきた。カギとなる概念としてブランドコミットメント、ブランドロイヤルティを取り上げ、さらにデジタル技術の活用の重要性についても論じてきた。はじめに、で述べたようにインターネットを通じてこのようなマーケティングを行いやすくなり、会員制コミュニティサイトを使用する例やSNSを活用する例等、施策例も多くある。企業にとって今後は社内で企業—消費者間コミュニケーション、さらには消費者間コミュニケーションをどう位置付け、マーケティングに生かすかが重要となってくるだろう。

? 考えてみよう
①　インターネット上にあるブランドコミュニティで面白そうなものを1つ挙げ、そのコミュニティの魅力とは何かをまとめなさい。
②　あなたにとってブランドコミットメントが高いと感じるブランドを1つ挙げ、なぜそう感じるのかをまとめなさい。また、他の消費者に当該ブランドへのコミットメントを高めてもらうためにどのような施策が考えられるか述べなさい。
③　消費財のリレーションシップ・マーケティングを実施するにあたり、コミュニティ以外で消費者を囲い込む方法にはどのようなものがあるでしょうか。

次に読んで欲しい本
• 久保田進彦（2012）『リレーションシップ・マーケティング：コミットメント・アプローチによる把握』有斐閣。
　☆対消費者向けリレーションシップ・マーケティングを消費者行動の観点から説明する。
• 南知惠子（2006）『顧客リレーションシップ戦略』有斐閣。

第15章

⊕ 第Ⅲ部　ブランド・スタイル（らしさ）の追求

　☆対消費者向けリレーションシップ・マーケティングと企業戦略について理解でき
　　る。

あとがき

◇ ブランド経営

「ブランド」として目で見ることが可能な対象は、名称でありロゴマークです。そのためユニークな名称やロゴマークを生み出せばブランド・マネジメントは、うまく行くと考えてしまいます。しかしブランドにはそれ以外の役割があります。それが「企業（組織）から顧客への約束」（アーカー 2014）です。ブランドにはさらに大きな役割があります。それは、顧客がそのブランドに触れるたびに生まれる「体験の蓄積によって生まれる顧客との関係」（アーカー 2014）であることです。ブランドのマネジメントには、ネーミングや、ロゴマークを工夫することだけではありません。どのような顧客と、どのような約束を実現するかを考えることが必要です。さらに、実態を確認し、継続的により高い体験を実現できるように確認、修正を行う必要があります。このような結果、蓄積された顧客との関係は、企業の次の戦略に結びつき、企業に継続的な価値を生み出すことになります（アーカー 2014）。このようなブランドの特性を理解し、特性を積極的に活かした経営をすることを本書では「ブランド経営」と呼びます。そして、本書ではブランド経営実践にむけ、企業経営におけるブランドを役割、ブランドを企業経営の中心にするため考え方、仕組みを理解します。

◇ 経営に見通しを与えるブランド

2016年のダボス会議（世界経営者会議）では、「VUCA」という言葉が紹介されました。VUCAとは、Volatility（変動性：変化の大きさとスピードの速さ）、Uncertainty（不確実性：予測困難）、Complexity（複雑性）、Ambiguity（曖昧性：因果関係不明）の頭文字です。VUCAは軍事分野において2000年頃から使用されはじめました。軍事分野ではさまざまな要素と刻々と変化する状況を考慮した戦い方が求められます。また軍事では近年、攻撃対象を明確に把握することが難しく、また先端テクノロジーの導入が著しく従来の常識が通用しなくなってきています。

経営においても軍事と類似する状況に直面しています。従来のように、過去の経

験が充分に活かされ、過去から現在に至る延長線上に未来が見通せることは徐々に少なくなっています。見通しが利かず、目の前に現れた問題への場当たり的な対応では早晩、疲弊し万策尽きてしまうことになります。

　VUCAの時代の経営には、何らか見通しを与えるもの、何らか行動の手がかりを提供するもの、組織メンバー行動を導くものが必要となってきます。一般的に、経営においてそのような役割を果たすのはビジョン、理念、哲学（以下、ビジョン）となります。ビジョンは目指すべきもの、手がかりにするものですが、大きく言えば、長期的な目標です。そのため日々の業務で常に意識をし続けることは難しくなります。売上・利益は有効な業務成果の確認指標ですが、ビジョンとのつながりを必ずしも示すものではありません。そのため、製品、サービスの開発、販売は単発、短期な成果を求める行動に陥りやすくなります。さらに、日々の業務、個々の製品・サービスのマーケティング成果が、ビジョンに近づいているか否かの確認は難しくなります。ブランドを経営に活用することによって、ビジョンとマーケティング活動をつなぐ対象としてブランドを位置付けることは、ビジョンと日常業務の行動を結び付けることが可能となります。

❖ ブランド経営研究会

　本書の原点は、編者である石井が蓄積してきたブランド研究の成果である『ブランド』（岩波新書）、『マーケティングを学ぶ』（ちくま新書）、『経営者のためのブランド経営実践』（碩学舎　碩学ｄ新書）にあります。これらの成果を発展させ、ブランド経営を理解するために生み出されたのが本書です。

　そして、本書は、全６回のブランド研究会の成果の一部です。研究会には学生向けブランド論の講義や、企業経営者、マーケティング担当者向けのブランド研修を行う研究者が集まり、スタートしました。参加メンバーにはブランド研究者に加えて消費者行動、製品開発の研究者が加わり議論を継続していきました。

　研究会の議論は、次のように進められました。まず、本書の編者である石井がブランド研究の体系、『ブランド』、『マーケティングを学ぶ』におけるキー概念を説明し、メンバー間での共有を図りました。さらにブランドとマーケティングとの関係、優れたブランド・マネジメントを行う企業事例の共有を進めました。その上で、石井が組み立てた本書の体系をもとに、章構成と各章の全体における役割の検討を加えました。加えて各章に相応しいブランドを検討して行きました。この過程で、ブランド経営のコンセプトの全体像が明らかになって行きました。

　研究会ではブランドをはじめて学ぶビジネスにかかわる人々、学生を念頭に、彼らの知識、関心を共有し、学習すべきブランド理論をリストアップしています。そして学習者側の視点で望ましい学習手順を議論し、同時に全ての研究者が講義をする立場である利点を活かし、講義者の立場で講義方法についても議論しています。その上で学びやすい、教えやすいという両面から学習内容およびその順序を議論し章構成を設定しています。

　さらに、研究会は対面とオンラインを組み合わせた運営を行いました。研究会には家庭と研究・教育活動を両立させているがメンバー多くいます。オンラインによる研究会はそのようなメンバーにとって、参加機会と効果的な議論を提供する有益なツールとなりました。今後、デジタルツールはさまざまな制約からの開放し、個々の人々の能力を社会につなげる有益なツールになると共に、ブランド経営にも大きな影響を与えることになるはずです。

　最後に、本書の出版に際しては、中央経済社の市田由紀子編集長にお世話になりました。この場を借りて厚くお礼申し上げます。

執筆者一同

参考文献

■第1章
- 石井淳蔵（1999）『ブランド：価値の創造』岩波新書。（1章、2章）
- マーク・ペンダグラスト（1993）（古賀林　幸訳）『コカ・コーラ帝国の興亡』徳間書店。
- デービッド・アーカー（1994）（陶山計介ほか訳）『ブランド・エクイティ戦略』ダイヤモンド社。

■第2章
- 石井淳蔵（2009）『ビジネス・インサイト』岩波新書。
- 石井淳蔵（2010）『マーケティングを学ぶ』ちくま新書。
- 栗木　契・水越康介・吉田満梨（2012）『マーケティング・リフレーミング』有斐閣。
- 西川英彦・廣田章光編著（2012）『1からの商品企画』碩学舎。
- クレイトン・クリステンセン／マイケル・レイナー（2003）（玉田俊平太監修）『イノベーションへの解』翔泳社。
- デレク・エーベル（2012）（石井淳蔵訳）『事業の定義』碩学舎。
- デービッド・アーカー（2014）（阿久津　聡訳）『ブランド論』ダイヤモンド社。
- ピーター・ドラッカー（2006）（上田惇生訳）『現代の経営　上・下』ダイヤモンド社。

■第3章
- 石井淳蔵（1999）『ブランド：価値の創造』岩波新書。
- 川上智子（2009）「製品のマネジメント」『1からのマーケティング第3版』碩学舎。
- 野村宏史（2000）「〔特集　ロングセラー商品の秘訣〕"やめられないとまらない"その理由」『品質管理』第51巻第11号、29-35頁。
- 宮倉裕幸（2004）「〔フロントインタビュー〕ロイヤル顧客である母親の声から生まれた「1才からのかっぱえびせん」」『PACKPIA』2004年6月号、2-6頁。
- カルビー株式会社ウェブサイトhttps://www.calbee.co.jp/（2020年10月）
- かっぱえびせんウェブサイトhttps://www.calbee.co.jp/kappaebisen/

（2020年10月）

- 「「１才からのかっぱえびせん」開発秘話」https://www.dohouse.co.jp/bmr/004.html（2020年10月）
- 「オピ研 Vol. 21：カルビー（1）」https://www.opi-net.com/opiken/20040502_01.asp（2020年10月）
- その他、『中国新聞』、『日本経済新聞』の記事。

■第４章
- 石井淳蔵（2019）『社長！　御社の営業の不出来を叱る前に……！』碩学舎d新書。
- 清水信年（2005）「医薬品をマーケティングする」石井淳蔵・大西　潔編著『マーケティング・クリエイティブ』（碩学舎）所収。
- アル・ライズ＆ジャック・トラウト（2008）（川上純子訳）『ポジショニング戦略［新版］』海と月社。
- デービッド・アーカー（1994）（陶山計介ほか訳）『ブランド・エクイティ戦略』ダイヤモンド社。
- バイロン・シャープ＆ジェニー・ロマニウク（2020）（加藤　巧監修）『ブランディングの科学：新市場開拓篇』朝日新聞出版。

■第５章
- 大塚製薬広報部（2007）『大塚製薬：Nutraceuticalsの夜明け』。
- 「（定番ロングセラー物語　「愛され続ける秘密」：1）ポカリスエット　大塚製薬」『週刊朝日2010年４月16日』pp. 110-114。
- 乳井瑞代・青木幸弘（1999）「ブランド進化の挑戦〜「ポカリスエット」にみる自己変革のブランド戦略〜」『マーケティングジャーナル』第19巻第１号、pp. 74-92。

■第６章
- 石井淳蔵（2010）『マーケティングを学ぶ』ちくま新書。
- 清水信年（2020）「マーケティングの基本概念」（石井淳蔵・廣田章光・清水信年『１からのマーケティング第４版』）碩学舎。
- 『はじまりは、「三ツ矢」から』アサヒ飲料株式会社社史編纂委員会、2011年。

✧ 参考文献

- 三ツ矢サイダー公式サイト。
- 「広告朝日」―「スペシャルインタビュー：「安心、安全」という品質へのこだわりをブランドの核に」、2009年07月09日（https://adv.asahi.com/special/contents160017/11052518.html）
- 「ネスカフェアンバサダー募集」公式サイト（https://shop.nestle.jp/front/contents/ambassador/amb/）
- 『MarkeZine』「ファン起点のアイデアで成功導く横浜F・マリノスのアンバサダープログラム事例」（https://markezine.jp/article/detail/31226?p=2&anchor=1)）
- その他、『日本経済新聞』記事。

■第7章
- 石井淳蔵（1999）『ブランド：価値の創造』岩波書店。
- 吉田満梨（2010）「不確定な環境における市場予測と遂行的実践―株式会社伊藤園飲料化比率を参照点とした市場創造の事例」『マーケティングジャーナル』29（3）、59-73.
- ケビン・ケラー（2010）（恩藏直人監訳）『戦略的ブランド・マネジメント（第3版）』東急エージェンシー。
- フィリップ・コトラー＆ケビン・ケラー（2008）（恩藏直人監修・月谷真紀訳）『コトラー＆ケラーのマーケティング・マネジメント（第12版）』ピアソン・エデュケーション・ジャパン。
- Kostelijk, E. and K. J. Alsem (2020), *Brand Positioning: Connecting Marketing Strategy and Communications (English edition)*, Routledge.

■第8章
- 石井淳蔵（1999）『ブランド：価値の創造』岩波書店。
- 石井淳蔵（2019）『経営者のためのブランド経営実践』碩学舎。
- 楠木　建（2011）「イノベーションとマーケティング：価値次元の可視性と価値創造の論理」『マーケティング・ジャーナル』30（3）：50-66.
- 楠木　建・阿久津聡（2006）「カテゴリー・イノベーション：脱コモディティ化の論理」『組織科学』39（3）、4-18.
- 徳山美津恵（2003）「ブランドのカテゴリー化に関する一考察：目的のレベル

が個別ブランド間の類似性判断に及ぼす影響」『消費者行動研究』9（1-2）、39-52.

- ケビン・ケラー（2008）（恩藏直人監訳）『戦略的ブランド・マネジメント（第3版）』東急エージェンシー。
- チャン・キム＆レネ・モボルニュ（2005）（有賀裕子訳）『ブルー・オーシャン戦略』ランダムハウス講談社。
- デービッド・アーカー（1996）（陶山計介・小林哲・梅本春夫・石垣智徳 訳）『ブランド優位の戦略：顧客を創造するBIの開発と実践』ダイヤモンド社。
- Barsalou, L. W. (1985), "Ideals, Central Tendency, and Frequency of Instantiation as Determinants of Graded Structure in Categories," *Journal of Experimental Psychology: Learning, Memory, and Cognition*, 11 (4), 629-654.
- Boush, D. M. (1993), "Brands as Categories," *Brand Equity Advertising*, D. A. Aaker and A. L.. Beil, eds., Hillsdale, NJ: Lawrence Erlbaum Associations, 299-312.

■第9章
- 石井淳蔵（2010）『マーケティングを学ぶ』ちくま新書。
- 栗木 契、余田拓郎、清水信年（2006）『売れる仕掛けはこうしてつくる』日本経済新聞社。
- チャールズ・デュヒッグ（2013）『習慣の力』（渡会圭子訳）講談社。

■第10章
- 石井淳蔵（2010）『マーケティングを学ぶ』ちくま新書。
- アリス・M・タイボー、ティム・カルキンス編著（2006）（小林保彦・広瀬哲治監訳）『ケロッグ経営大学院ブランド実践講座』ダイヤモンド社。
- デービッドA. アーカー（2011）（阿久津 聡監訳）『カテゴリー・イノベーション』日本経済新聞出版社。
- 『アートコーポレーション株式会社 30年史』2006。
- 『引越ガイドブック』アートコーポレーション2020年3月。
- 「アート引越センターのブランドづくり」質問回答書、2020年8月。

✧ 参考文献

■第11章
- 有川　浩（2010）『阪急電車』幻冬舎文庫。
- 伊原　薫（2020）『関西人はなぜ阪急を別格だと思うのか』交通新聞社新書。
- 老川慶喜（2017）『小林一三：都市型第三次産業の先駆的創造者』PHP研究所。
- 鹿島　茂（2016）「解説」（小林一三『自叙伝』講談社、所収）。
- 鹿島　茂（2018）『日本が生んだ偉大なる経営イノベーター　小林一三』PHP研究所。
- 栗木　契（2015）「事業の未来をビジョンで拓く」石井淳蔵・栗木契・横田浩一編著『明日は、ビジョンで拓かれる』碩学舎、所収。
- 小林一三（2012）『宝塚生い立ちの記』。
- 小林一三（2016）『逸翁自叙伝』講談社学術文庫。
- 小林一三（2019）『私の行き方』Kindle版。
- 阪急百貨店社史編集委員会（1976）

■第12章
- 日本デザインセンター原デザイン研究所編集（2010）『MUJI無印良品』株式会社良品計画。
- 深澤　徳（2011）『思想としての「無印良品」』千倉書房。
- 流通産業研究所（1986）『無印良品〔白書〕』㈱スミス。

■第13章
- ケビン・ケラー（2015）（恩藏直人監訳）『エッセンシャル戦略的ブランド・マネジメント第4版』東急エージェンシー。
- ジェリー・シュトラッサー、ローリー・ベックランド（1998）（白土孝訳）、『スウッシュ―NIKE「裏社史」挑戦と危機と革新の「真実」』祥伝社。
- デービッド・アーカー（2018）（阿久津聡訳）『ストーリーで伝えるブランド：シグネチャーストーリーが人々を惹きつける』ダイヤモンド社）。
- ドナルド・カッツ（1996）梶原克教訳）『ジャスト・ドゥ・イット―ナイキ物語、早川書房）。
- フィル・ナイト（2017）（大田黒奉之訳）『シュー・ドッグ』、東洋経済新報社。
- 「NIKE完全読本 vol3」ソニーマガジンズ。
- https://www.foxbusiness.com/sports/nike-jordan-brand-worth-sales

- https://www.ineos159challenge.com/
- https://www.2ndstreet.jp/knowbrand/feature/nike-vol01/

■第14章
- 廣田章光・大内秀二郎・玉置　了（2019）『デジタル社会のマーケティング』中央経済社。
- 山口絵理子（2007）『裸でも生きる　～25歳女性起業家の号泣戦記～』講談社。
- 山口絵理子（2009）『裸でも生きる２　Keep Walking私は歩き続ける』講談社。
- 山口絵理子（2012）『バッグの向こう側―バングラデシュ　マザーハウス工場の職人たち』マザーハウス。
- 山口絵理子（2016）『自分思考』講談社。
- 山口絵理子（2016）『輝ける場所を探して裸でも生きる３　ダッカからジョグジャ、そしてコロンボへ』講談社。
- 山口絵理子（2019）『Third Way（サードウェイ）第３の道のつくり方』ディスカヴァー・トゥエンティワン。
- ケビン・ケラー（2015）（恩蔵直人監訳）『エッセンシャル戦略的ブランド・マネジメント第４版』東急エージェンシー。（Keller, Kevin Lane（2012）*Strategic Brand Management Fourth Edition*, Prentice Hall）
- ハル・グルガーセン（2020）（黒輪篤嗣訳）『問いこそが答えだ』、光文社。（Gregersen, Hal（2018）*Questions are the answer*, HarperCollins Publishers）
- マザーハウスカレッジ　ソロカレ　2020年８月24日
- https://www.youtube.com/watch?v=BTWVqGJlaVI&t=2888s

■第15章
- 井上淳子（2009）「ブランドコミットメントと購買行動」流通研究、12巻２号 pp. 3-21.
- 久保田進彦（2012）『リレーションシップ・マーケティング：コミットメント・アプローチによる把握』有斐閣。
- 高室裕史（2005）「顧客関係のマネジメント」（石井淳蔵、廣田章光編著『１からのマーケティング』第３版）碩学舎。
- 山本奈央（2020）「演劇消費とブランドコミュニティ」（山本昭二、国枝よしみ、

◈ 参考文献

森藤ちひろ編著『サービスと消費者行動』）千倉書房。

- P&Gマイレピ　https://www.myrepi.com/　2020年6月30日閲覧。なお、写真15-1を除き本章で紹介しているマイレピのケースに関する情報は同日時点のものである。

索　引

■ 商品名・企業名・人名等 ■

■ 数字・アルファベット ■

１才からのかっぱえびせん…43・44・48

BOSS………………………………119

「Cocokara」（ココカラ）プロジェクト
　…………………………………216

DAKARA……………………………109

GREEN DA・KA・RA（グリーン
　ダカラ）…………………………109

GREEN DA・KA・RA すっきりした
　トマト……………………………111

GREEN DA・KA・RA やさしい麦茶
　…………………………………111

INEOS 1：59 Challenge……………188

MUJI HOTEL………………………181

P&G…………………………15・30・226

P&Gファン…………………………236

POCARI SWEAT………………………74

RINNE………………………………208

Schmitt………………………………183

Social Vintage………………………208

the 0123………………………………153

■ あ行 ■

アート　クオリティカード…………151

アートジャパンカップ………………152

アート　スマイルカード……………151

アート引越センター……………143・147

アクエリアス…………………72・108

アサヒ飲料……………………………86

アシックス……………………………192

足なり直角靴下………………………180

アディダス……………………………190

あなたの街の0123……………………149

アリエール……………………………229

有川浩…………………………………156

安藤弘と安藤智恵子…………………161

いいね！……………………………230

イヴ・サンローラン…………………175

伊右衛門………………………………104

イオン…………………………………174

池田文庫………………………………159

池田室町住宅…………………………160

逸翁自叙伝……………………………162

逸翁美術館……………………………159

伊藤園…………………………………94

イトーヨーカ堂………………………174

イリー・ナスターゼ…………………194

ヴィンセント・エドワード・ジャクソン
　…………………………………201

エア・ジョーダン……………………196

エア ジョーダン１OGディオール
　（AIR JORDAN 1 OG DIOR）…199

エア　マックス………………………193

エコ楽ボックスシリーズ……………150

エスエス製薬…………………………53

えびせんカンパニー…………………44

エプロンサービス……………………149

エリウド・キプチョゲ………………188

エルメス………………………………175

お〜いお茶…………………94・95

大塚製薬…6・52・66・68・71・75・76

大塚ホールディングス株式会社………75

オールドコーク…………………………9

岡田三郎助……………………………161

奥様荷造りご無用……………………149

オトナスクエア………………………229

オニツカ………………………………197

親子を笑顔に…………………………112

オロナミンＣ…………………………59

■ か行 ■

カール・ルイス………………………196

花王……………………………………104

家具クリーンサービス………………150

鹿島茂…………………………………162

かっぱあられ…………………………39

249

❖ 索　引

かっぱえび家 …………………………48
かっぱエビくん ………………………48
かっぱえびせん ……………………39・48
カルビー ………………14・30・38
カルビーのポテトチップス ……13・28
カルフール …………………………174
岸信介 …………………………………159
キットカット ………………………29・61
キャロライン・デビッドソン ………197
清く、正しく、美しく …………162・168
キリンビバレッジ ……………99・104
キリンレモン …………………………84
暮しの整理士 ………………………150
くらしの良品研究所 ………………179
クラフトボス …………………………119
クリーンソックスサービス …………150
グリーンダカラちゃん ………110・118
クリエィティブ・アーティスト・
　　エージェンシー …………………200
くり返し原点、くり返し未来。……180
クリスチャン・ディオール …………199
クリステンセン ………………21・25
グルガーセン …………………………222
クレディセゾン ………………………175
コーク …………………………………8
コオロギせんべい ……………………181
コカ・コーラ ………6・14・104・108・
　　132・133
コカ・コーラ社 …………7・15・72
心とカラダにやさしい ………………111
子供に安心して与えられる、心とカラ
　　ダにやさしいスポーツドリンク
　　…………………………………109
近衛文麿 ……………………………159
小林一三 ………………157・159
小林一三記念館 ……………………159
小林一三のブランド・ビジョン ……168
「これがいい」ではなく「これでいい」
　　…………………………………180

■ さ行 ■
サントリー ……………………………5
サントリー食品インターナショナル
　　…………………………………109
シニアパック …………………………150
しゃけは全身しゃけなんだ。………176
ジャンプ・マン ………………………198
ジョイ …………………………………229
松竹 …………………………………168
庶民に向けて、より良い物をより安い
　　価格で、心地よく ………………168
庶民のために、できるだけ安く、心地
　　よく ……………………………165
ジョン・マッケンロー ………………195
白木屋 ………………………………163
新居の除菌サービス …………………151
スウッシュ ……………………………197
スーパードライ …………………………10
スカンジナビア航空 …………………147
ストーリー …………………………203
すみれの花咲く頃 ……………………163
西武百貨店 …………………………175
西友ストア …………………………172
セゾングループ ………………………175

■ た行 ■
第一ホテル …………………………165
ダイエー ……………………………174
高木和夫 ……………………………161
宝塚音楽歌劇学校 …………………162
宝塚歌劇 ……………………………162
宝塚国民座 …………………………162
宝塚新温泉 …………………………161
宝塚少女歌劇団 ……………………161
宝塚ホテル …………………………165
堤清二 ………………………………175
ディオール（Dior）…………………199
低価格で、上質のサービスを提供する、
　　しかも心地よく …………………169
デービッド・アーカー ………10・168
寺田運輸 ……………………………143

寺田寿男と千代乃 ……………………143
デレク・エーベル ……………………24
東急 ………………………………………159
東京宝塚劇場 …………………………163
東京電燈 ………………………………159
東京丸物 ………………………………175
東宝 ………………………………………159
東宝映画 ………………………………163
東宝歌舞伎 ……………………………163

■ な行 ■

ナイキ …………………………189・197
ナイキ・エンタテイメント・プロ
　　モーション …………………………200
ナイキ・ガイ …………………………195
ナイキ ズームX ヴェイパーフライ
　　4％ …………………………………188
ナイキタウン …………………………200
なごみ緑茶 ……………………………104
生茶 ………………………………99・104
ニーケー ………………………………197
西宮球場 ………………………………161
ニベア …………………………………118
ニベアサン ……………………………119
ニベア・フォー・メン ………………119
日本軽金属 ……………………………159
ニューコーク …………………………9
ネスカフェ アンバサダー ……………91
ネパール …………………………213・216

■ は行 ■

走る殺虫サービス ……………………149
ハーゲンダッツ ………………………61
ハイチオールC ………………………52・54
バック・トゥ・ザ・フューチャー2
　　……………………………………200
パラダイス ……………………………161
パリゼット ……………………………163
播磨六郎 ………………………………68
パルコ …………………………………175
ハワード・シュトラッサー …………196
阪急食堂 ………………………………163

阪急スタイル …………………………167
阪急電車 …………………………156・158
阪急百貨店 ……………………………163
阪急ブレーブス …………………159・161
阪急らしさ（スタイル） ……………166
バングラデシュ …………………210・216
ピーター・ドラッカー ………………24
ビーンスターク・ポカリスエット …73
ビル・バウワーマン …………………191
ファウンド・ムジ ……………………180
ファブリーズ …………………14・29・122
ファミリーマート ……………………175
フィル・ナイト ………………………191
ブルーリボンスポーツ ………………197
ペプシコーラ …………………………108
ボー・ジャクソン ……………………201
ポカリガチダンスFES …………………77
ポカリスエット ……66・77・108・138
ポカリスエット アイススラリー ……77
ポカリスエット イオンウォーター ……75
ポカリスエット ステビア ……………73
ポカリスエット ゼリー ………………76
ポカリ、のまなきゃ。 ………………77
ボ・ディドリー ………………………202

■ ま行 ■

マーク・ペンダグラスト ………………9
マイケル・ジョーダン ………190・196
マイケル・ポーター ……………………61
マイレピ …………………………226・229
マイレピ公式読者モデル ……………229
マザー・テレサ ………………………212
マザーハウス ……………………209・222
三越 ………………………………………168
三越百貨店 ……………………………161
三ツ矢（328）の日 ……………………84
三ツ矢サイダー …………………82・138
三ツ矢シャンペンサイダー …………82
箕面有馬電気軌道 ……………………158
宮沢賢治 ………………………………85
ミルクシェイク ………………………26

ムギちゃん……………………………118
無印良品…………………………172・174
無印良品　直江津…………………182
無印良品ららぽーと………………179

■ や行 ■

やさしさの循環………………………112
やさしさは気づくことから…………112
山口絵理子……………………………209
山崎大祐………………………………209
やめられない、とまらない……………39
ユニクロ………………………………133
横浜Ｆ・マリノス………………………91
吉野家…………………………………175

■ ら行 ■

ライオン…………………………………30
ライズ＆トラウト………………………61
ライフパートナーDAKARA………109
リポビタンＤ……………………………59
良品計画………………………………175
ルーカスフィルム……………………200
レディースパック……………………150
レノア……………………………227・229
レピモ……………………227・229・230
六甲山ホテル…………………………165
ロフト…………………………………175

■ わ行 ■

ワールド・ムジ………………………180
わけあって、安い。………………172・177
ワッフルソール………………………192

■ 事　項 ■

■ 数字・アルファベット ■

0123……………………………………148
３つの便益………………………………31
4P…………………………………………62
MUJI to GO…………………………181
PB（Private Brand）…………………164
PDCAサイクル…………………………63
PDCAプロセス…………………………57
place……………………………………60

price……………………………………60
product…………………………………58
promotion………………………………60
SNS……21・77・132・219・226・229・
　　233
STP……………………………144・147
STPT…………………………………147
Tiger CORTEZ（タイガー　コルテッツ）
　　……………………………………192

■ あ行 ■

アイソトニックドリンク………………72
愛着……………………………………217
アイデンティティ………………………90
アサエルの購買行動類型……………130
アスリート・ストーリー共創型ブラン
　　ディング…………………………204
汗の飲料…………………………68・70
アンバサダー……………………………91
イオン飲料………………………………71
イメージ…………………………………45
インターナルブランディング………151
インナーブランディング……………152
飲用シーン………………………………99
飲料化比率………………………97・98・103
ウーロン茶飲料…………………………97
烏龍茶飲料市場…………………………99
エアバッグ……………………………193
エコボトル………………………………75
エバンジェリスト………………………91
エビデンス………………………………77
エビデンス重視…………………………74
エンドースメント契約………………194
オニツカ………………………………192
親子を笑顔に…………………………110

■ か行 ■

会員制コミュニティサイト………229・
　　230・233
価格プレミアム…………………………4
過剰品質…………………………………21
価値次元の可視性……………………116

カテゴリ横断······························113
カテゴリ拡張······························113
カテゴリとしてのブランド···········114
体にフィットするソファ···········179
缶入り煎茶·································95
感覚的経験·································183
関係的経験·································183
感じ良いくらし··························180
感情的コミットメント··············233
機能性飲料·································113
機能性飲料カテゴリ··················111
機能的便益····························29・183
共鳴··217
グッドプロダクツ·····················172
クロスセリング····················229・236
クロストレーニング··················201
経営者によるブランド認識···········6
経験価値·································183
経験的便益·································183
経済合理性·································177
計算的コミットメント··············233
軽度利用者層······························87
健康飲料····································71
コア顧客····································218
コア・ターゲット·············54・56・84
工程の点検····························174・176
行動上のロイヤルティ··············217
行動的経験·································183
購買意思決定に関わる時間の短縮·····76
考慮集合·································114
ゴールデン・トライアングル·········59
顧客関係····································26
顧客共鳴（レゾナンス）··············216
コミュニケーション········28・53・60・
　　72・74・78・86・87・88・90・91・
　　117・131・144・149・179・196・
　　200・204・215・219・230・231・
　　232・234・235
コミュニティ·····························229
コミュニティ意識·····················217

コミュニティサイト··················236
コメント·································230
コモディティ·······························5
コンセプト·························58・177
コンセプト＆ターゲット··············59

■ さ行 ■

サードウェイ・イノベーション······222
サービス業·································16
サービスブランド·············147・153
細分市場····································87
サブ市場····································29
サブブランド·····························119
差別化ポイント·················101・102
サンクスイベント·············214・219
サンプリング······························84
シアター・ミュージアム··············200
シェルフ・インパクト··················70
止渇性··98
識別機能·································133
事業の定義···········24・30・144・148
シグネチャー・ストーリー·······188・
　　202・203
シグネチャーモデル··················196
嗜好性··98
自己実現····································29
自己表現の媒体化························76
自己表現便益······························32
資産としてのブランド··················16
自社メディア·····························219
市場インサイト····························16
市場カテゴリー····························57
市場資産としてのブランド···········12
市場の見方·································29
市場のリフレーミング··················29
自然志向·································177
実利志向·································177
シナジー·································167
シナジー効果······························16
社会的便益····························29・32
習慣··129

習慣的購買行動······················130
習慣をつくるブランド連想···········124
使用価値··································76
情緒······································29
象徴的便益·····························183
情緒的の経験···························183
情緒的便益······························31
消費者間のコミュニケーション·····233
消費者参加型の商品開発プロジェクト
　···179
消費者調査··················41・62・108
消費者とのコミュニケーション·····233
消費者の自由··························175
消費者の体験談·······················234
消費使用経験属性·······················31
女性目線によるブランドづくり·····144
信頼層····································87
心理的距離······························60
心理的な絆·····························217
スーパーファン·························91
スクリーンタイム····················200
スケールメリット······················99
スポーツドリンク······················69
生活者インサイト···········23・26・27
成績通知表······························62
製品カテゴリ·················102・113
清涼飲料市場···························94
世界観····································45
セグメンテーション··········88・100
セグメント·····························144
積極的エンゲージメント············217
戦略空間································31
相互作用·······························236
素材の選択·····················174・176
組織ブランド····························16

■ た行 ■

ターゲット·····························144
ターゲティング················100・147
第一次緑茶戦争························99
大義·····································167

体験·····································202
大食堂··································164
第二次緑茶戦争························99
知覚品質·················60・147・184
茶系飲料市場·····························94
中核価値································75
特定保健用食品（トクホ）···········109
トクホ（特定保健用食品）···········104
途上国から世界に通用するブランドを
　つくる···············209・212・221
トップアスリート活用型のマーケティ
　ング·································204
豊中の運動場··························160
トレーサビリティ····················100

■ な行 ■

ニューコーク騒動························7
ニュートラシューティカルズ事業·····75
認知的経験·····························183
認知度····································60
ネーミング······························28
ノーブランド·················172・174
飲む点滴·························66・68

■ は行 ■

働く人の相棒··························119
パッケージ······························56
パッケージデザイン····················70
パッケージ・デザイン··················84
バラエティシーキング···············130
バリエーション···········40・41・66
バリュー・イノベーション··········116
阪急らしさ·····························167
販促手段としてのブランド············12
反体制商品·····························175
反復購買·······························235
ビジョン··········208・212・216・220
引越研修ハウス·······················151
引越専用車·····························149
美白ブーム······························53
評価尺度································63
非利用者層······························87

品質理解 ························60
ファクトリーツアー ·········216・220
ファン ·············234・235・236
ファン顧客 ····················218
フィジカル・アベイラビリティ ·······59
フェアトレード ··················211
不協和解消 ····················130
複雑型購買行動 ·················130
物理的距離 ·····················60
不変のアイデンティティ ············59
プライベートブランド ·············174
プライベートブランド商品 ·········172
ブランディングの方法 ············139
ブランディングの目標 ············139
ブランディング（ブランド構築）·····139
ブランド ·······················4
ブランド・アイデンティティ ········139
ブランド・アンバサダー ···········229
ブランド・イメージ ·····61・153・157・
　　173
ブランド・エクイティ ·····10・14・60・
　　70・101
ブランド・エクイティ尺度 ·········63
ブランド・エクイティの要素 ········10
ブランド横断型のサイト ··········229
ブランド拡張 ····6・14・16・101・108・
　　113・117・122・127・128・132・
　　133・134・140・182・236
ブランド拡張のリスク ·············117
ブランド・コミットメント ·····231・233
ブランド・コミュニティ ·······234・235
ブランド・ジャパン ··············172
ブランド・スタイル ········16・138・173
ブランド成長シナリオ ·············33
ブランド設計 ···················62
ブランド設計図 ·················138
ブランド選考モデル ··············145
ブランド認知 ············10・60・184
ブランドの性格 ·················139
ブランドの知覚される品質 ··········10

ブランド・パーソナリティ ··········48
ブランドは資産 ··················6
ブランド発想 ··············20・27
ブランド・バリューチェーン ········217
ブランド・ビジョン ····110・112・117・
　　138・166・168・169・170・203
ブランド・ポジショニング ····61・100・
　　104・138
ブランド・ポジショニング戦略 ·······16
ブランド・ポジショニングモデル ····217
ブランド・ポジション ············139
ブランドマネジメント組織 ··········44
ブランドマネジメント組織とプロダクト
　　マネジメント組織 ·············44
ブランドマネジャー ··············88
ブランド・ミッション ·········30・33
ブランドらしい存在 ··············45
ブランドらしさ ············138・139
ブランド・レゾナンス ·········208・217
ブランド・レゾナンスモデル ········217
ブランド・レレバンス ············145
ブランド・レレバンスモデル ········145
ブランド連想 ········10・60・76・101・
　　125・131・132・184
ブランド・ロイヤルティ ·······10・60・
　　131・184・218・231・232・233・
　　235
ブランドを成長させるマネジメント
　　······························89
ブルーリボンスポーツ ············193
プレミア価格 ···················5
ブレンド茶 ····················97
プロダクトマネジメント組織 ········44
プロモーション ·················54
ベネフィット ··················102
ヘビーユーザー層 ···············90
便益······31・32・54・56・58・62・119
ベンチマーク ··················108
包装の簡略化 ··············174・176
ポートフォリオ ·················16

ポジショニング ⋯⋯⋯ 61・63・73・94・
　　97・99・100・103・104・109・144
ポジショニングされるブランド ⋯⋯ 15
ポジショニング戦略 ⋯⋯⋯⋯⋯⋯ 61
ポジション ⋯⋯⋯⋯⋯⋯⋯⋯⋯ 63
保証機能 ⋯⋯⋯⋯⋯⋯⋯⋯⋯ 133
本物志向 ⋯⋯⋯⋯⋯⋯⋯⋯⋯ 76

■ ま行 ■

マーケティング諸手段 ⋯⋯⋯⋯⋯ 62
マーケティングの戦略空間 ⋯⋯⋯ 49
マーケティング発想 ⋯⋯⋯⋯⋯ 20
マーケティング・マネジメント ⋯⋯ 57
マザーブランド ⋯⋯⋯⋯⋯⋯ 119
マスメディア ⋯⋯⋯⋯⋯⋯⋯ 219
マツキヨ現象 ⋯⋯⋯⋯⋯⋯ 53・54
まんまの色 ⋯⋯⋯⋯⋯⋯⋯ 177
ミッション ⋯⋯⋯⋯⋯⋯ 27・212
ミッション（使命） ⋯⋯⋯⋯⋯ 210
箕面の動物園 ⋯⋯⋯⋯⋯⋯⋯ 160
無関心層 ⋯⋯⋯⋯⋯⋯⋯⋯⋯ 87
無糖茶飲料 ⋯⋯⋯⋯⋯⋯⋯⋯ 99
メッセージ ⋯⋯⋯⋯⋯⋯⋯ 132
メディア ⋯⋯⋯⋯⋯⋯⋯⋯ 235
メンタル・アベイラビリティ ⋯⋯⋯ 59
目的志向カテゴリ ⋯⋯⋯⋯⋯ 114
モデルショップ ⋯⋯⋯⋯⋯⋯ 178
モニターテスト ⋯⋯⋯⋯⋯⋯ 174
モノづくりコミュニティー ⋯⋯⋯ 179

■ や行 ■

やさしさの循環 ⋯⋯⋯⋯⋯⋯ 110
有用性と購入判断基準の構築 ⋯⋯ 76
用途の違いのバリエーション ⋯⋯ 47

■ ら行 ■

ラーメンデパート ⋯⋯⋯⋯⋯ 175
ライトユーザー層 ⋯⋯⋯⋯⋯ 89
ライフスタイルウェブサイト ⋯⋯ 227
ライフスタイルショップ ⋯⋯⋯ 178
ライン拡張 ⋯⋯⋯⋯⋯⋯⋯ 73
らしさ ⋯⋯⋯⋯ 114・117・119・138
リデュース ⋯⋯⋯⋯⋯⋯⋯ 75
リピート購入 ⋯⋯⋯⋯⋯⋯ 10・61
リフレッシュメント・ウォーター ⋯⋯ 73
緑茶飲料 ⋯⋯⋯⋯⋯ 94・99・113
緑茶飲料市場 ⋯⋯⋯⋯ 94・98・103
緑茶戦争 ⋯⋯⋯⋯⋯⋯⋯⋯ 104
リレーションシップ ⋯⋯⋯⋯ 230・231
リレーションシップ・マーケティング
　　⋯⋯⋯⋯⋯⋯⋯⋯⋯ 230・237
隣接市場 ⋯⋯⋯⋯⋯⋯⋯⋯ 127
類似化ポイント ⋯⋯⋯⋯⋯⋯ 102
連想 ⋯⋯⋯ 61・63・101・129・132・142
連想関係 ⋯⋯⋯⋯⋯ 15・62・122
連想機能 ⋯⋯⋯⋯⋯⋯⋯⋯ 133
ロイヤル顧客 ⋯⋯⋯⋯⋯ 42・47・91
ロイヤルティ ⋯⋯⋯⋯⋯ 60・90・217
ロイヤルティ効果 ⋯⋯⋯⋯⋯ 122

■編著者略歴

石井　淳蔵（いしい　じゅんぞう）

神戸大学名誉教授、流通科学大学名誉教授

1975年　神戸大学大学院経営学研究科博士課程修了。

同志社大学 商学部教授、神戸大学大学院経営学研究科教授、流通科学大学学長を歴任。

専攻は、マーケティング論、流通システム論。

著書に、『マーケティングの神話』岩波現代文庫、『ブランド　価値の創造』岩波新書、『進化するブランド　オートポイエーシスと中動態の世界』碩学舎などがある。

廣田　章光（ひろた　あきみつ）

近畿大学経営学部教授（博士（商学））／近畿大学デザイン・クリエイティブ研究所所長

1999年　神戸大学大学院経営学研究科博士課程修了。

アシックス、大阪国際大学教授を経て、2008年より現職。

専攻は、マーケティング論、製品イノベーション論、デザイン思考。

著書に、『1からの商品企画』（共編著　碩学舎　2012年）、『デジタル社会のマーケティング』（共編著　中央経済社　2019年）、『1からのマーケティング　第4版』（共編著　碩学舎　2020年）、『DX時代のサービスデザイン』（共編著　丸善出版　2021年）、『デザイン思考―マインドセット＋スキルセット』（日本経済新聞出版社　2022年）などがある。

執筆者紹介 （担当章順）

石井　淳蔵（いしい　じゅんぞう）……第1章、第2章、第4章、第Ⅲ部序文、第11章
神戸大学名誉教授、流通科学大学名誉教授

明神　実枝（みょうじん　みえ）………………………………………第3章、第6章
福岡大学　商学部　教授

島永　嵩子（しまなが　たかこ）……………………………………第5章、第12章
神戸学院大学　経営学部　教授

吉田　満梨（よしだ　まり）…………………………………………第7章、第8章
神戸大学大学院　経営学研究科　准教授

滝本　優枝（たきもと　まさえ）………………………………………………第9章
近畿大学　経営学部　准教授

西口　智美（にしぐち　ともみ）……………………………………………第10章
武庫川女子大学　経営学部　准教授

廣田　章光（ひろた　あきみつ）……………………………………第13章、第14章
近畿大学　経営学部　教授

山本　奈央（やまもと　なお）………………………………………………第15章
名古屋市立大学大学院　経済学研究科　准教授

1からのブランド経営

2021年5月20日　第1版第1刷発行
2023年11月25日　第1版第7刷発行

編著者　石井淳蔵・廣田章光
発行者　石井淳蔵
発行所　㈱碩学舎
　　　　〒101-0052 東京都千代田区神田小川町2-1 木村ビル 10F
　　　　TEL 0120-778-079　FAX 03-5577-4624
　　　　E-mail info@sekigakusha.com
　　　　URL https://www.sekigakusha.com
発売元　㈱中央経済グループパブリッシング
　　　　〒101-0051 東京都千代田区神田神保町1-35
　　　　TEL 03-3293-3381　FAX 03-3291-4437
印　刷　東光整版印刷㈱
製　本　誠製本㈱